Rita Finkbeiner
Einführung in die Pragmatik

Rita Finkbeiner

Einführung in die Pragmatik

Die Deutsche Nationalbibliothek verzeichnet diese Publikation
in der Deutschen Nationalbibliografie;
detaillierte bibliografische Daten sind im Internet über
http://dnb.de abrufbar.

© 2015 by WBG (Wissenschaftliche Buchgesellschaft), Darmstadt
Die Herausgabe dieses Werkes wurde durch
die Vereinsmitglieder der WBG ermöglicht.
Satz: Lichtsatz Michael Glaese GmbH, Hemsbach
Einbandgestaltung: schreiberVIS, Bickenbach
Gedruckt auf säurefreiem und alterungsbeständigem Papier
Printed in Germany

Besuchen Sie uns im Internet: www.wbg-wissenverbindet.de

ISBN 978-3-534-26036-2

Elektronisch sind folgende Ausgaben erhältlich:
eBook (PDF): 978-3-534-73763-5
eBook (epub): 978-3-534-73764-2

Inhalt

1. Was ist Pragmatik?   7

2. Kerngebiete der Pragmatik   12
   2.1. Sprechakte   12
      2.1.1. Aufbau von Sprechakten   14
      2.1.2. Glückensbedingungen   16
      2.1.3. Sprechaktklassifikation   18
      2.1.4. Indirekte Sprechakte   19
   2.2. Implikatur und Präsupposition   21
      2.2.1. Implikatur   21
      2.2.2. Präsupposition   31
   2.3. Deixis und Anapher   34
      2.3.1. Deixis   34
      2.3.2. Anapher   41
Aufgaben   44
Lektüre zur Vertiefung   46

3. Exkurs: Weiterentwicklungen der Implikaturentheorie   47
   3.1. Das Modell von Levinson   47
   3.2. Das Modell von Horn   50
   3.3. Das Modell von Sperber/Wilson   51
Lektüre zur Vertiefung   53

4. Schnittstellen der Pragmatik   54
   4.1. Pragmatik und Lexikon   54
      4.1.1. Lexikon und kontextuelle Anreicherung   54
      4.1.2. Lexikalische Pragmatik   55
      4.1.3. Morphopragmatik   59
      4.1.4. Theoretische Ansätze zur Lexikon/Pragmatik-
           Schnittstelle   63
   4.2. Pragmatik und Syntax   63
      4.2.1. Kodierte oder inferierte Information?   65
      4.2.2. Wortstellung und Informationsstruktur   66
      4.2.3. Satztyp und Sprechakt   70
      4.2.4. Ein Beispiel: Der Interrogativmodus   71
   4.3. Pragmatik und Semantik   75
      4.3.1. Wörtliche und nicht-wörtliche Bedeutung   75
      4.3.2. Explikatur   78
      4.3.3. Implizitur   80
      4.3.4. Generalisierte konversationelle Implikatur (GCI)   82
      4.3.5. Bedeutungsminimalismus   85
   4.4. Pragmatik und Prosodie   86

4.4.1. Prosodische Markierung von Bedeutung.   87
4.4.2. Fokusakzent und Informationsstruktur   88
4.4.3. Intonation und Sprechakt.   91
4.4.4. Ein relevanztheoretischer Vorschlag zur Prosodie/
   Pragmatik-Schnittstelle   95
4.5. Pragmatik und Sprachwandel.   97
4.5.1. Arten von Sprachwandel   98
4.5.2. Pragmatische Prinzipien als Auslöser von Bedeutungswandel und Grammatikalisierung.   99
4.5.3. Entstehung neuer pragmatischer Einheiten:
   Pragmatikalisierung   104
4.5.4. Pragmatikalisierung oder Grammatikalisierung?   107
Aufgaben   108
Lektüre zur Vertiefung.   110

5. Anwendungsgebiete der Pragmatik   111

5.1. Gesprächsanalyse   111
5.1.1. Transkriptionskonventionen   111
5.1.2. Eigenschaften von Gesprächen   113
5.1.3. Gesprächsorganisation   115
5.1.4. Aushandeln von Bedeutung am Beispiel von
   Wiederholungen   119
5.2. Experimentelle Pragmatik.   123
5.2.1. Argumentieren mit experimentellen Daten   123
5.2.2. Gegenstand und Methoden der experimentellen
   Pragmatik   124
5.2.3. Sprachverstehen: Eine ERP-Studie zu skalaren
   Implikaturen   126
5.2.4. Spracherwerb: Ein Bildauswahltest zum Sprechakt des
   Versprechens   129
5.3. Kontrastive und interkulturelle Pragmatik   133
5.3.1. Kontrastive Pragmatik   133
5.3.2. Interkulturelle Pragmatik   134
5.3.3. Eine kontrastiv-pragmatische Studie zu Höflichkeit . .   135
5.3.4. Eine interkulturell-pragmatische Studie zu
   phraseologischem Sprachgebrauch.   140
Aufgaben   144
Lektüre zur Vertiefung.   146

Lösungshinweise zu den Aufgaben   147

Literaturverzeichnis   153

Sachregister   158

1. Was ist Pragmatik?

Die Pragmatik ist eine Teildisziplin der Linguistik, die sich seit ihrer akademischen Etablierung – etwa mit der Gründung der Zeitschrift *Journal of Pragmatics* (1977), Levinsons wegweisender Einführung *Pragmatics* (1983) und der Gründung der *International Pragmatics Association* (1986) – zu einer großen und einflussreichen Forschungsrichtung entwickelt hat. Vom raschen Anwachsen der Pragmatik zeugen z. B. Neuerscheinungen wie *The Pragmatics Encyclopedia*, herausgegeben von Louise Cummings (2010), *The Cambridge Handbook of Pragmatics*, herausgegeben von Keith Allan und Kasia M. Jaszczolt (2012), die neunbändige Reihe *Handbooks of Pragmatics* (2010–2013), herausgegeben von Wolfram Bublitz, Andreas H. Jucker und Klaus P. Schneider, sowie *The Oxford Dictionary of Pragmatics* (2012) und *The Oxford Handbook of Pragmatics* (2015), beide herausgegeben von Yan Huang. Hinzu kommen neuere pragmatische Zeitschriften, z. B. *Intercultural Pragmatics* (seit 2004), *International Review of Pragmatics* (seit 2008) und *Pragmatics & Society* (seit 2010).

Was ist der Gegenstand dieser wachsenden und einflussreichen Forschungsrichtung? Unser Ausgangspunkt in diesem Buch ist, dass die Pragmatik sich mit dem Hervorbringen und dem Verstehen von Bedeutung im Kontext beschäftigt. Was damit gemeint ist, lässt sich an Beispielen wie (1)–(3) illustrieren.

> **Gegenstand**

(1) Sie war's nicht; sie auch nicht; ich glaube, es war sie.

Die Bedeutung der Äußerung (1) ist ohne die Kenntnis des situativen Kontexts nicht angebbar. Wir wissen nicht, wer zu wem spricht, auf wen mit *sie* jeweils Bezug genommen wird, und was es ist, das diese Personen (nicht) getan haben. Die wörtliche Bedeutung der Äußerung ist also stark unterbestimmt. Im Kontext einer Gegenüberstellung der Zeugin Anna mit potentiellen Einbrecherinnen können wir dagegen die Äußerung problemlos verstehen. Das pragmatische Teilgebiet, das sich mit der Bedeutung von Ausdrücken beschäftigt, die nur im Kontext eine Bedeutung erhalten können, ist die Deixis.

In Beispielen wie (2) gehört zur Bestimmung der Äußerungsbedeutung Kenntnis des vorangehenden sprachlichen Kontexts. Die Äußerung von Karl erhält ihren Sinn nur vor dem Hintergrund der Äußerung von Anna.

(2) Anna: Komm, lass uns heute Abend ins Kino gehen.
     Karl: Ich muss für eine Prüfung lernen.

Karl will ja nicht einfach mitteilen, dass er für eine Prüfung lernen muss. Vielmehr gibt Karl mit dieser Äußerung indirekt zu verstehen, dass er Annas Vorschlag ablehnt. Das Beispiel zeigt, dass wir mit Äußerungen Handlungen vollziehen: Wir schlagen etwas vor, wir teilen etwas mit, wir lehnen etwas ab. Das kann auf direkte, explizite Weise geschehen oder auf indirekte Weise. Die Untersuchung von Sprechhandlungen, oder Sprechakten, ist eine zentrale Aufgabe der Pragmatik.

Auch in (3) ist der Kontext für die Bestimmung der Äußerungsbedeutung wichtig. Dabei ist es weniger der situative Kontext wie in (1) oder der sprachliche Kontext wie in (2), sondern vielmehr ein Wissenskontext, d. h. unser Welt- oder Alltagswissen, das wir bei der Interpretation heranziehen.

(3) Anna ging in die Kneipe und trank ein Bier.

Wir verstehen (3) so, dass zwei Ereignisse berichtet werden, die nacheinander stattfinden. Das ist aber in der wörtlichen Bedeutung von (3) nicht so vorgegeben. Vielmehr bedeutet der Konnektor *und* wörtlich nur, dass zwei Ereignisse verknüpft werden, ohne dabei eine Reihenfolge vorzugeben. Unsere Interpretation, dass Anna erst in die Kneipe ging und dann dort ein Bier trank, geht also über das wörtlich Gesagte hinaus. Dabei spielt ein Kommunikationsprinzip eine wichtige Rolle, das uns sagt, dass wir Ereignisse normalerweise als so geordnet begreifen, wie sie uns berichtet werden. Mit solchen Prinzipien beschäftigt sich die pragmatische Teiltheorie der Implikaturen.

Neben der Pragmatik interessiert sich auch noch eine andere linguistische Teiltheorie für Bedeutung: die Semantik. Während die Pragmatik die kontextabhängigen Aspekte von Bedeutung untersucht, beschäftigt sich die Semantik mit der kontext*un*abhängigen – oder wörtlichen – Bedeutung.

Satz vs. Äußerung   Eine wichtige Unterscheidung zwischen Pragmatik und Semantik betrifft die zu untersuchende linguistische Grundeinheit: Die Pragmatik untersucht die Bedeutung von Äußerungen, die Semantik dagegen die Bedeutung von Sätzen. Sätze sind abstrakte Einheiten, die mit Hilfe sprachsystematischer Regeln erzeugt werden. Ihre Bedeutung lässt sich auf Grundlage der Bedeutung ihrer Einzelteile (der Wörter) und deren syntaktischer Anordnung kontextfrei „berechnen". Äußerungen sind dagegen konkrete Realisierungen von Sätzen durch Sprecherinnen oder Sprecher in bestimmten Äußerungssituationen zu bestimmten Zwecken. Die Bedeutung von Äußerungen lässt sich somit immer nur unter Hinzunahme von kontextuellem Wissen bestimmen.

Kontext   Der Begriff des Kontexts ist ein zentraler Grundbegriff der Pragmatik. Oben haben wir bereits gesehen, dass man mindestens drei Aspekte des Kontexts unterscheiden kann: Den situativen Kontext, der Eigenschaften wie die raum-zeitliche Situierung oder die anwesenden Personen betrifft, den sprachlichen Kontext (auch Ko-Text genannt), der die eine Äußerung umgebenden Äußerungen umfasst, und den generellen Wissenskontext, das Hintergrund- oder Weltwissen, vor dem Sprecherinnen und Hörer eine Äußerung einordnen.

Wahrheits-bedingungen   Um semantische und pragmatische Aspekte von Bedeutung unterscheiden zu können, ist neben dem Begriff des Kontexts der Begriff der Wahrheitsbedingungen zentral. In formalen Theorien zur Satzsemantik geht man davon aus, dass die Bedeutung eines Satzes seine Wahrheitsbedingungen sind. Dahinter steht die Einsicht, dass jemand, der die Bedeutung eines Satzes kennt, auch weiß, unter welchen Bedingungen (oder in welchen Situationen) dieser Satz wahr ist. Zum Beispiel wissen wir, dass der Satz *Anna trinkt Bier* in allen Situationen wahr ist, in denen Anna Bier trinkt. Wenn wir die Bedeutung des Satzes kennen, können wir also in Bezug auf eine konkrete Situation beurteilen, ob der Satz in dieser Situation wahr oder falsch ist. In einer Situation, in der Anna Bier trinkt, wäre der Satz wahr. Dagegen wäre er falsch in einer Situation, in der Anna Limo trinkt. Dies kann man sich für eine Bedeutungstheorie zunutze machen: Wenn ich die Wahrheitsbedingungen eines Satzes angeben kann, dann habe ich zugleich seine (kontextunabhängige) Bedeutung erfasst.

Vor diesem Hintergrund kann man den Gegenstand der Pragmatik in Abgrenzung zur Semantik mit Gazdar (1979: 2) auf folgende Formel bringen:

Pragmatik vs. Semantik

(4) Pragmatics = Meaning – Truth conditions

Für die Bedeutungsaspekte, die durch die Wahrheitsbedingungen abgedeckt sind, wäre demnach die (Satz-)Semantik zuständig, für die übrigen Bedeutungsaspekte die Pragmatik.

Die bisher skizzierte Auffassung von Pragmatik ist allerdings keineswegs die einzige, die in der Forschung vertreten wird. Manche Pragmatiker fassen den Gegenstandsbereich sehr viel weiter, etwa so, dass Pragmatik sich mit all jenen Aspekten der Sprache beschäftigt, die nicht im engeren Sinn zur Grammatik dieser Sprache gehören. (Bar-Hillel (1971) hat deshalb auch von einem „pragmatic wastebasket" gesprochen.) Aus einer solchen Perspektive ist Pragmatik die Wissenschaft vom Sprachgebrauch. Diese Sicht kann man zurückführen auf Arbeiten von Charles Morris aus den 1930er Jahren, der zusammen mit Charles Peirce als einer der Gründerväter der Pragmatik gelten kann. Morris (1938: 6–7) hat unter Einfluss von Peirce eine Dreiteilung aus zeichentheoretischer Sicht vorgenommen, nach der die Syntax sich mit den formalen Beziehungen zwischen Zeichen beschäftigt, die Semantik mit der Beziehung zwischen Zeichen und Bezeichnetem, und die Pragmatik mit der Beziehung zwischen Zeichen und ihren Interpreten, also den Sprachbenutzern.

In der gegenwärtigen pragmatischen Forschung lassen sich nach Huang (2007: 4) zwei Schulen unterscheiden, die anglo-amerikanische und die europäisch-kontinentale Schule. Die anglo-amerikanische Schule vertritt einen eher engen Pragmatikbegriff, der in etwa dem eingangs erläuterten entspricht. Die europäisch-kontinentale Schule vertritt einen eher weiten Pragmatikbegriff, der stärker an Morris anknüpft. Nach Verschueren (1999: 7), einem Vertreter eines solchen weiteren Pragmatikbegriffs, lässt sich Pragmatik als funktionale Perspektive auf Sprache begreifen, die auch kognitive, soziale und kulturelle Aspekte einschließt:

anglo-amerikanische vs. europäisch-kontinentale Schule

> „Pragmatics constitutes a general functional (i.e. cognitive, social and cultural) perspective on linguistic phenomena in relation to their usage in the form of behavior."

Während die anglo-amerikanische Schule die Pragmatik als Komponente einer Theorie der Sprache betrachtet, die neben anderen Komponenten oder Teildisziplinen wie der Phonologie, der Morphologie, der Syntax oder der Semantik steht, vertreten Anhänger eines europäisch-kontinentalen Pragmatikbegriffs die Sichtweise, dass Pragmatik quer zu diesen Teildisziplinen steht, indem sie eine funktionale Perspektive auf diese eröffnet. Zu beachten ist dabei, dass die Rede von den beiden „Schulen" nur grob auf zwei wichtige Traditionen abzielt. Es ist klar, dass damit nicht die ganze Bandbreite dessen abgedeckt wird, was Pragmatikerinnen und Pragmatiker tun. Zugleich ist damit keine geographische Festlegung impliziert. Genau wie es Vertreter einer „europäisch-kontinentalen" Pragmatik in den USA oder England gibt, gibt es auch Vertreter einer „anglo-amerikanischen" Pragmatik in Italien oder Frankreich.

Definitionsproblem   Das Grundproblem einer einheitlichen Definition von Pragmatik ist nach Levinson (1983: 9), dass Pragmatik sowohl die kontextabhängigen Aspekte sprachlicher Bedeutung untersuchen soll, also eng an die sprachlichen Strukturen selbst anknüpft, als auch generellere Prinzipien des Sprachgebrauchs aufdecken will, die relativ unabhängig von konkreten sprachlichen Strukturen sind. Um dem Dilemma zu entgehen, wurden Versuche gemacht, den Gegenstandsbereich der Pragmatik durch Aufzählung der Kernbereiche zu umreißen. So zählt z. B. Levinson (1983) Deixis, Implikatur, Präsupposition, Sprechakte und Konversationsstruktur zu den Kernbereichen der Pragmatik. (Huang (2007), ein Levinson-Schüler, zählt dagegen die Konversationsstruktur nicht dazu.) Umgekehrt klammert Levinson damit aber Themenbereiche wie kontrastive Pragmatik, interkulturelle Pragmatik oder historische Pragmatik als Gegenstände der Pragmatik aus. Auch das Handbuch von Horn/Ward (Eds.) (2004) zählt Deixis, Implikatur, Präsupposition und Sprechakte zur *Domain of Pragmatics*, außerdem Referenz und Definitheit/Indefinitheit. Es ist aber klar, dass solche Listen unbefriedigend bleiben, solange man keine konzeptuelle Definition von Pragmatik hat, die diese Kernbereiche verbindet und von anderen abgrenzt. Ariel (2010) fordert daher, einen kriterienbasierten Pragmatikbegriff zu erarbeiten. Als zentrales Kriterium setzt sie das Kriterium von Code versus Inferenz an: Alle Bedeutungen, die kodiert, also konventionell mit einem bestimmten sprachlichen Ausdruck verknüpft sind, sind nach Ariel unter grammatischem Aspekt zu behandeln. Alle Bedeutungen, für deren Verstehen Kommunikationsteilnehmer auf kontextuelle Inferenzen, also Schlussprozesse zurückgreifen müssen, sind unter pragmatischem Aspekt zu behandeln.

Inhalt des Buches   In diesem Buch werden wir uns nicht auf die eine oder andere Sichtweise von Pragmatik festlegen. Vielmehr geht es darum, einen Einblick in zentrale Forschungsfragen und -felder der Pragmatik zu geben und mit Hilfe von anschaulichen, auf die deutschen Fakten zugeschnittenen Beispielen und Übungsaufgaben zu eigenen pragmatischen Analysen anzuregen. Um das Buch kohärent zu gestalten, nehme ich die eingangs gegebene Definition als Bezugspunkt. Im Übrigen möchte ich hier Levinsons (1983: 6) Einsicht folgen: Um herauszufinden, was Pragmatikerinnen und Pragmatiker eigentlich so machen, ist es hier wie in jeder anderen Disziplin: „One must go and take a look."

Zunächst stelle ich fünf zentrale Kernbereiche der Pragmatik vor: Sprechakte, Implikatur, Präsupposition, Deixis und Anapher. Ein Exkurs zu neueren Entwicklungen der Implikaturentheorie ergänzt diesen Teil. Im Mittelpunkt des Buches stehen die Interaktionen (Schnittstellen) zwischen der Pragmatik und anderen linguistischen Teildisziplinen. Beleuchtet werden die Schnittstellen zwischen Pragmatik und Lexikon, Morphologie, Syntax, Semantik, Prosodie und Sprachwandel. Der Schnittstellen-Zugang reflektiert aktuelle Forschungsansätze und ermöglicht es, die Vielzahl von Ebenen herauszuarbeiten, auf denen Pragmatik wirksam ist. Im letzten Teil des Buches werden Gegenstandsbereiche besprochen, die stärker auch diskursive, soziale und kulturelle Aspekte berücksichtigen, nämlich die Gesprächsanalyse und die kontrastive und interkulturelle Pragmatik. Im Kapitel zur experimentellen Pragmatik wird anhand von ausgewählten experimentellen Studien ein Einblick in neuere empirische Methoden der Pragmatik im Bereich des Spracherwerbs und des Sprachverstehens gegeben.

Für wertvolle Kommentare zu früheren Fassungen der einzelnen Kapitel möchte ich Jörg Meibauer herzlich danken. Verbleibende Irrtümer gehen selbstverständlich auf meine Kappe.

Dank

2. Kerngebiete der Pragmatik

Zu den Kerngebieten, mit denen sich die pragmatische Forschung beschäftigt, gehören Sprechakte, Implikatur, Präsupposition, Deixis und Anapher. Dieses Kapitel führt in Grundbegriffe und zentrale Fragestellungen dieser Kerngebiete ein.

2.1. Sprechakte

Der Begriff der sprachlichen Handlung, oder des Sprechakts, ist ein ganz zentraler Begriff der Pragmatik. Die Grundidee der Sprechakttheorie ist, dass wir mit Äußerungen Handlungen vollziehen. Dies ist unmittelbar einsichtig, wenn wir an Äußerungen wie (1) denken.

(1) Ich erkläre hiermit meinen Rücktritt vom Amt des Bundespräsidenten.
     (Der ehemalige Bundespräsident Horst Köhler am 2.6.2010)

Durch diese Äußerung bewirkt Horst Köhler eine Veränderung seiner Funktion: Er ist nicht mehr Staatsoberhaupt der Bundesrepublik Deutschland. Auch wenn eine solche Äußerung typischerweise bestimmte weitere Handlungen zur Folge hat (zum Beispiel, dass der Bundespräsident aus Schloss Bellevue ausziehen muss), genügt doch allein die Äußerung (1), um den Rücktritt wirksam zu machen. Wie ist es aber mit Äußerungen wie (2)? Liegt hier auch eine Handlung vor?

(2) Ich habe in einem sehr freundschaftlichen Gespräch die Frau Bundeskanzlerin informiert, dass ich mich von meinen politischen Ämtern zurückziehen werde, und um meine Entlassung gebeten.
     (Der ehemalige Verteidigungsminister Karl Theodor zu Guttenberg am 1.3.2011)

performative vs. konstative Äußerungen

Der englische Sprachphilosoph John L. Austin, auf dessen Schrift *How to Do Things With Words* (1962) die Sprechakttheorie gründet, hat zunächst einen Unterschied zwischen Äußerungen vom Typ (1) und (2) gesehen: (1) sei eine performative Äußerung, mit der man nicht nur etwas sagt, sondern zugleich etwas tut, (2) dagegen eine konstative Äußerung, mit der man lediglich einen Bericht über etwas abgibt. Eine Idee bei dieser Unterscheidung war, dass Äußerungen wie (2) als wahr oder falsch bewertet werden können, Äußerungen wie (1) aber nicht. Sie können höchstens missglücken. Wenn Horst Köhler sich z. B. ganz allein auf einer einsamen Insel befindet, wenn er (1) äußert, dann ist die Rücktrittserklärung fehlgeschlagen. (Wenn er sich dagegen nach der Äußerung von (1) weigert, aus Schloss Bellevue auszuziehen, dann ist nicht die Rücktrittserklärung an sich missglückt, sondern dann entspricht nur sein Handeln dieser Erklärung nicht.) Es ist aber sinnlos, (1) als wahr oder falsch bewerten zu wollen, genauso wie es sinnlos wäre, die Äußerung *Ich taufe dich auf den Namen Heinz* als wahr oder falsch zu bewerten. Im Gegensatz dazu können wir (2) sehr wohl als wahr oder falsch bewerten (wir könnten z. B. die Bundeskanzlerin fragen, ob es sich so zugetragen hat oder nicht).

Austin selbst hat aber die Unterscheidung zwischen performativen und konstativen Äußerungen später wieder aufgehoben. Denn genauso wie die Rücktrittserklärung in (1) eine Handlung ist, wird in (2) die Handlung des Berichtens vollzogen. Und genauso wie eine Rücktrittserklärung missglücken kann, kann auch das Berichten missglücken, z. B. dann, wenn zu Guttenberg lügt. In diesem Fall hätte er nach Austin den Sprechakt des Berichtens „missbraucht". Während man heute davon ausgeht, dass (im Prinzip) alle Äußerungen Handlungen, also „performativ" sind, wird weiterhin, ebenfalls nach Austin, ein Unterschied gemacht zwischen expliziten und impliziten Performativen.

explizite vs. implizite Performative

(3) Ich fordere Sie auf, den Verdächtigen vorläufig festzunehmen.
(4) Nehmen Sie den Verdächtigen vorläufig fest.

Eine explizit performative Äußerung ist eine Äußerung, mit der die vollzogene Sprechhandlung zugleich bezeichnet wird. Dies ist in (3) der Fall: Die vollzogene Sprechhandlung ist eine Aufforderung, und durch das Verb *auffordern* wird diese Sprechhandlung explizit bezeichnet. Dagegen ist (4) implizit performativ, denn die vollzogene Handlung (die Aufforderung) wird in der Äußerung selbst nicht benannt.

In explizit performativen Äußerungen spielen die Verben eine wichtige Rolle, da sie Handlungen bezeichnen. Ob ein Verb performativ ist (genauer: einen performativen Gebrauch zulässt), lässt sich testen, indem man es in die Form 1. Ps. Sg. Präs. Ind. Akt. bringt und prüft, ob durch die Äußerung des entsprechenden Satzes genau die Sprechhandlung vollzogen wird, die es bezeichnet. Das Adverb *hiermit* kann dabei den performativen Charakter verdeutlichen, indem es auf den Äußerungsakt selbst verweist.

performative Verben

(5) Ich bestätige hiermit den Erhalt Ihrer Unterlagen.
(6) #Ich überrede dich hiermit, zur Party zu kommen.
(7) #Ich telefoniere hiermit mit meiner Freundin.

Das Verb *bestätigen* in (5) ist performativ gebraucht, denn durch die Äußerung wird der Sprechakt des Bestätigens vollzogen. *Hiermit* verweist auf die Äußerung selbst (‚kraft dieser Mitteilung'). Im Gegensatz dazu ist *überreden* nicht performativ verwendbar (die Inakzeptabilität der Äußerung ist durch # markiert): Anna kann Karl nicht dadurch, dass sie (6) äußert, dazu überreden, zur Party zu kommen.

Performative Verben bilden eine Unterklasse von illokutionären (= sprechaktbezeichnenden) Verben. Nur illokutionäre Verben lassen potentiell einen performativen Gebrauch zu. Während *bestätigen* und *überreden* illokutionäre Verben sind, ist dies bei *telefonieren* nicht der Fall. *Telefonieren* bezeichnet keine Sprechhandlung, sondern einen Kommunikationsakt, für den wesentlich ist, dass er mit Hilfe eines bestimmten Kommunikationsmediums erfolgt. Folglich kann (7) nicht performativ gebraucht werden. Mit der Äußerung (7) kann ich nicht die Handlung des Telefonierens vollziehen (die Äußerung könnte höchstens diese Handlung begleiten). *Hiermit* hat in (7) al-

illokutionäre Verben

lenfalls eine instrumentale Lesart als Bezeichnung des Geräts (‚mit diesem Handy').

2.1.1. Aufbau von Sprechakten

Aus der Alltagssprache kennen wir solche Sprechakte wie Versprechen, Bitte, Behauptung, Feststellung oder Anordnung. Aber wie können wir Sprechakte linguistisch genauer beschreiben?

Teilakte von Sprechakten   Der grundlegende Unterschied zwischen Sprechhandlungen und anderen Handlungen ist, dass Sprechhandlungen auf sprachlichen Äußerungen basieren. Das Äußern von Wörtern ist ein Teilakt eines Sprechakts. Austins Schüler John R. Searle, der in seinem Buch *Speech Acts* (1969) (in dt. Übers. 1971) die Sprechakttheorie weiterentwickelt und systematisiert hat, unterscheidet insgesamt drei Teilakte eines Sprechakts:

Teilakte eines Sprechakts (nach Searle 1971: 40)
- Äußerung von Wörtern (Morphemen, Sätzen) = Vollzug von Äußerungsakten
- Referenz und Prädikation = Vollzug propositionaler Akte
- Behaupten, Fragen, Befehlen, Versprechen usw. = Vollzug illokutionärer Akte

Äußerungsakt und propositionaler Akt   Um einen Sprechakt zu vollziehen, müssen wir zum einen Wörter bzw. ganze Sätze (schriftlich oder mündlich) äußern. Dies nennt Searle Äußerungsakt. (Auch Schweigen oder in den Hungerstreik treten können zwar wichtige kommunikative Funktionen erfüllen und somit kommunikative Akte darstellen; trivialerweise liegt dabei aber kein *Äußerungs*akt vor.) Das Äußern von Wörtern und Sätzen allein genügt aber noch nicht. Wer beim Entziffern der Geheimschrift in (8) laut vor sich hin murmelt, vollzieht ebenfalls einen Äußerungsakt, aber referiert nicht und prädiziert auch nichts, d. h. er oder sie nimmt nicht Bezug auf Gegenstände, Personen oder Situationen unserer Welt und schreibt diesen auch keine Eigenschaften zu. Wer dagegen den Satz in (9) äußert, bezieht sich auf eine Person namens Anna (Referenz) und schreibt ihr die Eigenschaft zu, eine tolle Idee zu haben (Prädikation). Referenz und Prädikation sind zwei Aspekte des propositionalen Aktes.

(8)   An naha tei netol leid ee.
(9)   Anna hat eine tolle Idee.

Dass die Unterscheidung zwischen Äußerungsakt und propositionalem Akt sinnvoll ist, kann man daran sehen, dass derselbe Äußerungsakt verschiedene Propositionen haben kann. Zum Beispiel kann (9) je nach Situation verschiedene Propositionen haben, wenn jeweils auf unterschiedliche Annas referiert wird. Umgekehrt kann dieselbe Proposition durch verschiedene Äußerungsakte ausgedrückt werden, z. B. durch (9) oder (10).

(10)   Anna hat eine super Idee.

illokutionärer Akt   Der illokutionäre Akt ist die Komponente, die beschreibt, als was die Äußerung gelten soll: als Versprechen, als Bitte, als Behauptung usw. In einem engen Sinn wird ‚Sprechakt' auch oft gleichbedeutend mit Illokution gebraucht. Die Äußerung (11) könnte beispielsweise, je nach Kontext, als

Instruktion, als Aufforderung, als Prophezeiung oder als Drohung gelten. Die Kernfrage ist, was die Sprecherin mit ihrer Äußerung in der jeweiligen Situation bezwecken will.

(11)   Dafür musst du bezahlen.

Den Unterschied zwischen propositionalem und illokutionärem Akt verdeutlicht Searle an Beispieltypen wie den folgenden:

(12)   a. Der Bundespräsident tritt von seinem Amt zurück.
       b. Tritt der Bundespräsident von seinem Amt zurück?
       c. Treten Sie von Ihrem Amt zurück, Herr Bundespräsident!

Allen Äußerungen in (12) liegt dieselbe Proposition zugrunde: Es wird etwas gesagt über „das Zurücktreten des Bundespräsidenten von seinem Amt". Die Äußerungen unterscheiden sich aber in ihrer Illokution. Mit (12a) wird etwas behauptet, mit (12b) eine Frage gestellt und mit (12c) eine Aufforderung ausgesprochen. Salopp ausgedrückt ist die Proposition damit das, was von der Äußerung eines Satzes übrigbleibt, wenn wir die Sprecherabsicht „abziehen".

An den Beispielen in (12) sieht man auch, dass Illokutionen in systematischer (wenn auch nicht eindeutiger) Weise mit bestimmten sprachlichen Merkmalen von Sätzen verknüpft sind. So leiten wir die Interpretation von (12b) als Frageakt daraus ab, dass (12b) syntaktisch ein E-Interrogativsatz ist. Zugleich können wir aber nicht bei jedem Vorliegen eines Interrogativsatzes davon ausgehen, dass damit eine Frage beabsichtigt ist, vgl. (13). Umgekehrt können Frageillokutionen auch mit anderen Satztypen als Interrogativsätzen vollzogen werden, vgl. (14). *(illokutionäre Indikatoren)*

(13)   Würden Sie bitte von Ihrem Amt zurücktreten?
(14)   Horst Köhler ist zurückgetreten?

In (13) haben wir einen E-Interrogativsatz, mit dem eine Bitte vollzogen wird. Ein wichtiges Anzeichen dafür ist das Adverb *bitte*. In (14) liegt ein Deklarativsatz vor, mit dem eine Frage vollzogen wird. Dies wird durch die Frageintonation (in der Interpunktion durch das Fragezeichen sichtbar gemacht) signalisiert. Searle (1971: 49f.) spricht in Bezug auf sprachliche Mittel wie Satztypen, Wörter wie *bitte* oder Intonation von illokutionären Indikatoren. Zu den illokutionären Indikatoren gehören außerdem Verbmodus, Modalpartikeln, Modalverben, Satzadverbien und insbesondere performativ gebrauchte Verben. Illokutionäre Indikatoren sind somit sprachliche Anzeichen, die Hörern dabei helfen, die gemeinte Illokution zu erkennen. Wie genau diese sprachlichen Mittel miteinander interagieren und unter welchen Bedingungen sie wirken, müsste allerdings empirisch noch genau untersucht werden.

Als weiterer Teilakt eines Sprechakts wird manchmal der perlokutionäre Akt genannt, der auf die Wirkungen oder Effekte abzielt, die ein Sprecher mit dem Vollzug seines Sprechakts beabsichtigt. Zum Beispiel ist es das Ziel des Tröstens, dass der Adressat am Ende getröstet ist. Solche Effekte kann man aber nicht vorhersagen, und sie sind nicht konventionalisierbar. Ob sich der Adressat getröstet fühlt, hängt von vielerlei Faktoren ab, die der Sprecher nicht unbedingt steuern kann. Deshalb ist es auch umstritten, ob man perlokutionäre Effekte überhaupt in die Beschreibung aufnehmen soll. *(perlokutionärer Akt)*

2.1.2. Glückensbedingungen

Searle stellt heraus, dass illokutionäre Akte, da sie sprachliche Akte sind, auf Grund bestimmter Regeln bzw. Konventionen vollzogen werden. Das heißt, es müssen bestimmte Bedingungen erfüllt sein, damit ein Sprechakt glücken kann. Searle nennt dies die Glückensbedingungen für den Vollzug illokutionärer Akte. Oben in (1) haben wir schon gesehen, dass die Rücktrittserklärung z. B. dann missglückt wäre, wenn Horst Köhler sich zum Zeitpunkt der Äußerung allein auf einer einsamen Insel befindet. Dies würde Searle so beschreiben, dass „normale Eingabe- und Ausgabebedingungen" erfüllt sein müssen, damit sinnvolles Sprechen und Verstehen überhaupt möglich ist. Für Rücktrittserklärungen, genau wie für Taufen oder Sitzungseröffnungen, gilt außerdem, dass sie nur funktionieren, wenn ein bestimmter institutioneller Rahmen gegeben ist. Seinen Rücktritt von einem Amt erklären kann nur derjenige, der das Amt innehat. Andere Sprechhandlungen, wie z. B. Aufforderungen oder Versprechen, verlangen dagegen keinen besonderen institutionellen Rahmen. Wir schauen uns im Folgenden die Glückensbedingungen für Aufforderungen genauer an.

Bedingung des propositionalen Gehalts — Die Bedingung des propositionalen Gehalts für Aufforderungen besagt, dass Aufforderungen einen zukünftigen Akt des Adressaten prädizieren müssen: Eine Äußerung wie *Ich fordere Sie auf, den Verdächtigen festgenommen zu haben* wäre deshalb nicht geglückt.

Einleitungsbedingungen — Die Einleitungsbedingungen für Aufforderungen besagen, dass der Adressat in der Lage sein muss, die Handlung auszuführen (und dass der Sprecher dies glaubt), und dass es nicht offensichtlich ist, dass der Adressat die Handlung sowieso ausführen wird. Missglückt wäre es daher, jemanden dazu auffordern zu wollen, einem den Mond vom Himmel zu holen, und ebenso missglückt wäre es wohl, ein heißhungriges Kind dazu auffordern zu wollen, seine Süßigkeiten aufzuessen.

Aufrichtigkeitsbedingung — Die Aufrichtigkeitsbedingung für Aufforderungen besagt, dass der Sprecher wünscht, dass der Adressat die Handlung ausführt. Es wäre deshalb merkwürdig, wenn der Angeklagte zum Richter sagen würde: *Verurteilen Sie mich zu lebenslänglich!*, denn wir können uns schwer vorstellen, dass jemand sich wünscht, lebenslänglich ins Gefängnis zu kommen.

wesentliche Bedingung — Die wesentliche Bedingung für Aufforderungen schließlich besagt, dass der Sprecher mit seiner Äußerung versucht, den Adressaten zur Ausführung einer Handlung zu bringen. Wenn die Kommissarin zum Assistenten sagt: *Nehmen Sie den Verdächtigen fest, aber ich bezwecke mit dieser Äußerung nicht, dass Sie den Verdächtigen festnehmen sollen!*, dann ist der Assistent sicher ziemlich verunsichert.

Weiter nimmt Searle noch zwei bedeutungstheoretische Glückensbedingungen an, die darauf abzielen, dass der Adressat auf Grundlage seiner Kenntnis der wörtlichen Bedeutung der Äußerung versteht, was der Sprecher mit der Äußerung bezweckt, und dass die Äußerung aufgrund von sprachlichen Konventionen als Vollzug des entsprechenden Sprechakts gilt.

Die Glückensbedingungen „übersetzt" Searle in Regeln, in denen angegeben ist, in welchen Fällen der Gebrauch eines illokutionären Indikators des entsprechenden Sprechakts (z. B. beim Auffordern: der Gebrauch des performativen Verbs *auffordern*) angemessen ist. Damit stellt Searle sicher, dass die bedeutungstheoretischen Glückensbedingungen an das System sprachlicher Mittel rückgebunden werden. Für den Sprechakt des Aufforderns lassen sich diese Regeln folgendermaßen fassen:

> Regeln für den Gebrauch des illokutionären Indikators für den Akt des Aufforderns (nach Searle 1971: 100)
> Der illokutionäre Indikator für den Akt des Aufforderns darf nur gebraucht werden, wenn
> 1. der Sprecher vom Adressaten eine zukünftige Handlung prädiziert (= Regel des propositionalen Gehalts)
> 2. der Adressat in der Lage ist, H zu tun, und der Sprecher glaubt, dass der Adressat in der Lage ist, H zu tun (= erste Einleitungsregel)
> 3. es für den Sprecher und für den Adressaten nicht offensichtlich ist, dass der Adressat bei normalem Verlauf der Ereignisse H aus eigenem Antrieb tun wird (= zweite Einleitungsregel)
> 4. der Sprecher wünscht, dass der Adressat H tut (= Aufrichtigkeitsregel)
> 5. die Äußerung als ein Versuch gilt, den Adressaten dazu zu bringen, H zu tun (= wesentliche Regel)

Probleme

Am detailliertesten hat Searle die Glückensbedingungen für den Akt des Versprechens ausgearbeitet, und er hat das Raster auch auf die Akte Auffordern, Behaupten, Fragen, Danken, Raten, Warnen, Grüßen und Beglückwünschen angewandt. Im Prinzip sollten sich Glückensbedingungen natürlich für alle illokutionären Akte spezifizieren lassen. Eine solche systematische Spezifizierung der Bedingungen für alle Sprechakte steht allerdings noch aus – u.a. aufgrund des ganz grundsätzlichen Problems, dass gar nicht klar ist, welche und wie viele Sprechakte man ansetzen soll.

Sprechakte vs. Sprechaktverben

Oft wurden Sprechakte mit Sprechakt*verben* gleichgesetzt; hier muss man aber genau unterscheiden. So gibt es z.B. bei vielen Expressiva (Sprechakte zum Ausdruck von Emotionen oder psychischen Zuständen) im Deutschen kein entsprechendes Sprechaktverb: Es scheint zwar einen illokutionären Akt „Ausdruck von Hass" zu geben (z.B. wenn Karl Anna zuruft: *Ich hasse dich!*), aber es gibt kein Sprechaktverb dazu: *hassen* bezeichnet einen psychischen Zustand. Deshalb ist *hassen* auch nicht performativ verwendbar (durch die Äußerung *Ich hasse dich hiermit* wird nicht der Sprechakt des Ausdrückens von Hass vollzogen). Umgekehrt kann es mehrere Verben geben, die sich demselben Sprechakttyp zuordnen lassen (z.B. *prophezeien* und *vorhersagen*). Searle war an solchen empirischen Fragen weniger interessiert, da sein Ausgangspunkt ein sprachphilosophischer war. Aus linguistischer Sicht sind dies aber zentrale Fragen.

Status der Glückensbedingungen

Ein weiteres Problem ist der Status der verschiedenen Glückensbedingungen. Zum Beispiel gibt es Akte ohne Bedingung des propositionalen Gehalts und ohne Aufrichtigkeitsbedingung (z.B. Grüßen). Es ist auch nicht immer klar, welche Bedingungen zur Spezifizierung eines Aktes notwendig sind. Beispielsweise formuliert Searle (1971: 89–91) als Einleitungsbedingung für Versprechen nur, dass der Adressat die Ausführung von H durch den Sprecher der Nichtausführung von H vorzieht, und dass es nicht offensichtlich ist, dass der Sprecher H sowieso ausführen wird. In Searle (1982b: 65) ist die Bedingung der Nicht-Offensichtlichkeit aber durch die Bedingung ersetzt worden, dass der Sprecher in der Lage sein muss, H zu tun.

unaufrichtige
Sprechakte

Das Problem bei der Aufrichtigkeitsbedingung ist, dass uns unsere Alltagserfahrung lehrt, dass Sprechakte häufig unaufrichtig vollzogen werden. Zum Beispiel hatten wir oben gesagt, dass (2) auch unaufrichtig geäußert werden könnte (und dann eine Lüge wäre). Man kann auch unaufrichtige Versprechen abgeben, sich unaufrichtig bedanken oder entschuldigen. Dies muss aber kein Problem für die Glückensbedingungen darstellen. Vielmehr könnte die Aufrichtigkeitsbedingung hier dazu dienen, „echte" Versprechen von unaufrichtigen Versprechen (als eigenem Sprechakttyp) zu unterscheiden, etwa so wie man Lügen als assertive Sprechakte des unaufrichtigen Behauptens von (aufrichtigen) Behauptungen unterscheiden kann.

2.1.3. Sprechaktklassifikation

Eine wichtige Systematisierung von Searle (1982a) ist die Einteilung der verschiedenen Sprechakte in fünf Sprechaktklassen. Für die Klassifikation verwendet er folgende drei Kriterien, die sich aus den Eigenschaften illokutionärer Akte ableiten lassen.

Kriterien

- Anpassungsrichtung (Regel des propositionalen Gehalts)
- Psychischer Zustand (Aufrichtigkeitsregel)
- Illokutionärer Witz (wesentliche Regel)

Die Anpassungsrichtung zielt auf die Funktion des propositionalen Gehalts: Soll er erfüllt werden, dann soll sich die Welt den Worten anpassen (Welt-auf-Wort, wie z. B. bei Aufforderungen). Soll er abgebildet werden, dann sollen die Worte den Verhältnissen in der Welt angepasst sein (Wort-auf-Welt, wie z. B. bei Behauptungen). Der psychische Zustand entspricht der Aufrichtigkeitsregel, d. h. welche Einstellung der Sprecher zur Proposition hat (z. B., dass er ihre Erfüllung wünscht). Der illokutionäre Witz schließlich leitet sich aus der wesentlichen Regel ab, zielt also auf den Zweck des Sprechakts. Auf Grundlage dieser Kriterien unterscheidet Searle fünf Sprechaktklassen:

Sprechaktklassen (nach Searle 1982a)
1. *Assertiva*: Mit einem assertiven Sprechakt legt sich der Sprecher darauf fest, dass die durch die Äußerung ausgedrückte Proposition p wahr ist. Behauptungen, Feststellungen und Mitteilungen sind prototypische Assertionen. Der psychische Zustand ist Glauben (dass p), und die Anpassungsrichtung ist Wort-auf-Welt.
2. *Direktiva*: Mit einem direktiven Sprechakt will der Sprecher den Adressaten dazu bringen, eine Handlung auszuführen. Befehle, Aufforderungen und Bitten sind prototypische Direktiva. Der psychische Zustand ist ein Wunsch, die Anpassungsrichtung ist Welt-auf-Wort.
3. *Kommissiva*: Mit einem kommissiven Sprechakt legt sich der Sprecher selbst auf die Ausführung einer zukünftigen Handlung fest. Als Prototyp gilt das Versprechen, weitere Kommissiva sind z. B. Angebot und Schwur. Psychischer Zustand bei Kommissiva ist eine Absicht, die Anpassungsrichtung ist wie bei den Direktiva Welt-auf-Wort.
4. *Expressiva*: Mit einem expressiven Sprechakt bringt der Sprecher eine Einstellung oder ein Gefühl in Bezug auf einen Sachverhalt zum Ausdruck. Prototypische Expressiva sind Danksagung, Entschuldigung und Gratulation. Der psychische Zustand entspricht der jeweils zum Aus-

druck gebrachten Einstellung, also z. B. bei der Danksagung der Zustand der Dankbarkeit. Es gibt nach Searle keine Anpassungsrichtung, denn Expressiva zielen weder auf Abbildung der Welt noch darauf, jemanden zu einer Handlung zu verpflichten.

5. *Deklarationen*: Mit der Äußerung einer Deklaration schafft der Sprecher neue Sachverhalte. Sie funktionieren nur innerhalb von bestimmten sozialen Institutionen. Typische Beispiele sind Rücktrittserklärung, Taufe oder Ernennung. Nach Searle haben Deklarationen eine doppelte Anpassungsrichtung, denn allein kraft der geäußerten Worte wird erreicht, dass Worte und Welt zueinander passen. Der psychische Zustand spielt bei Deklarationen keine Rolle.

Meibauer (2001: 97–98) verweist auf eine Reihe von Alternativvorschlägen zu Searles Sprechaktklassifikation, die die Kriterien anders werten oder andere Kriterien ansetzen. Searle (1982a: 33) selbst deutet an, dass die bei Kommissiva und Direktiva identische Welt-auf-Wort-Ausrichtung auch eine gemeinsame Klasse rechtfertigen könnte, wertet selbst aber das Kriterium des illokutionären Witzes höher, aufgrund dessen er die Klassen unterscheidet. Bestimmte Sprechakte lassen sich nicht klar einer Klasse zuordnen, sondern weisen Übergänge auf. So hat z. B. Falkenberg (1996) gezeigt, dass die Drohung sowohl kommissive als auch direktive Aspekte aufweist, denn einerseits verpflichtet sich der Sprecher (konditional) zu einer Handlung, andererseits will er den Adressaten auf eine Handlung (oder Unterlassung) festlegen. Aufgrund von weiteren Kriterien wie dem Stärkegrad der Aufrichtigkeitsbedingung könnte man zu einer feineren Differenzierung gelangen. Searle (1982a: 31) illustriert das am Beispiel von *die Hypothese aufstellen, dass* versus *darauf bestehen, dass*, die sich in dem Maß unterscheiden, in dem der Sprecher etwas glaubt.

Erweiterung

2.1.4. Indirekte Sprechakte

Wir sind bisher von Äußerungskontexten ausgegangen, in denen Sprecher genau denjenigen Sprechakt vollziehen möchten, der durch die sprachliche Bedeutung des geäußerten Satzes nahegelegt wird. Es gibt aber Äußerungssituationen, und diese sind eher der Normalfall als der Ausnahmefall, in denen das, was die Sprecherin meint, und das, was sie wörtlich sagt, voneinander abweichen. Solche Fälle nennt Searle (1982b) indirekte Sprechakte. Typische Fälle indirekter Sprechakte sind z. B. folgende Äußerungen:

Sagen vs. Meinen

(15)   Du hast vergessen, den Müll rauszubringen.
(16)   Das kann man wieder kleben.
(17)   Musst du eigentlich die ganze Zeit solchen Krach machen?
(18)   Was geht mich das an?

(15) und (16) sind zunächst einmal Behauptungen. Wenn wir uns geeignete Äußerungskontexte vorstellen, liegt es aber auf der Hand, dass (15) als Aufforderung und (16) als beruhigender Zuspruch, vielleicht gar als Versprechen gemeint ist. (17) und (18) sind zunächst einmal Fragen, in einem passenden Kontext hat aber (17) Vorwurfs- oder auch Aufforderungsfunktion, und mit (18) wird etwas behauptet ('Das geht mich nichts an').

primäre vs.
sekundäre Illokution

Searle geht davon aus, dass in solchen Fällen zwei Illokutionen zugleich ausgedrückt werden: die primäre, d. h. die gemeinte Illokution, und die sekundäre, d. h. die wörtlich ausgedrückte Illokution. (15) wäre also primär eine Aufforderung und sekundär eine Behauptung (oder Mitteilung). Die Frage ist, wie es dem Sprecher gelingen kann,

> „etwas zu sagen und es zu meinen, aber darüber hinaus auch noch etwas anderes zu meinen". (Searle 1982b: 52)

Searle geht – in Anlehnung an Grice, dessen Implikaturentheorie wir im nächsten Kapitel genauer vorstellen – davon aus, dass hier bestimmte Schlussfolgerungsprozesse eine Rolle spielen. Die Strategie besteht dabei darin,

> „erst einmal herauszubekommen, daß der primäre illokutionäre Witz sich von dem der wörtlichen Äußerung unterscheidet, und dann, worin der primäre illokutionäre Witz besteht". (Searle 1982b: 56)

Für (15) können wir uns z. B. eine Situation vorstellen, in der der Adressat weiß, dass die Sprecherin ein Interesse daran hat, dass der Müll rausgebracht wird. Dies vorausgesetzt, und unter der Annahme, dass die Sprecherin einen relevanten Gesprächsbeitrag machen will, wird der Adressat erkennen, dass die Sprecherin mit ihrer Äußerung nicht einfach eine Mitteilung, sondern eine Aufforderung zum Ausdruck bringen will.

Strategien

Searle schlägt bestimmte Verallgemeinerungen für Strategien zum Ausführen indirekter Sprechakte vor. Diese Verallgemeinerungen koppelt er an die Glückensbedingungen. Zum Beispiel ist eine mögliche Strategie, nach der Erfülltheit der Einleitungsbedingung für Aufforderungen zu fragen, um damit Aufforderungen zu vollziehen. Dies erklärt den sehr häufigen Fall von Sprechakten, die primär Aufforderungen und sekundär Fragen sind.

(19)   Kannst du mir das Salz reichen?

Mit (19) fragt der Sprecher wörtlich, ob die Adressatin in der Lage ist, H zu tun. Indem er wörtlich eine Einleitungsbedingung für Aufforderungen erfragt, spielt er also auf den gemeinten Sprechakt Aufforderung an.

Es wäre aber unintuitiv, anzunehmen, dass Adressaten von indirekten Sprechakten wie (19) jedesmal einen praktischen Schlussprozess vollziehen müssen, um zu der gemeinten Bedeutung zu gelangen. Vielmehr sind viele indirekte Sprechakte stark konventionalisiert in ihrem Gebrauch. Im Deutschen, wie in vielen anderen Sprachen, ist es üblich, Bitten durch bestimmte syntaktische Muster wie *Kannst du mal …?, Könnten Sie bitte …?* zu vollziehen. Dagegen wäre es unüblich, mit Sätzen wie *Sind Sie dazu fähig, mir das Salz zu reichen?* um das Salz zu bitten, obwohl diese genauso die o. g. Verallgemeinerung erfüllen. Searle drückt das so aus:

> „Bei einem normalen Gespräch braucht [der Adressat] keine bewußten Folgerungen anzunehmen, um zu dem Schluß zu gelangen, daß die Äußerung von ‚Kannst du mir das Salz reichen?' eine Bitte ums Salz ist. Er hört das einfach als eine Bitte." (Searle 1982b: 67)

Konventiona-
lisierung

Eine mögliche Konsequenz daraus wäre es, anzunehmen, dass indirekte Sprechakte wie (19) so stark konventionalisiert sind, dass sie gar nicht mehr als indirekt wahrgenommen werden, dass sie also „direkte" Bitten sind. Konventionalisierte indirekte Sprechakte wären dann nichts anderes als Idiome, also sprachliche Ausdrücke mit einer festgelegten Bedeutung, die nicht ihrer wörtlichen Bedeutung entspricht. Dies meint Searle aber nicht: In seiner Darstellung handelt es sich bei (19) um eine *Gebrauchs*konvention, aber nicht um eine *Bedeutungs*konvention. Das heißt, (19) hätte nach wie vor interrogativische, nicht imperativische Bedeutung. Ein Indiz dafür ist, dass man auch auf konventionalisierte indirekte Sprechakte so reagieren kann, als seien sie wörtlich gebraucht.

(20)   A: Weißt du, wie spät es ist?
        B: Ja, weiß ich.

(Auch wenn B sich hier darauf gefasst machen muss, dass A irritiert reagiert. Dies hat eben mit B's offensichtlichem Verstoß gegen eine Gebrauchskonvention zu tun.) Ganz analog zu den illokutionären Indikatoren bei direkten Sprechakten könnte man, statt Idiome anzunehmen, aber auch annehmen, dass solche sprachlichen Muster wie *Kannst du mal …?* Indirektheitsmarker sind. Zu solchen Indirektheitsmarkern würde dann auch *bitte* in nicht-imperativischen Sätzen oder *nicht* in rhetorischen Fragen gehören.

(21)   Würden Sie bitte von Ihrem Amt zurücktreten?
(22)   Ist das nicht genial?

Eine wichtige Frage ist, warum wir überhaupt „indirekt" sprechen. Warum drücken wir z. B. Aufforderungen gerne mit Hilfe von Fragen aus? Hierbei scheint Höflichkeit ein wichtiges Motiv zu sein. Mit einer *Kannst du …*-Frage maßt sich der Sprecher nicht an, zu wissen, was der Adressat kann oder nicht kann; und die Erfüllung eines Wunsches, der durch eine Frage signalisiert wird, wirkt eher als freiwillige Handlung und weniger wie die Befolgung einer Anordnung.

Indirektheit und Höflichkeit

2.2. Implikatur und Präsupposition

Unter Implikaturen versteht man Bedeutungsaspekte, die Sprecher mit ihren Äußerungen nahelegen, ohne sie wörtlich zu kommunizieren. Man kann auch von Gesprächsandeutungen sprechen. Präsuppositionen sind Sinnvoraussetzungen von Äußerungen. Sie weisen eine gewisse Nähe zu Implikaturen auf, verhalten sich aber in bestimmten Aspekten ganz anders als Implikaturen und müssen daher von diesen unterschieden werden.

2.2.1. Implikatur

Die Theorie der konversationellen Implikaturen, die auf den Philosophen H. Paul Grice zurückgeht, interessiert sich dafür, wie wir die Tatsache erfassen können, dass Sprecher mit sprachlichen Äußerungen mehr oder anderes zu verstehen geben können als sie wörtlich sagen. Betrachten wir dazu Beispiel (1).

(1) Kinder sind Kinder und als solche müssen wir sie annehmen und Verant-
wortung für sie übernehmen, aber sie auch beteiligen entsprechend ihrer
Entwicklung.
(Verone Schöninger, Vorsitzende des Deutschen Kinderschutzbundes,
Landesverband Hessen e.V., in einer Festrede)

Sicher wäre es verfehlt, anzunehmen, dass Verone Schöninger uns mit der
Äußerung des ersten Teilsatzes, *Kinder sind Kinder*, (nur) zu verstehen geben wollte, dass die Individuen, auf die wir mit dem Nomen *Kinder* Bezug
nehmen, identisch sind mit den Individuen, auf die wir mit dem Nomen
Kinder Bezug nehmen. Genau so könnten wir aber die wörtliche (oder
wahrheitsfunktionale) Bedeutung dieses Satzes beschreiben: Es handelt sich
um eine Tautologie, einen immer wahren Satz. Frau Schöninger würde sich
aber grob unkooperativ ihren Zuhörerinnen und Zuhörern gegenüber verhalten, würde sie in dieser Festrede nur darauf setzen, uns Dinge zu sagen,
die sowieso immer wahr sind. Vielmehr scheint sie im vorliegenden Kontext
zu verstehen geben zu wollen, dass Kinder mit kindgerechten Maßstäben
gemessen werden sollten, dass Kinder eigenständige Persönlichkeiten sind,
die spezifische Bedürfnisse haben. Das wären mögliche Implikaturen dieser
Äußerung.

Gesagtes vs.
Implikatiertes

Grice hat seine Theorie der Sprecherbedeutung, in der konversationelle
Implikaturen eine wesentliche Rolle spielen, zuerst in seinen William James
Lectures vorgestellt, die er 1967 in Harvard gehalten hat. Wesentliche Ge-
danken daraus wurden in Grice (1975) und später in Grice (1989) publiziert.
Die Sprecherbedeutung besteht nach Grice aus zwei Aspekten: dem Gesagten ('what is said') und dem Implikatierten ('what is implicated'). Das Gesagte umfasst den Teil der Äußerungsbedeutung, der Wahrheitsbedingungen
unterliegt, das Implikatierte umfasst den Teil, der nicht wahrheitsfunktional
gefasst werden kann. Nach Grice markieren Implikaturen also den Teil von
Bedeutung, der zur Pragmatik gehört. Somit ist die Theorie von Grice zugleich ein Modell für die Unterscheidung zwischen Semantik und Pragmatik, und als solches ist es überaus einflussreich geworden.

2.2.1.1. Kooperationsprinzip und Gesprächsmaximen

Wie können wir in systematischer Weise beschreiben, wodurch konversationelle Implikaturen zustandekommen? Grice entwirft dazu ein handlungs-
theoretisches Modell der rationalen Kommunikation. Dessen Grundlage bilden das Kooperationsprinzip und ein Set von Gesprächsmaximen, die
diesem Prinzip unterworfen sind. Ich gebe hier das englische Original von
Grice (1975: 45–46) wieder und füge eine eigene Übersetzung bei. (Eine An-
merkung zur Terminologie: Ich spreche von Gespräch und Gesprächsmaximen, nicht, wie sonst üblich, von Konversation und Konversationsmaximen,
da ich ‚Gespräch' für die passendere Übersetzung für das englische Wort
conversation halte. Im Deutschen scheint mir ‚Konversation' eher mit Vorstellungen von Damenplausch und Kaffeekränzchen assoziiert zu sein. Den
Terminus konversationelle Implikatur behalte ich aber bei, da er praktikabler
ist.)

Kooperationsprinzip
Make your conversational contribution such as is required, at the stage at which it occurs, by the accepted purpose or direction of the talk exchange in which you are engaged. [Mach deinen Beitrag zum Gespräch genau so, wie es der akzeptierte Zweck oder die Richtung des Gesprächs an der Stelle erfordern, an der dein Beitrag erfolgt.]

Maximen der Quantität (quantity)
1. Make your contribution as informative as is required (for the current purposes of exchange). [Mach deinen Beitrag so informativ, wie es der aktuelle Gesprächszweck erfordert.]
2. Do not make your contribution more informative than is required. [Mach deinen Beitrag nicht informativer als nötig.]

Maximen der Qualität (quality)
Try to make your contribution one that is true. [Versuche, einen wahren Beitrag zu geben.]
1. Do not say what you believe to be false. [Sag nichts, was du für falsch hältst.]
2. Do not say that for which you lack adequate evidence. [Sag nichts, was du nicht angemessen begründen kannst.]

Maxime der Relevanz (relation/relevance)
Be relevant. [Sei relevant.]

Maximen der Modalität (modality)
Be perspicuous. [Sei klar.]
1. Avoid obscurity of expression. [Vermeide unklare Ausdrucksweise.]
2. Avoid ambiguity. [Vermeide Doppeldeutigkeit.]
3. Be brief (avoid unnecessary prolixity). [Fasse dich kurz (vermeide unnötige Weitschweifigkeit).]
4. Be orderly. [Sprich geordnet.]

Dies mag sich zunächst wie ein Verhaltensknigge für korrekte Gesprächsführung lesen. Grice geht es aber nicht darum, auf einer ethischen oder normativen Ebene Vorschriften zu machen, sondern darum, zu beschreiben, wie wir rationalerweise vorgehen, wenn wir kommunizieren. Zum Beispiel könnten wir kaum vernünftig Gespräche führen, wenn wir es als selbstverständlich voraussetzen würden, dass unsere Gesprächspartner uns in die Irre führen, uns Informationen vorenthalten oder uns unnötige Informationen geben, sich in ihren Beiträgen nicht auf das Gesprächsthema beziehen oder in Rätseln sprechen. (Natürlich kommt das alles vor; es entspricht aber nicht unseren Normalannahmen über vernünftige Kommunikation, und genau die will Grice beschreiben.)

Implikaturen kommen nach Grice dadurch zustande, dass Sprecher diese Maximen entweder (scheinbar) verletzen (= Verstöße gegen die Maximen) oder sie offenkundig beachten (= Befolgungen der Maximen). „Scheinbare" Verletzung deshalb, weil wir stillschweigend davon ausgehen, dass Sprecher sich an die Maximen halten; wenn es dann auf den ersten Blick so aussehen mag, als hielte sich ein Sprecher nicht daran, dann suchen wir Gründe für

Verstoß vs. Befolgung

dieses Verhalten, wobei wir der Hörerin wiederum Kooperationsbereitschaft unterstellen. Schauen wir uns das der Reihe nach an.

Maximen der Quantität Die Maximen der Quantität zielen auf die Menge der gegebenen Information. Sie verlangen, dass der Sprecher gerade das richtige Maß an Information geben soll, nicht zu viel, nicht zu wenig. Ein scheinbarer *Verstoß* gegen die 1. Quantitätsmaxime liegt in (1) vor. Die Äußerung ist zunächst einmal nicht informativ (denn wir wissen ja, dass jedes Ding mit sich selbst identisch ist). Da wir als Zuhörerinnen aber annehmen, dass die Sprecherin kooperativ ist (schließlich verfolgt sie ja auch bestimmte Zwecke mit ihrer Rede, sie will uns z. B. von etwas überzeugen), kommen wir zu dem Schluss, dass Frau Schöninger noch etwas anderes gemeint haben muss, eben dass Kinder spezifische Bedürfnisse haben und wir sie mit diesen Bedürfnissen respektieren sollen.

Ein Beispiel für eine Implikatur, die durch *Befolgung* der 1. Maxime der Quantität zustande kommt, ist (2) (+> steht für „implikatiert"):

(2) Einige Kinder schauen auf das brennende Haus.
+> ‚Nicht alle Kinder schauen auf das brennende Haus.'

Wir nehmen an, dass die Sprecherin von (2) kooperativ ist und die Maximen der Quantität befolgt. Sie gibt also genau so viel Information, wie sie vertreten kann, nicht mehr und nicht weniger. Prinzipiell hätte sie ja statt ‚einige' auch einen informativ stärkeren Ausdruck wie ‚alle' wählen können. Das hat sie aber nicht getan. Durch die Wahl des Ausdrucks ‚einige' will sie uns also zu verstehen geben, so folgern wir (in dem Wissen, dass sie weiß, dass wir wissen, dass sie die Maximen befolgt), dass es eben nicht alle Kinder sind, sondern nur einige, die auf das brennende Haus schauen. (Und wer den – hier leicht abgewandelten – Witz kennt, weiß, dass es tatsächlich nicht alle sind, denn Klaus schaut raus.) In einem intuitiven Verständnis kann es zunächst so scheinen, als sei die Bedeutung ‚nicht alle …' einfach in der (wörtlichen) Bedeutung von *einige* angelegt. Dass dies nicht so ist, dass es sich also tatsächlich um eine Implikatur, d. h. um eine Art von *pragmatisch* induzierter Bedeutung handelt, kann man mit Hilfe von Implikaturentests zeigen, wie wir noch sehen werden.

skalare Implikaturen Implikaturen des Typs (2) nennt man auch skalare Implikaturen. Skalare Implikaturen können unter Bezugnahme auf eine Skala von zwei (oder mehr) Ausdrücken analysiert werden, z. B. Quantifizierer wie <*alle, einige*>, Satzadverbien wie <*notwendigerweise, möglicherweise*>, Gradadjektive wie <*heiß, warm*> oder epistemische Verben wie <*wissen, glauben*>. Diese Ausdrücke sind so angeordnet, dass immer der links stehende Ausdruck der informativ stärkere Ausdruck ist. Für eine Skala <p, q> gilt: Wenn ein Sprecher q sagt, implikatiert er damit konversationell, dass nicht p. Wenn ich z. B. sage, *Ich glaube, dass Klaus im Haus ist*, könnten Sie daraus in einem normalen Kontext die Implikatur ableiten, dass ich nicht weiß bzw. mir nicht ganz sicher bin, ob es der Fall ist, dass Klaus im Haus ist.

Maximen der Qualität Die Maximen der Qualität zielen auf die Wahrheit des Gesagten ab. In (3) liegt ein scheinbarer *Verstoß* gegen die Obermaxime der Qualität vor.

(3) Das sind ja alles schöne Schachteln, die Frau Merkel da ins Schaufenster gestellt hat.

(Der Kanzlerkandidat der SPD Peer Steinbrück im „TV-Kanzlerduell" gegen Bundeskanzlerin Angela Merkel, ARD, 1.9.2013)

Wir wissen natürlich, dass Angela Merkel keine Schaufenster dekoriert und auch keine Schachteln aufgestellt hat. Steinbrück sagt also etwas, was auf der Ebene der wörtlichen Bedeutung falsch ist. Wir kennen aber den weiteren Kontext (Wahlkampf), und wir nehmen an, dass Steinbrück kooperativ ist, also uns nicht anlügen wollte. Im gegebenen Kontext können wir erschließen, dass Steinbrück eine Metapher benutzt, und mit der Rede von den Schachteln im Schaufenster Merkel leere Wahlversprechen oder ein inhaltsloses Parteiprogramm vorwirft.

Neben der Metapher stellen für Grice auch die Ironie, die Meiosis (Untertreibung) und die Hyperbel (Übertreibung) scheinbare Verstöße gegen die Qualitätsmaxime dar. Beispiele für solche rhetorischen Figuren sind (4)–(6). rhetorische Figuren

(4)   [A, mit dem X bisher sehr eng stand, hat ein Geheimnis As an einen Geschäftskonkurrenten verraten. Dies ist A und seinem Zuhörer bekannt. A sagt:]
X ist ein feiner Freund. (Ironie)
+> ‚X ist kein feiner Freund.'

(5)   [Karl war auf der Party völlig betrunken. Am nächsten Tag sagt Anna:]
Na, du warst gestern wohl leicht angeschickert! (Untertreibung)
+> ‚Du warst völlig betrunken.'

(6)   [Mutter zum Kind:] Das hab ich dir schon tausend Mal gesagt. (Übertreibung)
+> ‚Das habe ich dir schon oft gesagt.'

In (3) scheint es übrigens so zu sein, dass zusätzlich zur Metapher auch Ironie eine Rolle spielt. Hier sehen wir ein Problem der Griceschen Theorie: Wir können den Unterschied zwischen Ironie und Metapher mit Hilfe der Maximen nicht erklären, denn beides sind nach Grice Verstöße gegen die Qualitätsmaxime.

Beispiele für Implikaturen, die durch die *Befolgung* der Maximen der Qualität ausgelöst werden, sind Glaubens-Implikaturen bei Behauptungen.

(7)   Anna arbeitet als Versicherungsangestellte.
+> ‚Der Sprecher glaubt, dass Anna als Versicherungsangestellte arbeitet, und könnte auch Gründe für diese Überzeugung anführen.'

Zu der Implikatur in (7) sind wir deshalb berechtigt, weil wir davon ausgehen, dass sich der Sprecher an die Maximen der Qualität hält.

Die Maxime der Relevanz zielt auf thematische Kohärenz ab: Relevant zu sein bedeutet, Beiträge zu machen, die inhaltlich zum aktuellen Gesprächsthema passen. Im Gesprächsausschnitt (8) aus einem Spiegel-Streitgespräch zwischen Dieter Graumann, Präsident des Zentralrats der Juden in Deutschland, und Jakob Augstein, Publizist, liegt ein (scheinbarer) *Verstoß* gegen die Maxime der Relevanz vor. Maxime der Relevanz

(8)   Graumann: Herr Augstein, Sie haben […] gesagt, die Verbrechen der Deutschen würden doch nicht dadurch besser, wenn die Israelis jetzt ihrerseits Verbrechen begehen. Indem Sie das in Relation setzen, bedienen Sie eben doch antijüdische Ressentiments. Sie spielen auf dieser Klavia-

tur, vielleicht unbewusst, aber Sie klimpern. Sie machen das lässig, nachlässig, fahrlässig, und, wie ich meine, unzulässig.
Augstein: Hübsch formuliert.
(Der Spiegel, 14.1.2013)

Relevant wäre es an dieser Stelle gewesen, wenn Augstein auf die von Graumann geäußerten Vorwürfe eingegangen wäre. (Eine Rechtfertigung ist eine zu erwartende Reaktion auf einen Vorwurf.) Seine Äußerung bezieht sich aber gar nicht auf den Inhalt des Gesagten, sondern nur auf die Formulierung an sich. Durch diesen offensichtlichen Verstoß gegen die Anforderung, thematisch kohärente Beiträge zu machen, gibt Augstein zu verstehen, dass er keine Stellungnahme zu den Vorwürfen abgeben will.

Ein Beispiel für eine Implikatur, die durch die *Befolgung* der Maxime der Relevanz ausgelöst wird, ist (9).

(9) Karl: Kann ich die Schere haben?
     Anna: Ich brauch sie nicht.
     +> ‚Ja, du kannst sie haben.'

Die Implikatur kann Karl dadurch erschließen, dass er voraussetzt, dass Anna kooperativ ist und einen relevanten Beitrag machen will. Der Beitrag ist aber nur dann relevant, wenn er auf Karls Frage Bezug nimmt. Und dies tut er, indem er eine wichtige Voraussetzung als erfüllt angibt, nämlich die Voraussetzung, dass Anna die Schere gerade nicht selber braucht.

Maximen der Modalität

Während sich die Maximen der Quantität, Qualität und Relevanz auf den Inhalt von Äußerungen beziehen, geht es bei den Maximen der Modalität um die Form von Äußerungen. Ein Beispiel für eine Implikatur, die durch einen *Verstoß* gegen die Ober- und die dritte Untermaxime der Modalität ausgelöst wird, ist die Äußerung eines Musikkritikers in (10a).

(10) a. Die Sängerin produzierte eine Reihe von Tönen, die Ähnlichkeit mit einer Arie aus Rigoletto hatten.
      b. Die Sängerin sang eine Arie aus Rigoletto.
      (nach Levinson 1983: 112)

Der Kritiker hätte auch (10b) sagen können. Im Kontrast der beiden Äußerungen wird klar, dass durch die Wahl von (10a) die Implikatur ausgelöst wird, dass das, was die Sängerin von sich gab, nicht den künstlerischen Anforderungen entsprochen hat.

Ein Beispiel für eine Implikatur durch die *Befolgung* der vierten Untermaxime der Modalität ist (11).

(11) Anna ging in die Kneipe und trank ein Bier.
      +> ‚Anna ging in die Kneipe und trank (dann) dort ein Bier.'
(12) Anna trank ein Bier und ging in die Kneipe.
      +> ‚Anna trank ein Bier und ging dann in die Kneipe.'

Vergleicht man (11) mit (12), sieht man, dass die Andeutung der Reihenfolge eine große Rolle spielt. In (11) wird implikatiert, dass Anna das Bier in der Kneipe trinkt, in (12), dass sie ihr Bier woanders trinkt. (Und das, obwohl die Sätze (11) und (12) semantisch identisch sind, also dieselben Wahrheitsbedingungen haben.) Wir setzen hier stillschweigend voraus, dass der Sprecher uns Ereignisse in der Welt in genau der Reihenfolge präsentiert, in der sie tatsächlich abgespielt haben, und reichern so die Bedeutung der Sätze durch die entsprechenden Implikaturen an.

Man kann sich fragen, in welchem Verhältnis die Sprechakttheorie und die Implikaturentheorie zueinander stehen. Ein wichtiger Unterschied besteht darin, dass Grice seine Beispiele zwar auch auf einzelne Sprechakte zuschneidet, jedoch im Gegensatz zu Searle nicht auf eine Kategorie Sprechakt Bezug nimmt. Ein weiterer Unterschied ist, dass die Begriffe ‚indirekter Sprechakt' und ‚Implikatur' sich auf verschiedene Einheiten beziehen: Im Fall der Implikatur geht es um eine zusätzliche Proposition, im Fall des indirekten Sprechakts um einen (zusätzlichen) Akttyp.

Sprechakttheorie vs. Implikaturentheorie

2.2.1.2. Eigenschaften von konversationellen Implikaturen

Grice identifiziert eine Reihe von Eigenschaften konversationeller Implikaturen, die sich auch testen lassen. Die wichtigsten dieser Eigenschaften sind:
1. Rekonstruierbarkeit
2. Kontextabhängigkeit
3. Streichbarkeit ✓ *Annulierbarkeit / Stornierbarkeit / cancellability*
4. Bekräftigbarkeit
5. Inhaltsbasiertheit (Nicht-Ablösbarkeit) *Nichtablennsbarkeit (non detachability)*

Wir spielen dies am Beispiel (13) einmal durch.

(13)   Anna: Ich hab Hunger.
       Karl: Da hinten ist eine Bäckerei.
       +> ‚In der Bäckerei kannst du was zu essen bekommen.'

Anna wird Karl stillschweigend so verstehen, dass er kommunizieren will, dass sie beim Bäcker etwas zu essen bekommen kann, auch wenn er das nicht explizit gesagt hat. Stellt sich später heraus, dass Karl genau wusste, dass die Bäckerei gerade geschlossen hat, hätte er Anna in die Irre geführt (man könnte sogar argumentieren, dass er in diesem Fall durch falsches Implikatieren gelogen hätte). Die mit +> bezeichnete konversationelle Implikatur sollte nun, wenn es tatsächlich eine Implikatur ist, die o. g. Eigenschaften erfüllen.

Das Zustandekommen von konversationellen Implikaturen muss als pragmatischer Schlussprozess rekonstruierbar sein. Dieser könnte für (13) wie folgt aussehen.

Rekonstruierbarkeit

● Karl hat geäußert, dass da hinten eine Bäckerei ist.
● Ich nehme an, dass er die Maximen oder doch zumindest das Kooperationsprinzip beachtet.
● Nur wenn Karl denkt, dass ich in der Bäckerei etwas zu essen bekommen kann, folgt er der Maxime der Relevanz.
● Karl weiß (und ich weiß, dass er weiß), dass ich erkennen kann, dass die Annahme, dass er denkt, dass ich in der Bäckerei etwas zu essen bekommen kann, notwendig ist, damit seine Äußerung kooperativ war.
● Karl hat nichts getan, um mich davon abzuhalten, so zu denken, also nehme ich an, dass er mit seiner Äußerung bezwecken wollte, mir zu verstehen zu geben, dass ich in der Bäckerei etwas zu essen bekommen kann.

Kontextabhängigkeit

Konversationelle Implikaturen sind kontextabhängig. Das heißt, die gleiche Äußerung kann in einem anderen Kontext eine andere Implikatur auslösen (+> steht für „implikatiert", +/> steht für „implikatiert nicht").

(14)   [Anna und Karl befinden sich in der Wüste und haben wegen der großen Hitze und Wassermangel Halluzinationen.]
Anna: Siehst du auch die ganze Zeit Fata Morganas?
Karl: Da hinten ist eine Bäckerei.
+> ‚Ja, ich habe Halluzinationen von einer Bäckerei.'
+/> ‚Dort kannst du was zu essen bekommen.'

Wenn wir Karls Äußerung aus (13) in den neuen Kontext (14) einbetten, dann tritt eine andere als die in (13) genannte Implikatur auf.

Streichbarkeit

Die Eigenschaft der Streichbarkeit hängt eng mit der Eigenschaft der Kontextabhängigkeit zusammen. Streichbarkeit heißt, dass der Sprecher die entsprechende Implikatur durch einen Zusatz streichen kann, ohne dass wir die Äußerung dann als widersprüchlich wahrnehmen würden. Für (13) könnte das wie in (15) gezeigt aussehen.

(15)   Anna: Ich hab Hunger.
Karl: Da hinten ist eine Bäckerei, <u>obwohl, ich glaube, die ist schon geschlossen.</u>

Die durch den ersten Teilsatz von Karls Äußerung entstehende Implikatur, dass Anna in der Bäckerei etwas zu essen bekommen kann, wird durch den Zusatz sofort wieder gestrichen bzw. unterdrückt.

konversationelle Implikatur vs. semantische Implikation

Allgemeiner können wir sagen, dass Bedeutungen, die den genannten Kriterien für Implikaturen unterliegen, pragmatischer Natur sind. Für wörtliche Bedeutungen, die in der semantischen Komponente zu beschreiben sind, gelten diese Kriterien nicht. Wir können also konversationelle Implikaturen klar von semantischen Implikationen (*entailments*) wie (16b) unterscheiden.

(16)   a. Karl hat den Hund getreten.
b. Karl hat den Hund mit dem Fuß berührt.

Implikationen sind logische Beziehungen, die sich aus der wörtlichen Bedeutung von Ausdrücken ergeben. Satz (16b) folgt automatisch aus Satz (16a), denn *mit dem Fuß berühren* ist Bestandteil der wörtlichen Bedeutung des Verbs *treten*. Wenn umgekehrt (16b) falsch ist, dann kann (16a) nicht wahr sein. Eine allgemeine Definition für die semantische Implikation gibt Löbner (2003):

> Semantische Implikation (*entailment*) (nach Löbner 2003: 89–90)
> Satz A impliziert Satz B genau dann, wenn gilt: Immer wenn A wahr ist, ist B wahr, und immer wenn B falsch ist, ist A falsch.

Dass es sich bei (16b) um eine semantische Implikation und nicht um eine konversationelle Implikatur handelt, sieht man daran, dass dieser Bedeutungsaspekt nicht streichbar ist. Würde ein Sprecher (16c) äußern, dann entstünde ein Widerspruch.

(16)   c. *Karl hat den Hund getreten, aber er hat ihn nicht mit dem Fuß berührt.

Kehren wir nochmals zu Beispiel (2) zurück (*Einige Kinder schauen auf das brennende Haus*). Wir können jetzt zeigen, dass die Bedeutung ‚Nicht alle …‘ tatsächlich eine konversationelle Implikatur und keine semantische Implikation ist, denn dieser Bedeutungsaspekt ist streichbar: In der Äußerungssequenz (17) entsteht diese Implikatur nicht (+/> steht für „implikatiert nicht").

(17) Einige Kinder schauen auf das brennende Haus, ja, es sind sogar alle.
      +/> Nicht alle Kinder schauen auf das brennende Haus.

Die Ausdrücke *einige* und *nicht alle* stehen also nicht in einer semantischen Implikationsbeziehung zueinander. Vielmehr sind *einige* und *alle* wahrheitsfunktional gesehen miteinander kompatibel. Das heißt, wenn (18a) wahr ist, dann kann zugleich auch (18b) wahr sein (auch wenn dies aus Sicht unseres alltäglichen Sprachgebrauchs nicht unmittelbar einleuchten mag). Aus (18a) folgt also logisch nicht notwendigerweise (18c).

(18) a. Einige Kinder schauen auf das brennende Haus.
      b. Alle Kinder schauen auf das brennende Haus.
      c. Nicht alle Kinder schauen auf das brennende Haus.

Schließlich gibt es noch die Eigenschaften der Bekräftigbarkeit und der Inhaltsbasiertheit. Die Eigenschaft der Bekräftigbarkeit besagt, dass Implikaturen explizit gemacht werden können, ohne dass dies störend oder redundant wirkt. Karl könnte z. B. auf Annas Bemerkung hin sagen, *Da hinten ist eine Bäckerei, da kannst du was zu essen bekommen*. Die Eigenschaft der Inhaltsbasiertheit besagt, dass Implikaturen nicht an den Wortlaut von Äußerungen gebunden sind, sondern sich nur aus deren Inhalt ergeben. Wenn Karl gesagt hätte, *An der Ecke ist ein Backshop*, hätte Anna dieselbe Implikatur ableiten können.

Bekräftigbarkeit und Inhaltsbasiertheit

2.2.1.3. Weitere Unterscheidungen

Bisher haben wir uns nur mit konversationellen Implikaturen beschäftigt. Grice trifft in seiner Theorie aber noch weitere Unterscheidungen, und zwar zwischen (i) konversationeller und konventioneller Implikatur und (ii) partikularisierter konversationeller Implikatur (PCI) und generalisierter konversationeller Implikatur (GCI), vgl. Abb. 1.

Das Konzept der konventionellen Implikatur ist in der Forschung umstritten. Grice hat es eingeführt, um darauf aufmerksam zu machen, dass es auch Implikaturen gibt, die konventionell aus der Bedeutung bestimmter Ausdrücke in einer Äußerung folgen (ohne jedoch etwas zur Proposition beizutragen, also zu dem Inhalt eines Satzes, der der Wahrheitsbewertung unterliegt). Ein Beispiel ist (19).

konventionelle Implikatur

(19) Karl hat zwei kleine Kinder, folglich arbeitet er Teilzeit.

Mit (19) gibt der Sprecher zu verstehen, dass das Teilzeitarbeiten von Karl eine Folge der Tatsache ist, dass er zwei kleine Kinder hat. Dies ergibt sich aus der konventionellen Bedeutung des Wortes *folglich*. Zugleich könne man aber nicht sagen, so argumentiert Grice, dass der Sprecher dies *gesagt* habe (dass diese Bedeutung also Teil der Proposition von (19) sei), denn es

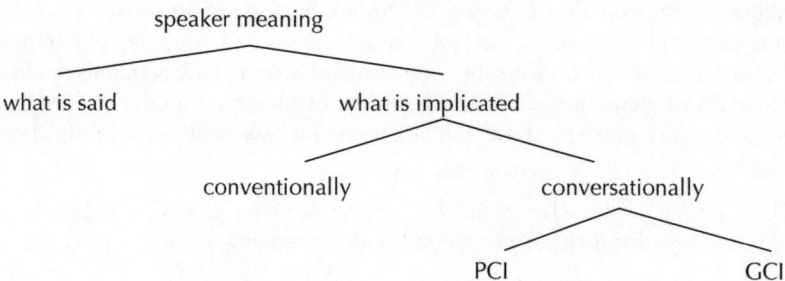

Abb. 1: Grice' Modell des Gesagten und des Implikatierten (nach Levinson 1983: 131)

wäre verfehlt, die Äußerung falsch zu nennen, wenn lediglich dieser Zusammenhang nicht bestünde, es aber wahr wäre, dass Karl zwei kleine Kinder hat und Teilzeit arbeitet. Der Zusammenhang ist deshalb nach Grice ein implikatierter, aber die Implikatur ist durch die konventionelle Bedeutung des Wortes *folglich* induziert, also konventionell (und nicht kontextabhängig).

Die Annahme konventioneller Implikaturen läuft aber der grundlegenden Idee zuwider, dass Implikaturen kontextabhängig sind. Bach (1999) zweifelt daher ihre Existenz an. Problematisch ist auch, dass man konventionelle Implikaturen nicht von semantischen Implikationen unterscheiden kann, da beide gleichermaßen die Tests für konversationelle Implikaturen nicht bestehen. Modernere Theorien zur Semantik/Pragmatik-Schnittstelle, z. B. Levinson (2000) und Carston (2002), nehmen an, dass es auch pragmatische Prozesse gibt, die zur Bestimmung des Gesagten benötigt werden, und rücken so von der Griceschen Zweiteilung in Gesagtes und Implikatiertes ab. Solche erweiterten Modelle sind eher dazu geeignet, auch Phänomene unterzubringen, die Grice konventionelle Implikaturen nennt. Das Konzept der konventionellen Implikatur hat in der neueren Forschung aber auch eine Renaissance erlebt, etwa bei Potts (2005).

PCI vs. GCI   Der Unterschied zwischen PCI und GCI ist auch von späteren Arbeiten übernommen und weiter ausgearbeitet worden. Levinson (2000: 16–17) gibt ein instruktives Beispiel:

(20)   a. Context 1: Speaker A: What time is it?
                    Speaker B: Some of the guests are already leaving.
                    PCI: ‚It must be late.'
                    GCI: ‚Not all of the guests are already leaving.'
        b. Context 2: Speaker A: Where's John?
                    Speaker B: Some of the guests are already leaving.
                    PCI: ‚Maybe John has already left.'
                    GCI: ‚Not all of the guests are already leaving.'

PCIs sind konversationelle Implikaturen, die stark von dem je spezifischen Kontext abhängen, in dem die Äußerung auftritt. In (20) entstehen bei derselben Äußerung von B jeweils unterschiedliche PCIs in Kontext (1) und (2). GCIs treten dagegen relativ kontextunabhängig auf: In beiden Kontexten entsteht jeweils dieselbe GCI. Die relative Kontextunabhängigkeit von GCIs ist es auch, die es erlaubt, Beispiele für GCIs (etwa die bekannten *einige*-Beispiele) ganz ohne Kontext zu präsentieren; die GCI entsteht allein aufgrund des Inhalts der Äußerung. Dies würde bei PCIs schlecht funktionieren (z. B. könnte man aus der kontextlosen Präsentation von *Ich brauch sie nicht*, vgl. (9), kaum Implikaturen ableiten). Dass GCIs trotz relativer Kontextunabhängigkeit konversationelle Implikaturen sind, lässt sich leicht mit Hilfe des Streichbarkeitstests zeigen (z. B. *Einige Gäste gehen bereits, ja, es gehen bereits alle*). Ein weiterer Unterschied zwischen PCIs und GCIs ist, dass GCIs meist mit bestimmten sprachlichen Formen assoziiert sind (z. B. mit Ausdrücken wie *einige*). Dies gilt für PCIs nicht.

Grice selbst hat erkannt, dass seine Maximen nicht trennscharf und vielleicht auch nicht vollständig sind („And one might need others", Grice 1975: 46). Die Maximen können sich also durchaus überlagern, und es kann sein, dass man noch mehr, oder aber dass man weniger benötigt. Der Status bestimmter Maximen, insbesondere der der Qualität und der Modalität, ist umstritten, und es gibt Ansätze, die ohne diese Maximen auskommen. Wichtig ist zu sehen, dass Grice keinen unveränderlichen Katalog von Maximen aufstellen wollte, sondern nur einen Versuch unternommen hat, wesentliche Gesprächsregeln zu identifizieren, auf deren Grundlage Implikaturen entstehen. Kritik am Griceschen Modell zielt daher eher auf die Frage, wie der Maximenkatalog am optimalsten ausgearbeitet werden kann, als auf die Theorie selbst. — *Kritik*

Ein Problem ist, dass Grice seine Maximen nur auf Behauptungen bzw. Deklarativsätze gemünzt hat. Aber was ist mit Implikaturen bei nicht-assertiven Sprechakten? Beispielsweise gibt es ironische Äußerungen in Form von Fragen, z. B. wenn der 30-jährige Karl sich auf einer Party total kindisch benimmt und Anna, die ihn genau kennt, daraufhin äußert: *Wie alt bist du eigentlich?*. Fragen können aber nicht hinsichtlich Wahrheit oder Falschheit bewertet werden. Deshalb kann diese Form von Ironie auch nicht als Verstoß gegen die Qualitätsmaxime erklärt werden.

2.2.2. Präsupposition

Präsuppositionen sind Sinnvoraussetzungen von Äußerungen. Diese Sinnvoraussetzungen sind nicht Teil des Gesagten, aber ohne sie wären bestimmte Äußerungen nicht sinnvoll interpretierbar. Präsuppositionen weisen damit eine Nähe sowohl zur semantischen Implikation als auch zur (konversationellen) Implikatur auf.

(21) a. Pippi wohnt in der Villa Kunterbunt.
  b. Es gibt eine Villa Kunterbunt.
  c. Pippi wohnt nicht in der Villa Kunterbunt.

Wenn Annika (21a) äußert, dann sind wir zu der Annahme (21b) berechtigt. Gäbe es keine Villa Kunterbunt, dann wäre die Äußerung (21a) ziemlich sinnlos.

Man könnte jetzt denken, (21b) sei eine semantische Implikation aus (21a), denn es handelt sich ja um eine Art Folgerungsbeziehung. Dass dies nicht so ist, kann man daran sehen, dass (21b) als Präsupposition auch erhalten bleibt, wenn wir (21a) negieren (= (21c)). Negationskonstanz, also das Erhaltenbleiben auch unter Negation, ist eine zentrale semantische Eigen- — *Negationskonstanz* schaft von Präsuppositionen. Semantische Implikationen weisen diese Eigenschaft nicht auf: Aus (22a) folgt semantisch (22b), aber aus (22c) folgt nicht (22b).

(22)   a. Pippi ist ein starkes Mädchen.
        b. Pippi ist stark.
        c. Pippi ist kein starkes Mädchen.

Dass die Präsupposition (21b), im Gegensatz zur Implikation (22b), auch unter Negation erhalten bleibt, zeigt, dass sie nicht zur Proposition (zum „Gesagten") der Behauptung gehören kann, denn sonst würde sie ja mitnegiert werden. Präsuppositionen gehören vielmehr zum gemeinsamen Wissenshintergrund, zu den Voraussetzungen des Gesagten.

Löschbarkeit   Ein weiterer Unterschied zur semantischen Implikation liegt darin, dass Präsuppositionen löschbar (*defeasible* oder *cancellable*) sind (~>> steht für „präsupponiert nicht").

(23)   Pippi bekam neue Goldtaler, bevor sie die alten Goldtaler verbraucht hatte.
        >> Sie hat (irgendwann) die alten Goldtaler verbraucht.
(24)   Pippi starb, bevor sie die alten Goldtaler verbraucht hatte.
        ~>> Sie hat (irgendwann) die alten Goldtaler verbraucht.

Die Präsupposition in (23) wird im Kontext von (24) gelöscht, da es mit unserem Weltwissen nicht vereinbar ist, dass Menschen Geld ausgeben, wenn sie bereits gestorben sind. Implikationen sind dagegen nie löschbar, denn sie sind Teil der wörtlichen Bedeutung von Ausdrücken.

Hier ist anzumerken, dass Präsuppositionen zwar gelöscht werden können, wenn sie z. B. unverträglich mit unserem Weltwissen sind; eine Streichung durch Zusatz, wie bei der konversationellen Implikatur (vgl. (25)), ist aber meist nicht möglich, vgl. (26).

(25)   Einige Kinder schauen auf das brennende Haus, ja, es waren sogar alle.
        +/> Nicht alle Kinder schauen auf das brennende Haus.
(26)   #Pippi bekam neue Goldtaler, bevor sie die alten Goldtaler verbraucht hatte, aber sie hat die alten Goldtaler nicht verbraucht.

Präsuppositions-   Dass Präsuppositionen dennoch nicht immer leicht von semantischen Implikationen zu unterscheiden sind, liegt daran, dass sie eng mit bestimmten Arten von sprachlichen Ausdrücken assoziiert sind. Ausdrücke wie unter a.–e., die Präsuppositionen auslösen, heißen auch Präsuppositionstrigger.

a. Definite Kennzeichnungen
Pippi ist rothaarig. [Eigenname] (>> Es gibt eine Person namens Pippi.)
Die Villa Kunterbunt ist alt. [definite NP] (>> Es gibt eine Villa Kunterbunt.)
Pippis Affe heißt Herr Nilsson. [Possessiv] (>> Pippi hat einen Affen.)
Wer besucht Pippi? [W-Frage] (>> Irgendjemand besucht Pippi.)

b. Faktive Verben/Prädikate
Ich bedaure/weiß, dass Tommy krank ist. (>> Tommy ist krank.)
Es ist schade/schrecklich/herrlich, dass Tommy krank ist. (>> Tommy ist krank.)

c. Aspektverben
Pippi hat aufgehört, Pfefferkuchen zu backen. (>> Pippi hat vorher Pfefferkuchen gebacken.)
Pippi hat angefangen, Pfefferkuchen zu backen. (>> Pippi hat vorher nicht Pfefferkuchen gebacken.)

d. Implikative Verben
Annika hat es geschafft, Tommy zu überzeugen. (>> Annika hat versucht, Tommy zu überzeugen.)
Annika hat vergessen, Tommy Bescheid zu sagen. (>> Annika sollte/wollte Tommy Bescheid sagen.)

e. Temporalsätze
Annika war mit Tommy im Garten, als Pippi eingezogen ist. (>> Pippi ist eingezogen.)

f. Kontrafaktische Konditionale
Wenn Annika genauso stark wäre wie Pippi, dann wäre sie nicht so ängstlich. (>> Annika ist nicht genauso stark wie Pippi.)

Definite Kennzeichnungen lösen Existenzpräsuppositionen aus, d. h. Annahmen darüber, dass etwas existiert. Faktive Verben bzw. Prädikate lösen faktive Präsuppositionen aus, d. h. es wird angenommen, dass etwas tatsächlich der Fall ist. Während a.–d. lexikalische Trigger sind, sind e. und f. konstruktionelle (strukturelle) Trigger.

Die Eigenschaft der Löschbarkeit rückt Präsuppositionen in die Nähe konversationeller Implikaturen. Andererseits verhalten sich Präsuppositionen und Implikaturen in mancher Hinsicht verschieden. Zum Beispiel sind Präsuppositionen im Gegensatz zu Implikaturen nicht bekräftigbar. Wenn wir die Präsuppositionen in (27) explizit machen, wirkt das redundant.

> **Präsupposition vs. konversationelle Implikatur**

(27) a. Pippi wohnt in der Villa Kunterbunt. Es gibt eine Villa Kunterbunt.
  b. Es ist schade, dass Tommy krank ist. Tommy ist krank.

Bestimmte Phänomene, die zunächst als Präsuppositionen beschrieben wurden, müssen bei genauerem Hinsehen als konversationelle Implikaturen erklärt werden. Zum Beispiel lösen W-Fragen (W-Interrogativsätze) nicht generell Existenzpräsuppositionen aus. Meibauer (1991) weist darauf hin, dass in „Polizeifragen" wie *Von wem wurde das Opfer am Tag vor dem Mord noch gesehen?* nicht die Präsupposition entsteht, dass das Opfer von jemandem gesehen wurde. Dieser Bedeutungsaspekt ist rein kontextabhängig, rekonstruierbar und streichbar.

Ob Präsuppositionen eher in der Semantik (als Folgerungsbeziehung zwischen Sätzen, die auch unter Negation erhalten bleibt) oder in der Pragmatik zu verorten sind (als Propositionen, die Teil des gemeinsamen Hintergrundwissens von Sprecher und Hörer sind), ist bisher nicht geklärt. Man kann einen eher semantischen oder einen eher pragmatischen Ansatz vertreten. Klar ist, dass Präsuppositionen einen engen Bezug zur Textlinguistik haben: Sie liefern die Voraussetzung für die kohärente Interpretation von Texten. Ein interessantes Phänomen dabei ist die Akkomodation. Wir haben bisher angenommen, dass eine Äußerung nicht gelingen kann, wenn ihre Präsupposition nicht erfüllt ist. Das ist aber nicht immer der Fall. Sprecher können auch

> **Akkomodation**

Propositionen, die bislang nicht zum gemeinsamen Wissen von Sprecher und Hörer gehört haben, neu in den Diskurs einbringen, indem sie sie als Präsuppositionen behandeln. Betrachten wir dazu (28).

(28) Der Doktor saß hinter seinem Schreibtisch, als die Kinder hereinkamen. Pippi ging direkt zu ihm hin, machte die Augen zu und streckte die Zunge heraus. „Was fehlt dir denn?", fragte der Doktor. [...] „Ich fürchte, dass ich Spunk habe", sagte sie. [...] Der Doktor schaute in Pippis gesundes kleines Gesicht, und dann sagte er: „Ich glaube, es geht dir besser als den meisten Leuten. Ich bin sicher, dass du nicht an Spunk leidest." (Astrid Lindgren: Pippi Langstrumpf. Hamburg: Oetinger 1987, S. 311)

Obwohl der Doktor noch nie von einer Krankheit namens Spunk gehört haben dürfte, er also nicht um deren Existenz weiß, akzeptiert er diese (durch Eigennamen getriggerte) Präsupposition (‚Es gibt eine Krankheit namens Spunk') stillschweigend und fügt sie einfach im Nachhinein seinem Hintergrundwissen hinzu. (Genau genommen tut er allerdings nur so, Pippi zuliebe. Etwas später klärt er Pippi darüber auf, dass es Spunk gar nicht gibt.)

2.3. Deixis und Anapher

Deiktische Ausdrücke wie *ich*, *hier* und *jetzt* sind nur in einem konkreten Kontext verständlich. Die Untersuchung solcher Ausdrücke ist daher eine zentrale Aufgabe der Pragmatik. Auch bei der Interpretation anaphorischer Ausdrücke, die auf etwas in einem Text zurückverweisen, brauchen wir zusätzliches Hintergrundwissen. Deixis und Anapher weisen enge Beziehungen zueinander auf, da viele Ausdrücke sowohl deiktisch als auch anaphorisch verwendet werden können.

2.3.1. Deixis

Sprachliches Zeigen

Der Begriff Deixis kommt von dem griechischen Wort für ‚zeigen' oder ‚hinweisen'. Nicht nur durch Gesten, sondern auch mit Sprache können wir „zeigen". Die sprachliche Bezugnahme auf Personen, Gegenstände oder Ereignisse in der Welt heißt, ganz allgemein, Referenz. Referieren können wir z. B. mit definiten Kennzeichnungen wie *die Frau mit dem sandfarbenen Kleid* oder mit Eigennamen wie *Kermit* oder *Dornröschen*. Wir können aber auch mit deiktischen Ausdrücken wie *ich*, *jetzt* oder *hier* referieren. Worin besteht der Unterschied zwischen den verschiedenen Arten des Referierens?

2.3.1.1. Deixis und Referenz

Referiert ein Sprecher mit Ausdrücken wie *die Frau im sandfarbenen Kleid*, *Kermit* oder *Dornröschen* auf Personen in unserer Welt, bzw. auf Personen in einer fiktiven Welt wie der Sesamstraße oder einem Märchen, dann pickt er diese Personen aus einer Menge möglicher Personen heraus. Dies geschieht bei definiten Kennzeichnungen vermittelt über die Bedeutung des sprachlichen Ausdrucks, bei Eigennamen dadurch, dass diese die gemeinte

Person eindeutig identifizieren. Das heißt, wenn wir die Bedeutung des Ausdrucks *die Frau im sandfarbenen Kleid kennen*, können wir beurteilen (bzw. überprüfen), ob die Äußerung (1) wahr oder falsch ist.

(1) Die Frau im sandfarbenen Kleid ist Vorstandschefin der Deutschen Bank.

Auch wenn die Bedeutung der sprachlichen Ausdrücke uns dabei hilft, Referenz herzustellen, so ist doch Referenz nach Searle (1971) keine Eigenschaft dieser sprachlichen Ausdrücke, sondern eine sprachliche Handlung. Sprecher stellen in der Kommunikation die Referenzbeziehung zwischen sprachlichen Ausdrücken und Dingen in der Welt erst her. Das erkennt man daran, dass das Referieren missglücken kann, genau wie Sprechakte missglücken können. Wenn ich z. B. meiner Freundin die Äußerung (1) (mit unbetontem *die*) zuflüstere in einem Saal, der voll von Frauen in sandfarbenen Kleidern ist, dann wäre kein gelungener Referenzakt zustande gekommen. In einer solchen Situation wäre also der Gebrauch dieser Phrase fehl am Platz. An der kontextunabhängigen Bedeutung der definiten Kennzeichnung ändert dies aber nichts: Der Ausdruck *die Frau im sandfarbenen Kleid* bezeichnet genau die Menge von Individuen, auf die diese Beschreibung zutrifft.

Deiktische Ausdrücke sind eine spezielle Klasse von sprachlichen Ausdrücken, mit denen Sprecher referieren können. Ihre Referenz wird nicht darüber vermittelt, dass sie bestimmte Eigenschaften von etwas beschreiben, sondern ergibt sich aus der jeweiligen Äußerungssituation. Deiktische Ausdrücke fungieren wie Variablen, die erst durch die Situierung in einem bestimmten Kontext „gefüllt" werden können. Als solche sind sie zentral für die linguistische Pragmatik, die sich mit der Herstellung von Bedeutung im Kontext befasst. Wenn wir z. B. irgendwo am Strand eine Flaschenpost finden, mit einem Zettel folgenden Inhalts:

(2) Rettet uns, bevor wir untergehen! Seit zwei Tagen ohne Schnupftabak, verschmachten wir auf dieser Insel.
(Astrid Lindgren: Pippi Langstrumpf. Hamburg: Oetinger 1987, S. 243),

dann sind wir erst mal ratlos, denn wir wissen nicht, *welche* Insel gemeint ist und auch nicht, *wer* gerettet werden soll. Auch das *seit zwei Tagen* hilft uns nicht viel weiter, denn wir wissen nicht, relativ zu welchem Zeitpunkt diese Angabe gemacht wurde. Womöglich liegt die Flaschenpost schon seit Jahren am Strand! Versetzen wir uns dagegen in die Situation, in der der Zettel geschrieben wurde, dann ist auf einmal alles klar: Mit *uns* und *wir* referiert der Schreiber (Tommy) auf sich selbst sowie auf weitere Personen (Pippi und Annika). Zwei Tage vor der Schreib-Situation (wir könnten hier ein Datum angeben) ist ihnen der Schnupftabak ausgegangen (das ist jedenfalls eine Implikatur, die wir daraus ziehen), und die drei befinden sich gerade auf einer unbewohnten Insel in einem See in der Nähe der kleinen, kleinen Stadt (wir könnten sie auf einer Karte einzeichnen).

Dass die drei Schiffbrüchigen kaum auf Rettung hoffen können, liegt daran, dass Tommy beim Schreiben der Flaschenpost von seinem deiktischen Zentrum ausgegangen ist, aber nicht bedacht hat, dass mögliche Empfänger der Flaschenpost dieses deiktische Zentrum nicht kennen. Das deiktische Zentrum ist der normale Ausgangspunkt für die Orientierung von Sprechern in der Kommunikation. Der Sprachtheoretiker Karl Bühler, der mit *Sprach-*

Referenz als Handlung

Deiktische Referenz

deiktisches Zentrum

theorie. Die Darstellungsfunktion der Sprache (1934) ein bis heute einflussreiches Werk zur Deixis vorgelegt hat, spricht auch von der *Ich-jetzt-hier*-Origo (lat. *origo* ‚Ursprung'): *Ich* markiert den Sprecher, *jetzt* den Zeitpunkt und *hier* den Ort der Äußerung. Die deiktischen Ausdrücke, die ein Sprecher in einer Äußerungssituation verwendet, interpretieren wir relativ zum gegebenen deiktischen Zentrum.

Beispielsweise verweist ein deiktisches Adverb wie *hier,* je nachdem, von welcher Origo aus es geäußert wird, auf unterschiedliche Orte, ebenso wie das dazu im Kontrast stehende deiktische Adverb *da* (bzw. *dort*). Wir wissen zwar auch kontextunabhängig etwas über die Bedeutung von *hier* und *da,* nämlich, dass *hier* einen Ort in relativer Nähe zum Sprecher bezeichnet, *da* bzw. *dort* dagegen Orte in relativer Ferne zum Sprecher. Deiktische Ausdrücke haben also durchaus so etwas wie eine semantische Seite, eine kontextinvariante Bedeutung: *hier* bedeutet in etwa ‚am Ort der Äußerung', genau wie *ich* ‚Sprecher' und *jetzt* ‚zum Zeitpunkt der Äußerung' bedeutet. Wenn wir aber herausfinden wollen, welchen Ort ein Sprecher konkret gemeint hat, brauchen wir die kontextuelle Einbettung. Genau diese Kontextabhängigkeit ist es, die das kleine lila Monster in der Sesamstraße nicht verstanden hat, wenn es immer zwischen Krümelmonster und Lulatsch hin- und herläuft, um endlich „da" zu sein. Von Krümelmonsters Origo aus ist „da" bei Lulatsch, aber von Lulatschs Origo aus ist „da" eben bei Krümelmonster … (Den Clip mit Krümel und Lulatsch finden Sie unter http://www.youtube.com/watch?v=Z-MRqTJMapY).

In der *face-to-face*-Kommunikation können Rezipienten sich aber normalerweise gut auf die deiktische Sprecherzentriertheit einlassen, denn anders als in Flaschenpost-Situationen teilen sie dort den Wahrnehmungsraum mit dem Sprecher. Doch auch in solchen Situationen kann es Verständigungsprobleme geben, denn genau wie Zeigegesten sind auch deiktische Ausdrücke relativ vage:

(3) Anna: Gib mal den Stift dort.
      Karl: Welchen? Den da oder den da?
(4) Was meinst du mit ‚jetzt' – jetzt-jetzt oder in zwei Minuten?

deiktisch vs. Allgemein kann man zwischen deiktischen und deiktisch gebrauchten Aus-
deiktisch gebraucht drücken unterscheiden. Deiktische Ausdrücke sind solche, deren zentraler oder grundlegender Gebrauch ein deiktischer ist. Personalpronomen der ersten und zweiten Person (*ich, du, wir, ihr*) sind solche deiktischen Ausdrücke, vgl. (5). Dagegen lassen Personalpronomen der dritten Person (*er, sie* (Sg./Pl.), *es*) zwar einen deiktischen Gebrauch zu, wie in (6), haben aber ansonsten andere zentrale Gebrauchsweisen, insbesondere als Anaphern, d. h. als Ausdrücke, die auf andere Ausdrücke im Text zurückverweisen, wie in (7) (der Index i zeigt die Beziehung zwischen Bezugswort und anaphorischem Pronomen an).

(5) Die Vertretungslehrerin zu den Rabauken: *Du, du* und *du*, meldet euch sofort beim Rektor.
(6) [Anna wird als Zeugin einer Reihe potentieller Einbrecherinnen gegenübergestellt:] *Sie* war's nicht; *sie* auch nicht; ich glaube, es war *sie.*
(7) Anna$_i$ hofft, dass *sie*$_i$ im Lotto gewonnen hat.

Das heißt aber nicht, dass deiktische Ausdrücke immer deiktisch gebraucht werden. So lässt z. B. *du* eine nicht-deiktische, generische Verwendung zu, wie in (8) (vgl. dazu Aufgabe 1).

(8) Das Leben ist wie eine Schachtel Pralinen, du weißt nie, was du bekommst. (Forrest Gump)

2.3.1.2. Arten von Deixis

Entlang der drei Dimensionen der *Ich-jetzt-hier*-Origo unterscheidet man im Wesentlichen drei Arten von Deixis: Personaldeixis, Lokaldeixis und Temporaldeixis. Manchmal werden auch noch die Sozialdeixis (vgl. Levinson 1983) und die Diskurs- oder Textdeixis hinzugenommen.

Personaldeixis wird über die grammatische Kategorie der Personal- und *Personaldeixis* Possessivpronomen hergestellt, z. B. *ich, du, sie, mein, dein, ihr*. Mit solchen Ausdrücken beziehen wir uns auf die Identität der Gesprächspartner bzw. Dritter und ihnen zugehöriger Dinge. Wenn Angela Merkel (9) äußert, dann bedeutet die Äußerung etwas anderes, als wenn ich sie äußere.

(9) Da muss ich mal meinen Mann fragen.

Während *ich* und *mein-* einen relativ eindeutigen Bezug zur Sprecherin herstellen, braucht man für die Referenzherstellung von *du* schon etwas mehr kontextuellen Aufwand, jedenfalls wenn mehrere potentielle Adressaten anwesend sind, wie etwa in (5) oben, wo wir noch zusätzliche Zeigegesten, Kopfnicken oder Blickkontakt benötigen. Dasselbe gilt für die deiktische Verwendung von *er, sie* oder *es*.

Das Personalpronomen der ersten Person Plural (*wir*) ist sehr stark kontext- *inklusiver vs.* abhängig. Je nachdem, wer außer dem Sprecher noch alles mitgemeint ist, *exklusiver Gebrauch* spricht man von inklusivem oder exklusivem Gebrauch. *von wir*

(10) [Karl und Anna zu Ronny und Maik:] Kommt, wir teilen uns ein Taxi.
(11) [Karl und Anna zu Ronny und Maik:] Habt ihr euch schon entschieden? Wir nehmen jedenfalls das blaue.
(12) [Karl zu seinen Kindern:] Schon sieben Uhr, jetzt müssen wir aber schnell ins Bett.
(13) [Karl in einem wissenschaftlichen Aufsatz:] Wir haben oben die These vertreten, dass …

In (10) sind Sprecher(gruppe) und Angesprochene gemeint (inklusiver Gebrauch). In (11) und (12) kann man von exklusivem Gebrauch von *wir* sprechen: In (11) wird die Adressatengruppe ausgeschlossen, in (12) schließt sich der Sprecher selbst aus. In (13) liegt ein Gebrauch als *pluralis majestatis* vor, wo der Sprecher/Schreiber mit *wir* nur auf sich selbst verweist.

Auch Nominalphrasen können direkt adressatenbezogen verwendet wer- *Vokative* den. Man spricht dann von Vokativen. In manchen Sprachen, z. B. Latein, ist der Vokativ ein eigener grammatischer Kasus, im Deutschen werden vokative Nominalphrasen dagegen im Nominativ realisiert. Es handelt sich dabei immer um Nominalphrasen, die auf den Angesprochenen referieren, aber nicht im Kasusrahmen des Verbs verankert sind vgl. (14).

(14)   (Du) Anna/Frau Müller/Ach Vater/Du da/Blödmann, wo geht's denn hier zum Rektor?

Lokaldeixis

Lokaldeixis wird über Lokaladverbien (*hier, dort, da, oben, unten, ...*), lokale Präpositionen (*vor, hinter, neben, auf, in, ...*) und Demonstrativpronomen (*dieser, jener*) hergestellt. Mit solchen Ausdrücken können wir Gegenstände im Raum relativ zum Sprecher bzw. relativ zum Sprecher und zu anderen Gegenständen lokalisieren.

(15)   Das Brandenburger Tor ist hier.
(16)   Das Brandenburger Tor ist hinter der Siegessäule.

positional vs. dimensional

Um das Brandenburger Tor mit Hilfe von (15) korrekt lokalisieren zu können, müssen wir wissen, wo sich der Sprecher befindet. Um das Brandenburger Tor mit Hilfe von (16) korrekt lokalisieren zu können, müssen wir wissen, wo sich der Sprecher relativ zur Siegessäule befindet. In (15) liegt positionale Lokaldeixis vor, d. h. Deixis, die abhängig ist von der Position des Sprechers. In (16) liegt dimensionale Lokaldeixis vor, d. h. Deixis, die abhängig ist von der Position und der Wahrnehmungsrichtung des Sprechers. Menschen (und Tiere) haben eine genau angebbare Wahrnehmungsrichtung, die von der Ausrichtung von Gesicht und Körper, der Blickrichtung und der Bewegungsrichtung bestimmt ist. Wenn wir eine Lokalisierung vornehmen, in die Menschen als Orientierungspunkte involviert sind, tritt der Fall ein, dass potentiell zwei Wahrnehmungsrichtungen beteiligt sind. Dies kann zu Ambiguität führen.

(17)   Das Brandenburger Tor ist hinter Ronny.

intrinsisch vs. extrinsisch

Wenn jemand (17) äußert, dann können wir das so interpretieren, dass sich das Brandenburger Tor hinter dem Rücken von Ronny befindet (die Lokalisierung erfolgt intrinsisch). In diesem Fall ist die Wahrnehmungsrichtung des Sprechers irrelevant (er kann sich z. B. gegenüber, neben oder hinter Ronny befinden). Wir können (17) aber auch so interpretieren, dass sich Ronny zwischen dem Brandenburger Tor und dem Sprecher befindet (die Lokalisierung erfolgt extrinsisch). In diesem Fall ist die Wahrnehmungsrichtung von Ronny irrelevant (er kann in Richtung Brandenburger Tor, in Richtung Sprecher oder woanders hin schauen bzw. sich bewegen).

Interessanterweise schreiben wir auch manchen unbelebten Gegenständen, z. B. Fahrzeugen oder Häusern, eine solche inhärente Wahrnehmungsrichtung zu. Wie (17) wäre so auch (18) ambig (denken Sie darüber weiter in Aufgabe 2 nach).

(18)   Das Brandenburger Tor ist hinter dem 60-Tonner.

Nicht jedes räumliche Lokalisieren ist deiktisch. Genau wie wir nicht-deiktisch auf Personen referieren können (z. B. mit Eigennamen), können wir auch nicht-deiktisch auf Orte referieren.

(19)   Das Brandenburger Tor ist in Berlin.

Um (19) zu verstehen, müssen wir nicht wissen, wo sich der Sprecher befindet, denn die Lokalisierung erfolgt relativ zu einem geographisch festgelegten (absoluten) Bezugspunkt.

Mit Hilfe von Demonstrativpronomen wie *dieser* oder *jener* können Sprecher bestimmte Personen oder Objekte im Raum „herauspicken". In (20) verweist die Sprecherin mit *diese Frau* (und evtl. mit einer zusätzlichen Zeigegeste) auf ein bestimmtes in der Äußerungssituation sichtbares Individuum. *Diese Frau* ist eine definite Nominalphrase, denn mit ihr wird auf eine spezifische, eindeutig identifizierbare Person verwiesen.

Demonstrativ-
pronomen

(20) [Anna zu Karl, als gerade eine Frau den Saal betritt:] Diese Frau ist die Vorstandsvorsitzende der Deutschen Bank.

Demonstrativpronomen haben aber auch einen nicht-deiktischen Gebrauch als Indefinita, wie in (21).

(21) Da war dieser Dominikanerpater aus Retz. Bei ihm habe ich zum letzten Mal gebeichtet. (Die Presse 1998; aus Heusinger 2012: 420)

Der Unterschied zwischen (20) und (21) besteht darin, dass das Individuum, auf das in (20) (deiktisch) mit *diese Frau* verwiesen wird, Sprecherin und Hörer dadurch bekannt ist, dass es im Situationskontext für beide sichtbar ist. In (21) dagegen ist das Individuum, auf das mit *dieser Dominikanerpater aus Retz* (nicht-deiktisch) verwiesen wird, nur dem Sprecher/Schreiber bekannt, für die Hörerin/Leserin wird es neu in den Diskurs eingeführt. Die Einführung neuer Referenten ist eine typische Funktion indefiniter Nominalphrasen.

Temporaldeixis zeigt sich z. B. in Temporaladverbien wie *jetzt, gestern, damals, später* sowie im Tempusgebrauch. Mit temporaldeiktischen Ausdrücken können wir Zeitpunkte oder Zeitintervalle angeben, zu denen etwas geschieht. Dabei kann ein- und dasselbe Temporaladverb unterschiedliche Interpretationen zulassen, wie man am Beispiel von *jetzt* sieht. In (22) ist der gerade aktuelle Sprechzeitpunkt gemeint, in (23) ein nicht näher bestimmtes Zeitintervall, das den Sprechzeitpunkt einschließt.

Temporaldeixis

(22) Jetzt loslassen!
(23) Karl arbeitet jetzt als Busfahrer.

Während *jetzt* den Sprechzeitpunkt (bzw. ein den Sprechzeitpunkt einschließendes Zeitintervall) bezeichnet, was auch proximal genannt wird, bezeichnet sein Gegenstück *einst* einen Zeitpunkt in großer zeitlicher Distanz zum Sprechzeitpunkt (auch distal genannt). Dieser Zeitpunkt kann entweder weit in der Vergangenheit oder weit in der Zukunft liegen.

proximal vs. distal

(24) Einst (‚vor langer Zeit') war Europa überwiegend von Wald bedeckt.
(25) Mit diesen Fragen werden sich unsere Urenkel einst (‚eines Tages') beschäftigen müssen.

Auch metrische Zeitangaben wie z. B. die Ausdrücke *gestern, heute, morgen* gehören zu den deiktischen Temporaladverbien. Mit ihnen verweist eine Sprecherin auf einen Tag, der in einer bestimmten zeitlichen Relation zum Tag der Äußerung steht.

Tempus ist eine grammatische Kategorie des Verbs. Durch die Wahl eines bestimmten Tempus ordnet die Sprecherin ein Ereignis relativ zum Sprechzeitpunkt zeitlich ein.

Ereigniszeit,
Sprechzeit,
Referenzzeit

(26) Kermit las die neuesten Sesamstraßennachrichten vor.

(27)   Kermit liest die neuesten Sesamstraßennachrichten vor.
(28)   Kermit wird die neuesten Sesamstraßennachrichten vorlesen.

So zeigt das Präteritum in (26) an, dass das Ereignis des Vorlesens vor dem Sprechzeitpunkt stattfand, das Präsens in (27), dass das Vorlesen zeitgleich mit dem Sprechzeitpunkt stattfindet, und das Futur I in (28), dass das Vorlesen nach dem Sprechzeitpunkt stattfinden wird.

Ereignisse lassen sich nicht nur relativ zum Sprechzeitpunkt, sondern auch relativ zu einem anderen Zeitpunkt einordnen. Man spricht dann von Referenzzeit.

(29)   Als Kermit die Nachrichten vorlas, vertilgte Krümelmonster gerade einen Spekulatius.

In (29) liegen beide genannten Ereignisse, das Vorlesen und das Vertilgen, vor der Sprechzeit. Das Ereignis des Vertilgens (Ereigniszeit) wird relativ zum Ereignis des Vorlesens (Referenzzeit) eingeordnet.

Der Tempusgebrauch ist allerdings um einiges komplexer, als es hier angedeutet wird. Zum einen wird Tempus häufig mit aspektuellen oder modalen Bedeutungen aufgeladen. Beispielsweise kann das Perfekt (*Kermit hat die Nachrichten vorgelesen*) im Gegensatz zum Präteritum zusätzlich zum Vergangenheitsbezug aspektuell ausdrücken, dass eine Handlung bereits abgeschlossen ist. Das Futur I kann (oft zusammen mit Modalpartikeln wie *schon*) modale Aspekte ausdrücken, etwa, dass der Sprecher ziemlich überzeugt davon ist, dass etwas eintritt (*Kermit wird die Nachrichten schon noch vorlesen*). Zum anderen haben die Tempora vielfältige weitere Gebrauchsweisen. So kann man das Präsens z. B. zum Verweis auf Vergangenes benutzen (historisches Präsens), wie in (30).

(30)   1914 gründet Rosa Luxemburg die „Gruppe Internationale", aus der später der Spartakusbund hervorgeht.

Sozialdeixis   Weitere Formen der Deixis sind Sozialdeixis und Diskursdeixis. Sozialdeixis zeigt sich im Deutschen insbesondere in Anredeformen und Anredepronomen, mit denen soziale Aspekte wie Respekt, Höflichkeit bzw. Nähe/Distanz zum Angesprochenen markiert werden können. Es macht z. B. einen großen Unterschied, ob ich meine Dozentin Monika Schulz mit den Anredeformen (31), (32) oder (33) anspreche (dabei spielt auch die Wahl der Grußformel eine Rolle).

(31)   Guten Tag Frau Dr. Schulz!
(32)   Hallo Frau Schulz!
(33)   Hi Moni!

Im Bereich der Anredepronomen ist im Deutschen – im Gegensatz zu anderen Sprachen wie z. B. dem Englischen oder Schwedischen – die Unterscheidung von *Du* und *Sie* äußerst wichtig und von einem komplexen Bündel von Faktoren gesteuert. Historische höfliche Anredeformen sind das Pronomen der 3. Ps. Sg. (*Hat Er dazu nichts zu sagen?*) und das Pronomen der 2. Ps. Pl. (*Ihr solltet Euch erst von der Reise ausruhen, mein Herr.*). *Ihr* wird auch heute z. T. noch als singularisches Anredepronomen gebraucht, um eine Festlegung auf *Du* oder *Sie* zu vermeiden. In bestimmten sozialen Bereichen sind besondere Kombinationen von Anredeform und Anredepronomen üblich, z. B. die Verwendung von Vorname + *Sie* von Lehrern gegenüber älteren Schülern, oder die Kombination Nachname + *Du* bei Supermarktangestellten. Da die Markierung sozialer Aspekte im Deutschen also v. a. im Bereich der Personalpronomen erfolgt, kann man Sozialdeixis auch als Teilbereich der Personaldeixis sehen.

Diskursdeiktisch sind Ausdrücke, mit denen Sprecher auf vorangehende oder nachfolgende Äußerungen in einem Gespräch oder Text Bezug nehmen, vgl. (34)–(36).

Text- und Diskursdeixis

(34)   … <u>Das</u> waren die Nachrichten.
(35)   Wie <u>oben</u> erwähnt/Siehe weiter <u>unten</u>
(36)   Wie ich <u>vorhin</u> schon gesagt habe/<u>Jetzt</u> stoßen wir auf ein Problem: …

In Texten orientieren wir uns häufig räumlich (vgl. *oben, unten*), denn gedruckte Texte sind räumliche Gebilde. In Gesprächen orientieren wir uns dagegen oft zeitlich (vgl. *vorhin, jetzt*), denn Gespräche verlaufen sequenziell. Text- und Diskursdeixis können deshalb auch als Teilbereiche der Lokal- bzw. Temporaldeixis betrachtet werden.

2.3.2. Anapher

Wir haben gesehen, dass Sprecher mit deiktisch gebrauchten Ausdrücken auf Referenten der perzeptuell wahrnehmbaren Kommunikationssituation Bezug nehmen, z. B. auf Sprecherinnen und Hörer, Dinge im Raum oder Orte und Zeiten, an/zu denen etwas geschieht. Dagegen wird bei der anaphorischen Verwendung sprachlicher Ausdrücke auf *textuell* eingeführte Referenten Bezug genommen. Anapher kommt aus dem Altgriechischen und bedeutet ,Wiederaufnahme‘, ,Rückbeziehung‘. Viele Ausdrücke, die einen deiktischen Gebrauch erlauben, erlauben auch einen anaphorischen Gebrauch, z. B. viele Pronomen.

(37)   Krümel verschlang die Torte. <u>Sie</u> schmeckte <u>ihm</u> ausgezeichnet.

Antezedent, Koreferenz

In (37) verweist das Personalpronomen *sie* auf *die Torte*, das Personalpronomen *ihm* verweist auf *Krümel*. Beide Referenten sind im ersten Satz in (37) textuell eingeführt worden. Anaphern (hier die Pronomen *sie* und *ihm*) haben also ein Bezugswort (einen Antezedenten) im vorangegangenen Text. Anapher und Antezedent sind koreferent, d. h. sie referieren auf dieselbe außersprachliche Entität.

Eine Variante der Anapher ist die Katapher, die im Text vorausweist. Dies wird häufig als rhetorisches Mittel eingesetzt, um Spannung zu erzeugen.

Katapher

(38)   <u>Sie</u> sind jung, schön und erfolgreich. <u>Sie</u> wollen alles, und das sofort. <u>Sie</u> sind die Zukunft dieses Landes: Die Studierenden der Universität Mainz.

Zu Anaphern gibt es eine Vielzahl von theoretischen Ansätzen; sie spielen sowohl in der Syntax als auch in der Semantik, Pragmatik und Textlinguistik eine wichtige Rolle. Manchmal werden nur bestimmte sprachliche Mittel als Anaphern gefasst, v. a. Personal- und Demonstrativpronomina, die zur Bezugnahme auf bereits erwähnte Referenten gebraucht werden. Hoffmann

Anaphernbegriff

(2000) betrachtet die Anapher als (funktional bestimmte) Wortart, zu der die Formen *er*, *sie* (Sg./Pl.) und *es*, jedoch nicht die Personalpronomina der 1. und 2. Person gehören. Für Consten/Schwarz-Friesel (2007: 271), die eine eher weite, funktionale Auffassung von Anaphern vertreten, sind Anaphern alle „Ausdrücke, die innerhalb eines Textes einen anderen Ausdruck [...] wieder aufgreifen und mit denen ein Sprecher somit auf einen im Text oder Diskurs bereits erwähnten Referenten erneut Bezug nimmt".

NP-Anapher Man kann somit Pronomen (insbesondere Personalpronomen der 3. Person) als Standardfälle der Anaphorik betrachten, es ist aber klar, dass anaphorische Beziehungen auch durch andere Ausdrücke, etwa Nominalphrasen (NPs), hergestellt werden können.

(39) Eine Frau im sandfarbenen Kleid betrat den Saal, und augenblicklich kehrte Stille ein. Mit entschlossener Miene trat die Ministerin hinter das Rednerpult.

(39) interpretieren wir so, dass die Frau im sandfarbenen Kleid die Ministerin ist. Die NP *Die Ministerin* ist also anaphorisch gebraucht und ist koreferent mit dem Antezedenten *eine Frau im sandfarbenen Kleid*. Um zu dieser Interpretation zu gelangen, müssen wir als Rezipienten eine komplexe kognitive Leistung erbringen. Zwar gibt uns bereits die grammatische Genus- und Numeruskongruenz der beiden Ausdrücke einen Hinweis darauf, dass es sich um ein und dieselbe Person handeln könnte. Das ist aber noch nicht hinreichend (vgl. die abweichende Interpretation in (40)). Wir müssen weitere Schlüsse ziehen, z. B. dass die Frau im sandfarbenen Kleid eine wichtige Persönlichkeit ist (bei ihrem Eintreten kehrt im Saal sofort Stille ein), und dies mit unserem Weltwissen darüber kombinieren, dass Ministerinnen wichtige Persönlichkeiten sind. Wir müssen also die Interpretation der beiden NPs als koreferente Ausdrücke aktiv herstellen. Dass die anaphorische Beziehung von uns als Rezipienten hergestellt wird, sieht man daran, dass wir (39) auch anders auffassen könnten, wie etwa im Kontext von (40).

(40) Eine Frau im sandfarbenen Kleid betrat den Saal, und augenblicklich kehrte Stille ein. Mit entschlossener Miene trat die Ministerin hinter das Rednerpult. Auch die Frau im sandfarbenen Kleid wartete jetzt gespannt darauf, welche Zahlen die Ministerin präsentieren würde.

pronominale Anapher Auch beim Standardfall der pronominalen Anapher ist pragmatisches Schließen erforderlich, um die Anaphern korrekt aufzulösen, wie der Kontrast zwischen (41) und (42) illustriert.

(41) Die Behörden sperrten die Globalisierungsgegner ein, da sie Gewaltanwendung propagierten.

(42) Die Behörden sperrten die Globalisierungsgegner ein, da sie Gewaltanwendung fürchteten.

Die Bestimmung des passenden Antezedenten für das Pronomen *sie* hängt von unseren Hintergrundannahmen darüber ab, wer wohl am ehesten Gewaltanwendung propagieren bzw. fürchten würde, die Behörden oder die Globalisierungsgegner.

Definitheit vs. Indefinitheit Bei der Auflösung der anaphorischen Referenz hilft uns die Verwendung des indefiniten bzw. definiten Artikels. Der definite Artikel bei *die Ministerin* in (39) zeigt an, dass auf etwas Bezug genommen wird, was bereits hinreichend identifizierbar ist (und zwar eine bestimmte weibliche Person, angezeigt durch die feminine Personenbezeichnung). Die Möglichkeit der Identifizierung ist hier durch die Vorerwähnung von *eine Frau im sandfarbenen Kleid* gegeben. Anaphorische NPs sind also normalerweise definit. Mit indefiniten NPs wird dagegen im typischen Fall ein Referent erst neu in den Diskurs eingeführt. In (43) können wir deshalb keine anaphorische Beziehung zwischen *die Frau im sandfarbenen Kleid* und der nachfolgenden indefiniten NP *eine Ministerin* herstellen.

(43)   Die Frau im sandfarbenen Kleid betrat den Saal. Eine Ministerin trat hinter das Rednerpult.

Während in Fällen wie (39) eine Koreferenzbeziehung zwischen Antezedent (*eine Frau im sandfarbenen Kleid*) und Anapher (*die Ministerin*) besteht bzw. hergestellt wird, gibt es in Fällen wie (44) keine solche Koreferenzbeziehung.

indirekte Anapher

(44)   Karl und Anna hockten im Kinderzimmer. <u>Das ganze Lego</u> lag verstreut herum.

Der definite Artikel bei *das ganze Lego* scheint zunächst anzuzeigen, dass es sich um einen bereits eingeführten Referenten handelt. Wir finden aber im ersten Satz von (44) keinen mit *das ganze Lego* koreferenten Ausdruck. Trotzdem erscheint uns dieser kleine Text nicht widersprüchlich oder unzusammenhängend. Vielmehr schlagen wir eine „Brücke" – Clark (1977) spricht auch von „Brückeninferenzen" – zwischen *das ganze Lego* und dem Ausdruck *im Kinderzimmer.* Dazu nutzen wir unser konzeptuelles Wissen darüber, wie Kinderzimmer aussehen, welche Gegenstände es dort typischerweise gibt, und wer diese wie benutzt, um einen Link zu *das ganze Lego* herzustellen. Bei solchen Wissensbeständen spricht man auch von konzeptuellen Schemata bzw. Frames oder Scripts. Die definite NP, die die Brückeninferenz auslöst, heißt indirekte Anapher. Der vorangehende Bezugsausdruck der indirekten Anapher wird auch „Anker" genannt.

Rezipienten tendieren dazu, solche Inferenzen zu ziehen, um Kohärenz, d. h. einen inhaltlichen Zusammenhang in einem Text herzustellen. Selbst in Texten wie (45), die auf den ersten Blick inkohärent erscheinen mögen – Gold ist kein typischer Bestandteil von Kinderzimmern –, würde man versuchen, eine Interpretation hinzubekommen, in der das Gold in einer Beziehung zum Kinderzimmer steht, z. B. dass es sich um Spiel-Gold handelt.

Kohärenz

(45)   Karl und Anna hockten im Kinderzimmer. <u>Das ganze Gold</u> lag verstreut herum.

Generell gibt es unterschiedliche Ansichten darüber, wie die Beziehung zwischen Deixis, Referenz und Anapher genau zu beschreiben ist. Insbesondere Diskursdeixis (bzw. Textdeixis) und Anaphorik scheinen eng verwandt zu sein. Ein Kriterium für die Unterscheidung zwischen Diskursdeixis und Anaphorik könnte sein, dass mit einem diskursdeiktischen Ausdruck, z. B. dem Demonstrativpronomen *das*, auf eine ganze Äußerung(ssequenz) bzw. Proposition verwiesen wird, wie in (46). Dagegen verweist ein anaphorischer Ausdruck typischerweise auf ein Objekt bzw. eine Entität, vgl. (47).

Diskursdeixis vs. Anaphorik

(46) Kermit: [Krümel musste heute mit akuter Magenverstimmung ins Krankenhaus eingeliefert werden.] <u>Das</u> waren die Nachrichten.

(47) [Krümel] vertilgte [die Torte]. <u>Sie</u> schmeckte <u>ihm</u> ausgezeichnet.

Komplexanaphern

Ein problematischer Fall in diesem Zusammenhang sind aber die Komplexanaphern. Nach Schwarz-Friesel/Consten/Marx (2004) sind Komplexanaphern nominale Ausdrücke, die propositionale Antezedenten wieder aufnehmen. Dabei fassen sie komplexe Sachverhaltsbeschreibungen komprimiert zusammen (und transportieren dabei häufig bestimmte Bewertungen), wie die unterstrichenen Ausdrücke in (48).

(48) [Tommy und Annika mussten auf einer einsamen Insel verschmachten.] <u>Das/Diese Tragödie/Diese Fahrlässigkeit/Dieser unglückliche Zwischenfall</u> beschäftigte Pippi noch lange.

Sowohl Komplexanaphern als auch diskursdeiktische Ausdrücke nehmen also auf Propositionen (Sachverhaltsbeschreibungen) Bezug. Wir brauchen deshalb noch ein weiteres Kriterium außer der Art des Bezugsausdrucks. Ein solches findet sich im allgemeinen Unterschied zwischen Deixis und Anaphorik: Während das diskursdeiktische *das* in (46) ein „Zeigeausdruck" ist, d.h. auf etwas in der Kommunikationssituation perzeptuell Wahrnehmbares „zeigt" (nämlich das gerade Geäußerte), ist das Komplexanaphern-*das* in (48) ein „wieder aufnehmender Ausdruck", d.h. es nimmt erneut – und in anderer Form – Bezug auf einen (komplexen) *Ausdruck in einem Text* (unabhängig von einer aktuellen Äußerungssituation).

 *Aufgaben*

2.1 Sprechakte

1. Als was kann zu Guttenbergs Äußerung in (2) noch gelten (außer als Bericht oder Mitteilung)? Bedenken Sie, dass zu Guttenberg diese Äußerung in einer Pressekonferenz getätigt hat.

2. Betrachten Sie die Verben *lügen, vermuten, schwören, sterben, prahlen, trösten, chatten, beleidigen, ersuchen, nominieren.* Prüfen Sie, ob diese Verben (a) eine Handlung bezeichnen, (b) eine Illokution bezeichnen (Test?), (c) performativ verwendbar sind (Test?), (d) in welche Sprechaktklasse sie ggf. gehören.

3. Überlegen Sie, wie die Bedingungen für den illokutionären Akt des Versprechens aussehen könnten. Finden Sie Beispiele für missglückte Versprechen, und erklären Sie das Missglücken durch Bezugnahme auf die Glückensbedingungen.

4. Der ehemalige Bundespräsident Christian Wulff hat am 17.2.2012 seinen Rücktritt folgendermaßen erklärt: „Ich trete heute vom Amt des Bundespräsidenten zurück." Vergleichen Sie diese Äußerung mit der von Köhler und zu Guttenberg im Hinblick auf Performativität.

2.2 Implikatur und Präsupposition

1. Welche rhetorische Figur liegt in Beispiel (8) bei Graumanns Rede von der *Klaviatur* vor? Wie würde eine Gricesche Analyse aussehen?

2. Welche Implikatur entsteht bei der Äußerung „Deshalb respektiere ich die unterschiedlichsten Formen von Glauben" im Interviewauszug unten? Durch Verletzung/Befolgung welcher Maxime kommt sie zustande?

Spiegel: Herr Church, glauben Sie an einen Gott?

Church: Ich wäre blind, würde ich nicht sehen, dass der Glaube an einen göttlichen Plan, der uns dahin geführt hat, wo wir heute sind, eine gewaltige Triebkraft in der Geschichte der Menschheit ist. Deshalb respektiere ich die unterschiedlichsten Formen von Glauben.

(Gespräch mit dem amerikanischen Genforscher George Church, Der Spiegel, 14.1.2013)

3. a) Nennen Sie je eine Implikation und eine Implikatur aus folgender Äußerung: *Einige Fußballer haben den Pokal geküsst.*

b) Ist die Interpretation der Äußerung *Anna hat drei Kinder* als ,Anna hat genau drei Kinder' eine Implikatur oder eine Implikation?

c) Erläutern Sie, worin Tommys Problem mit der Äußerung „Seit zwei Tagen ohne Schnupftabak …" im Textauszug unten besteht. Nehmen Sie dabei Bezug auf den Begriff der Implikatur. Diskutieren Sie, ob die Äußerung als Lüge aufgefasst werden kann.

„Ja, aber was soll ich schreiben?", fragte Tommy. „Lass mal sehen", überlegte Pippi. „Du kannst schreiben: ,Rettet uns, bevor wir untergehen! Seit zwei Tagen ohne Schnupftabak, verschmachten wir auf dieser Insel.'" „Aber nein, Pippi, das können wir nicht schreiben", sagte Tommy vorwurfsvoll. „Das ist ja nicht wahr." „Was denn sonst?", fragte Pippi. „Wir können doch nicht schreiben ,ohne Schnupftabak'", sagte Tommy. „Nicht?", sagte Pippi. „Hast du Schnupftabak?" „Nein", sagte Tommy. „Hat Annika Schnupftabak?" „Nein, natürlich nicht. Aber …" „Hab ich vielleicht Schnupftabak?", fragte Pippi. „Nein, das kann schon sein", sagte Tommy. „Aber wir brauchen ja keinen Schnupftabak." „Ja, ich will, dass du genau das schreibst: ,Seit zwei Tagen ohne Schnupftabak …'" „Aber wenn wir das schreiben, dann glauben die Leute sicher, dass wir schnupfen", beharrte Tommy.

(Astrid Lindgren: Pippi Langstrumpf. Hamburg: Oetinger 1987, S. 242–243)

5. Welche Präsuppositionen entstehen in (a)–(e)? Nennen Sie jeweils auch den Auslöser der Präsupposition. (a) *Der König von Taka-Tuka-Land hat eine Glatze.* (b) *Hat Tommy aufgehört, seine Schwester zu schlagen?* (c) *Als Annika nach Hause kam, war Tommy an Spunk erkrankt.* (d) *Es ist ärgerlich, dass Pippi die ganzen Goldtaler verbraucht hat.* (e) *Wer hat Annika verraten, dass in Pippis hohlem Baum Limonade wächst?*

2.3 Deixis und Anapher

1. Recherchieren Sie, was mit „generischer Bedeutung" gemeint ist, und beschreiben Sie die Bedeutung von *du* im Beispiel (8).

2. Beschreiben Sie für Beispiel (18) die möglichen Positionen bzw. Wahrnehmungsrichtungen von Sprecher, 60-Tonner und Brandenburger Tor.

3. Inwiefern handelt es sich in (a) um eine „uneigentliche" Verwendung des Präteritums, und wie könnte man die Tempuswahl begründen? (a) [Der Kellner am Tisch, den Schnitzelteller in der Hand:] *Wer bekam das Schnitzel?*

4. Erläutern Sie, wie die Interpretation der unterstrichenen Nominalphrase in (a) als indirekte Anapher zustande kommt, und warum eine analoge Interpretation für (b) zumindest schwieriger ist. (a) *Gestern wurde ein Mann als Mordverdächtiger festgenommen.* <u>*Das Messer*</u> *fand die Polizei im Bad.* (b) *Gestern wurde ein Mann tot aufgefunden.* <u>*Das Messer*</u> *fand die Polizei im Bad.*

Lektüre zur Vertiefung

Zur Sprechakttheorie sollten Sie mindestens Searle (1971: Kap. 3) lesen, zu indirekten Sprechakten Searle (1982b). Austin (1962) gibt es in deutscher Übersetzung als Reclam-Ausgabe.

Zu Implikaturen lesen Sie unbedingt den kurzen Originalartikel von Grice (1989 [1975]). Einen Überblick über Grice' Implikaturentheorie und neuere Weiterentwicklungen gibt Meibauer (2006). Eine ausführliche Darstellung, auch zu Präsuppositionen, findet sich in Huang (2007).

Zur Deixis ist Kap. II aus Bühler (1934 [1999]) grundlegend. Einen Überblick gibt Levinson (2004). Eine Einführung zum Thema Textkohärenz, mit Darstellung der unterschiedlichen Arten von Anaphern, ist Averintseva-Klisch (2013).

3. Exkurs: Weiterentwicklungen der Implikaturentheorie

Die Implikaturentheorie nach Grice ist sehr einflussreich geworden, weil sie ein Modell dafür bereitstellt, wie man zwischen semantischen und pragmatischen Bedeutungsaspekten unterscheiden kann. Man kann durchaus sagen, dass Grice' Ansatz die pragmatische Theoriebildung revolutioniert hat. Seither hat es eine Vielzahl von Neuinterpretationen, Revisionen und Alternativvorschlägen gegeben. In diesem Kapitel werden die drei einflussreichsten Weiterentwicklungen der Theorie von Grice vorgestellt: Das Modell von Levinson (2000) und das Modell von Horn (1984), die beide eng an Grice angelehnt sind und deshalb auch als Neo-Gricesche Modelle bezeichnet werden, sowie das Modell von Sperber/Wilson (1995 [1986]), die Relevanztheorie.

Diese Weiterentwicklungen sind v.a. aus dem Bestreben heraus entstanden, das System der Gesprächsmaximen systematischer auszuarbeiten. Man hat sich außerdem die Frage gestellt, ob statt Grice' rationalistischem Kooperationsprinzip vielleicht andere Prinzipien für die sprachliche Kommunikation leitend sind, z. B. anthropologische oder kognitive Prinzipien. Eine allgemeine Tendenz der Modelle von Levinson (2000), Horn (1984) und Sperber/Wilson (1995) ist, dass sie versuchen, Grice' Maximenkatalog zu reduzieren. Während Levinson ein System von drei Heuristiken (I-, Q- und M-Prinzip) vorschlägt, reduziert Horn das System auf zwei Prinzipien (Q- und R-Prinzip). Sperber/Wilson vertreten die Auffassung, dass ein einziges Prinzip ausreichend ist, und zwar das Prinzip der Relevanz.

Reduktionen

3.1. Das Modell von Levinson

Levinson (2000) entwickelt ein dreidimensionales Modell der Sprecher-Bedeutung, das den Bereich der generalisierten konversationellen Implikaturen (GCIs) abdeckt. Er stellt drei Heuristiken (erfahrungsbasierte Verfahren) auf, an denen sich die Interaktionspartner orientieren: die Q-Heuristik, die I-Heuristik und die M-Heuristik.

- Q-Heuristik: ‚Was nicht gesagt wurde, ist nicht der Fall'
- I-Heuristik: ‚Was allgemein ausgedrückt wurde, ist stereotyp zu verstehen'
- M-Heuristik: ‚Was in einer abnormalen Weise gesagt wurde, ist nicht normal' bzw. ‚Eine markierte Botschaft indiziert eine markierte Situation'

drei Heuristiken

Die Q-Heuristik deckt Grice' erste Quantitätsmaxime ab, nach der ein Sprecher einen Beitrag so informativ wie nötig machen soll. Die I-Heuristik entspricht Grice' zweiter Quantitätsmaxime, nach der ein Sprecher einen Beitrag nicht informativer machen soll als nötig. Die M-Heuristik bildet Grice' erste und dritte Modalitätsmaxime ab, nach der ein Sprecher unklare Ausdrucksweise und unnötige Weitschweifigkeit vermeiden soll. Die Maximen der Qualität und der Relation sind dagegen für Levinson verzichtbar. Deren Rolle sieht er eher bei der Ableitung von PCIs (*particularized conversational implicatures*), zu denen er u.a. Ironie und Sarkasmus zählt.

Q-, I- und M-Prinzip

Die Heuristiken korrespondieren mit drei Prinzipien; jedes dieser Prinzipien hat zwei Seiten, eine Sprechermaxime (*speaker's maxim*) und ein Hörerkorollar (*recipient's corollary*) (das ist ein Folgesatz, der vorschreibt, welche hörerseitigen Schlüsse das Prinzip erlaubt). Huang (2007: 41–50) gibt für die drei Prinzipien vereinfachte Zusammenfassungen an, die ich hier übersetzt wiedergebe.

Q-Prinzip
Sprecher: Sag nicht weniger als verlangt (unter Berücksichtigung des I-Prinzips).
Hörer: Was nicht gesagt wurde, ist nicht der Fall.

I-Prinzip
Sprecher: Sag nicht mehr als verlangt (unter Berücksichtigung des Q-Prinzips).
Hörer: Was allgemein ausgedrückt wird, wird stereotypisch spezifiziert.

M-Prinzip
Sprecher: Verwende markierte Ausdrucksweise nicht ohne Grund.
Hörer: Was in abnormaler Weise ausgedrückt wird, ist nicht normal.

Q-Implikaturen

Standardbeispiele für Implikaturen, die aufgrund des Q-Prinzips ausgelöst werden, sind skalare Implikaturen wie (1) und klausale Implikaturen wie (2).

(1) Einige Kinder schauen auf das brennende Haus.
    <alle, einige>
    +> Nicht alle Kinder schauen auf das brennende Haus.
(2) Annika glaubt, dass Tommy Pippi liebt. <(wissen, dass p), (glauben, dass p)>
    +> Es kann sein, dass Tommy Pippi liebt, und es kann sein, dass Tommy Pippi nicht liebt.

Skalare Implikaturen wie in (1) setzen eine bestimmte Menge semantisch kontrastierender Alternativen voraus, z. B. {*alle, die meisten, viele, einige*}. Der Gebrauch eines (semantisch schwächeren) Ausdrucks aus dieser Menge Q-implikatiert dann die Negation der Interpretation, die mit dem Gebrauch eines der alternativen (semantisch stärkeren) Ausdrücke einhergehen würde. Klausale Implikaturen beruhen ebenfalls auf einem solchen Kontrastset, allerdings ist dies kein Set von lexikalischen Ausdrücken, sondern ein Set von Sätzen. In (2) besteht der Kontrast zwischen den Sätzen *wissen, dass* p und *glauben, dass* p. Während das Verb *wissen* die Wahrheit der Proposition p des eingebetteten Satzes präsupponiert, tut *glauben* das nicht. Wenn die Sprecherin also den semantisch schwächeren Ausdruck *glauben, dass* p wählt, Q-implikatiert sie damit, dass es nicht sicher ist, ob p der Fall ist oder nicht. Man kann sagen, dass das Q-Prinzip metalinguistischer Art ist, denn es setzt die Existenz alternativer sprachlicher Ausdrücke voraus. Außerdem ist es negativ, d. h. Q-Implikaturen beruhen auf der *Abwesenheit* eines informationell reicheren Ausdrucks.

Das I-Prinzip bewirkt Implikaturen, die sich stereotypisches Wissen zunutze machen und so allgemein gehaltene Äußerungen spezifizieren. Hierzu gehört ein relativ heterogenes Set von Implikaturen, die z. B. bei der Interpretation von Komposita (3), bei der Einschränkung lexikalischer Bedeutung (4) oder bei der Interpretation von anaphorischen Ausdrücken (5) auftreten.

(3) *Rauchpause* +> Pause <u>zum</u> Rauchen; *Lärmpause* +> Pause <u>vom</u> Lärm
(4) Karl trinkt zu viel. +> Karl trinkt zu viel Alkohol.
(5) Anna sagte, sie sei beschäftigt. +> Anna$_i$ sagte, sie$_i$ sei beschäftigt.

Diesen Implikaturen ist gemeinsam, dass sie spezifischer sind als die entsprechenden wörtlichen Äußerungen. Der Ausdruck *Rauchpause* ließe im Prinzip ja auch Interpretationen analog zu *Lärmpause* zu (also etwa ‚Pause *vom* Rauch(en)') und ist insofern allgemeiner als die Einschränkung auf die I-Implikatur ‚Pause zum Rauchen'. Wenn in (4) gesagt wird, dass Karl zu viel trinkt, umfasst das prinzipiell auch die Möglichkeit, dass er zu viel Limo trinkt; und mit *sie* in (5) könnte auch eine andere weibliche Person als Anna gemeint sein. Auch *und*-Anreicherungen (*Anna heiratete und bekam ein Kind.* +> Anna heiratete erst und bekam dann ein Kind), die Grice über die vierte Untermaxime der Modalität erfasst, fallen nach Levinson unter die I-Implikaturen. Dagegen subsumiert er Grice' zweite Untermaxime der Modalität (‚Vermeide Ambiguität') unter die Q-Implikaturen.
Im Gegensatz zu Q-Implikaturen (und M-Implikaturen) sind I-Implikaturen weder metalinguistisch noch negativ. Sie funktionieren nicht unter Bezugnahme auf sprachliches Wissen (etwa über Ausdrucksalternativen), sondern unter Bezugnahme auf stereotypisches Weltwissen. Sie verweisen auch nicht auf nicht-verwendete Ausdrücke, sondern knüpfen an verwendete Ausdrücke an und machen diese spezifischer. Mit Q-Implikaturen haben I-Implikaturen aber gemeinsam, dass sie sich auf die semantische Informativität von Äußerungen beziehen.
Beispiele für M-Implikaturen sind (6) und (7).

(6) Anna schläft und schläft.
      +> Anna schläft länger als gewöhnlich.
(7) Karl geht zu der Schule.
      +> Karl geht in Richtung zu der Schule.

(6) kontrastiert mit der unmarkierten, nicht-reduplizierten Verwendung des Verbs (*Anna schläft*). Dadurch wird M-implikatiert, dass das Schlafen von Anna länger andauert als ‚normales' Schlafen. (7) kontrastiert mit einer Konstruktion, die eine Verschmelzungsform aus Präposition und definitem Artikel aufweist (*Karl geht zur Schule*). Diese alternative Formulierung ist stereotypisch mit der Bedeutung einer habituellen Eigenschaft verbunden (‚Karl ist Schüler'). Durch die Wahl der umständlicheren Form (7) gibt die Sprecherin zu erkennen, dass sie nicht auf diese stereotype Interpretation abzielt, sondern auf die Interpretation von *gehen* als Verb der Bewegungsrichtung mit *Schule* als Zielpunkt. M-Implikaturen sind wie Q-Implikaturen metalinguistisch und negativ, denn sie setzen ein Set von alternativen Ausdrucksweisen voraus, die *nicht* gebraucht wurden. Im Gegensatz zu Q-Implikaturen sind M-Implikaturen aber nicht bezogen auf den Informationsgehalt von Äußerungen (was gesagt wird), sondern auf die Form von Äußerungen (wie etwas gesagt wird).

3.2. Das Modell von Horn

Nach Horn (1984) spielen Implikaturen eine wichtige Rolle für die Regulie-
rung der Ökonomie sprachlicher Information. Während die Sprecherin auf
Einfachheit und Kürze abzielt, also auf möglichst geringen Aufwand, zielt
die Hörerin auf ausreichende Information und Unterscheidbarkeit der Form
ab. Auf die Wechselwirkung zwischen diesen beiden Bedürfnissen führt
Horn die erzielten Bedeutungseffekte zurück, die wiederum davon abhängig
sind, was gesagt wurde und was nicht. Sein Modell sieht entsprechend zwei
generelle Prinzipien vor, das Q-Prinzip und das R-Prinzip.

Q-Prinzip
Mach deinen Beitrag ausreichend: Sag so viel du kannst (R vorausgesetzt).

R-Prinzip
Mach deinen Beitrag notwendig: Sag nicht mehr als du musst (Q vorausgesetzt).

Das Q-Prinzip fasst Grice' erste Quantitätsmaxime sowie die erste und zweite Untermaxime der Modalität zusammen, die sich auf die Klarheit des Ausdrucks beziehen. Das R-Prinzip bildet Grice' zweite Quantitätsmaxime, die
Maxime der Relevanz (Relation) und die dritte und vierte Untermaxime der
Modalität ab, die sich auf die Kürze des Ausdrucks beziehen. Während Levinson die Qualitätsmaxime ganz aufgibt, stellt sie für Horn die Grundvor-
aussetzung aller anderen Maximen dar; sie ist daher nicht reduzierbar.

Informations-
maximierung

Das Q-Prinzip zielt darauf ab, die gegebene Information zu maximieren,
und ist damit hörerbasiert. Wenn die Sprecherin einen informativ schwächeren Ausdruck einem stärkeren Ausdruck vorzieht, kann der Hörer schließen,
dass sie die stärkere Information nicht geben konnte. Hier kommen wieder
die skalaren Implikaturen ins Spiel (die dafür angenommenen Skalen werden
übrigens auch Horn-Skalen genannt, da Horn sie als erster genauer ausgearbeitet hat). Wer sagt: „Einige Kinder schauen auf das brennende Haus", der
gibt zu erkennen, dass es nicht alle Kinder waren, denn wären es alle gewesen, hätte er das sagen können. Wer sagt: „Das Wasser ist warm", der implikatiert, dass es höchstens warm, aber nicht heiß war, denn sonst hätte er das
gesagt.

Ausdrucks-
minimierung

Das R-Prinzip dagegen zielt darauf ab, den Aufwand des Ausdrucks zu minimieren, und ist damit sprecherbasiert. Mit Hilfe des R-Prinzips erklärt
Horn indirekte Sprechakte wie *Haben Sie eine Uhr?*. Wer dies fragt, möchte
mindestens wissen, ob der Angesprochene eine Uhr hat, aber er möchte eigentlich noch mehr wissen, nämlich wie spät es ist. Ein weiteres Beispiel für
R-Implikaturen sind Fälle von Negationsanhebung (*neg-raising*): Wenn Anna
sagt, „Ich denke nicht, dass wir das tun sollten", dann meint sie mindestens,
dass sie nicht denkt, dass wir das tun sollten, aber sie meint auch noch etwas
Stärkeres, nämlich dass sie denkt, dass wir das nicht tun sollten.

Es ist klar, dass die beiden Prinzipien potentiell miteinander im Konflikt
stehen. Horn vertritt hier eine Idee der *division of pragmatic labour* („pragmatischen Arbeitsteilung"), die diesen Konflikt regeln soll (hier in der Formulierung, die Horn 2004: 16 anbietet):

„Given two expressions covering the same semantic ground, a relatively unmarked form – briefer and/or more lexicalized – tends to be R-associated with a particular unmarked, stereotypical meaning, use, or situation, while the use of the periphrastic or less lexicalized expression, typically more complex or prolix, tends to be Q-restricted to those situations outside the stereotype, for which the unmarked expression could not have been used appropriately."

pragmatische Arbeitsteilung

Das heißt, dass das R-Prinzip so lange Vorrang hat, bis der Gebrauch einer markierten sprachlichen Form indiziert, dass die R-Implikatur nicht gezogen werden kann, so dass dann das Q-Prinzip in Kraft tritt. Ein Problem bei Horns Modell ist, dass Markiertheit sowohl auf Aspekte der Ausdrucksform (eine kürzere Form ist weniger markiert als eine längere Form) als auch auf Aspekte des semantischen Informationsgehalts bezogen wird (eine allgemeinere Form, z. B. *warm*, ist weniger markiert als eine spezifische, z. B. *heiß*). Das führt nach Levinson (1987: 73) zu einer gewissen Inkonsistenz des Modells.

3.3. Das Modell von Sperber/Wilson

Sperber/Wilson (1995 [1986]) schlagen ein kognitives Modell der Kommunikation vor, das als Relevanztheorie bekannt ist. Es beruht auf nur einem Prinzip, dem Prinzip der Relevanz (in der zweiten Auflage ihres Buches differenzieren Sperber und Wilson das Prinzip in zwei Relevanzprinzipien, ein kognitives und ein kommunikatives; das ursprünglich zuerst aufgestellte Prinzip ist das unten als zweites angegebene).

Relevanztheorie

- Erstes (kognitives) Prinzip der Relevanz
  Human cognition is geared towards the maximization of relevance (that is, to the achievement of as many contextual (cognitive) effects as possible for as little processing effort as possible).
  Die menschliche Kognition ist auf die Maximierung der Relevanz ausgerichtet (d. h. darauf, so viele kontextuelle (kognitive) Effekte wie möglich bei so geringem Verarbeitungsaufwand wie möglich zu erzielen).
- Zweites (kommunikatives) Prinzip der Relevanz
  Every act of ostensive communication (e. g., an utterance) communicates a presumption of its own optimal relevance.
  Jeder ostensive Kommunikationsakt (z. B. eine Äußerung) kommuniziert die Erwartung (die Annahme), optimal relevant zu sein.

Ein optimal relevanter Input ist demnach mit maximalen kontextuellen (kognitiven) Effekten verbunden bei minimalem Verarbeitungsaufwand für den Hörer. Unter kognitiven Effekten kann man sich allgemein solche Effekte von Äußerungen vorstellen, durch die sich die Repräsentation des Hörers von der Welt in für ihn bedeutsamer Weise verändert, z. B. indem er eine Antwort auf eine Frage erhält, eine bestimmte Schlussfolgerung ziehen oder einen Verdacht erhärten kann. Allein dadurch, dass Karl etwas äußert, wird bei Anna die Erwartung erzeugt, dass sie solche Effekte erzielen können wird. Diese Erwartung steuert wiederum ihre Interpretation der Äußerung.

kognitive Effekte vs. Verarbeitungsaufwand

Relevanz   Wie das Relevanzprinzip funktioniert, kann man sich anhand des folgenden Beispiels von Wilson/Sperber (2004) klar machen. Mary mag fast gar
kein Fleisch und ist allergisch auf Huhn. Sie ruft beim Gastgeber der Dinner-
party an, auf die sie eingeladen ist, und erkundigt sich nach dem Menü. Er
könnte wahrheitsgemäß mit einer der folgenden Äußerungen antworten:

(8)   Es gibt Fleisch.
(9)   Es gibt Huhn.
(10)   Entweder es gibt Huhn oder 72 minus 26 ist nicht 46.

Alle drei Äußerungen wären für Mary relevant, aber (9) wäre sowohl relevanter als (8) als auch relevanter als (10). Zum einen hat (9) gegenüber (8)
mehr kognitive Effekte, denn (9) impliziert semantisch (8). Das heißt, aus (9)
erfährt Mary alles, was sie auch aus (8) erfährt, aber noch mehr darüber hinaus. Zum anderen ist (9) gegenüber (10) relevanter, da (9) mit geringerem
Verarbeitungsaufwand verbunden ist. (9) und (10) sind logisch äquivalent
und deshalb mit denselben kognitiven Effekten verbunden. (10) ist aber
schwieriger zu verarbeiten als (9), den (10) verlangt zusätzlich, dass Mary
erst die Rechenaufgabe im zweiten Disjunkt von (10) löst und herausfindet,
dass sie falsch ist, woraus sie dann schließen kann, dass das erste Disjunkt
von (10) wahr sein muss.

Aus dem Prinzip der Relevanz ergibt sich folgende Anforderung für die
Hörerin, die vor der Aufgabe steht, eine Äußerung zu interpretieren.

Relevanztheoretischer Verstehensprozess (nach Wilson/Sperber 2004:
613)
Folge dem Weg des geringsten Aufwands bei der Verarbeitung kognitiver
Effekte. Teste interpretative Hypothesen in der Reihenfolge ihrer Zugänglichkeit. Höre erst dann auf, wenn deine Erwartungen an die Relevanz
[der Äußerung] erfüllt sind.

Sie illustrieren diesen relevanztheoretischen Verstehensprozess mit folgendem Beispiel.

(11)   Peter: Hat John dir das Geld zurückbezahlt, das er dir schuldig war?
        Mary: Nein. Er hat vergessen, zur Bank zu gehen.

Peter wird erwarten, dass Marys Äußerung optimal relevant für ihn ist. Im
Licht dieser Erwartung kann Peter den Schluss ziehen, dass Marys Äußerung
eine Erklärung dafür darstellt, warum John das Geld nicht zurückbezahlt hat.
Dies zieht wiederum den Schluss nach sich, dass mit *Bank* das Geldinstitut
(und nicht eine Sitzbank) gemeint sein muss, und dass John das Geld deshalb
nicht bezahlt hat, weil er vergessen hat, es bei der Bank zu holen, dass er es
aber möglicherweise dann zurückbezahlen wird, wenn er das nächste Mal
auf der Bank gewesen ist. Dies zeigt, dass die Erwartung der optimalen Relevanz Peter hilft, die Äußerung mit all ihren unausgesprochenen Aspekten zu
verstehen. Das Ziel der Relevanztheorie ist nach Wilson/Sperber (2004:
607),

„to explain in cognitively realistic terms what these expectations of relevance amount to, and how they might contribute to an empirically plausible account of comprehension."

Einerseits ist die Relevanztheorie als Alternative zu Grice entwickelt worden und kann insofern als ein weiterer, radikaler Reduktionsversuch angesehen werden. Andererseits ist, z. B. von Saul (2002), gezeigt worden, dass die Relevanztheorie ein grundlegend anderes Ziel verfolgt als Grice: Während es Grice darum geht, die *Sprecherbedeutung* und die Rolle der Implikaturen darin zu erklären, versteht sich die Relevanztheorie als Theorie der *Äußerungsbedeutung*. Ein weiterer wichtiger Unterschied ist, dass die Relevanztheorie den Anspruch erhebt, ein kognitiv-pragmatisches Erklärungsmodell zu sein, also die psychologischen Inferenzleistungen des Hörers beim Sprachverstehen abzubilden. Diesen Anspruch hat Grice nicht; sein Modell der Gesprächsmaximen ist vielmehr ein Modell der rationalen Kommunikation. Die scheinbare Nähe des Relevanzprinzips zu Grice' Maxime der Relevanz ist daher tatsächlich nicht gegeben.

Relevanztheorie vs. Gricesche Bedeutungstheorie

Lektüre zur Vertiefung

Für eine Vertiefung sollten Sie die hier vorgestellten theoretischen Ansätze – Levinson (2000), Horn (1984), Sperber/Wilson (1995) – im Original studieren (zumindest auszugsweise) und miteinander vergleichen. Einen guten Überblick über die verschiedenen Ansätze gibt Meibauer (2006). Ausführlich behandelt werden die Theorien in Huang (2007) und Rolf (2013).

4. Schnittstellen der Pragmatik

Die Pragmatik steht in vielfältigen Beziehungen zu anderen Kerngebieten der Linguistik. Man kann das auch so ausdrücken, dass die Pragmatik Schnittstellen zu diesen Bereichen aufweist. In diesem Kapitel schauen wir uns die Schnittstellen der Pragmatik mit den Kerngebieten Lexikon, Morphologie, Syntax, Semantik und Prosodie (als Teilbereich der Phonologie) an. Weiter werden Bezüge zwischen Pragmatik und Sprachwandel aufgezeigt. Dieser betrifft grundsätzlich alle Kerngebiete der Sprache.

4.1. Pragmatik und Lexikon

Die Forschung zur Schnittstelle von Pragmatik und Lexikon interessiert sich dafür, wie pragmatische Prozesse auf der Wortebene wirksam sind. Dabei geht es zum einen um Prozesse der Verengung, Erweiterung oder Modifikation der Bedeutung lexikalischer Einheiten im Äußerungskontext. Zum anderen spielen hier auch morphologische Prozesse eine wichtige Rolle, die in systematischer Weise mit bestimmten pragmatischen Effekten verknüpft sind, z. B. Wortbildungsprozesse wie die Diminution (z. B. *Mäuschen*, *Bierchen*). In diesem Kapitel werden wir uns sowohl mit dem Bereich der lexikalischen Pragmatik als auch mit dem Bereich der Morphopragmatik beschäftigen.

Grundfrage   Die Grundfrage der Forschung zur Pragmatik/Lexikon-Schnittstelle ist, auf welche Weise Pragmatik in das Lexikon eingreift: Sind pragmatische Informationen Teil des Lexikoneintrags eines Wortes, oder kommt die pragmatische Bedeutung erst im Kontext über pragmatische Schlussprozesse zustande?

4.1.1. Lexikon und kontextuelle Anreicherung

Unter Lexikon verstehen wir mit Meibauer (2007b: 16) eine Komponente eines theoretischen Modells der menschlichen Sprachfähigkeit. Für jedes Wort gibt es einen Lexikoneintrag, in dem unser sprachliches Wissen zu diesem Wort gespeichert ist. Beispielsweise gehört zum Lexikoneintrag von *Erbseneintopf* phonologische Information über die Aussprache des Wortes, seine Silbenzahl und die Position des Wortakzents: [ˈʔɛɐp.sn̩.ˌʔaɪn.tɔpf], morphologische Information über seine Wortstruktur (N+N-Kompositum), sein Genus (Maskulinum) und seine Flexionsklasse (-*e*-Plural mit Umlaut), syntaktische Information über seine Wortkategorie (Nomen) und semantische Information über seine Bedeutung, nämlich dass es auf diejenige Unterklasse von Eintöpfen referiert, die als wesentlichen Bestandteil Erbsen haben.

Wortbedeutung im Kontext   In der Kommunikation scheint es aber oft so zu sein, dass die Bedeutung von Wörtern über das hinausgeht oder von dem abweicht, was im Lexikoneintrag gespeichert ist, dass wir also bestimmte Anpassungen vornehmen. Das sieht man in (1).

(1) Anna öffnet die Tür/den Mund/das Taschenmesser/die Haare/die Datei.
     (nach Dölling 2005: 160–161)

Je nachdem, mit welcher Objekt-NP das Verb *öffnen* kombiniert wird, also in welchem lokalen Kontext es verwendet wird, ergeben sich ganz verschiedene Bedeutungen. So ist die Handlung des Türöffnens verschieden vom Öffnen eines Taschenmessers, und beide Arten des Öffnens sind grundlegend verschieden vom Öffnen einer Datei (hier liegt ein metaphorisches Konzept von ‚öffnen' vor). Es wäre aber ziemlich unökonomisch, anzunehmen, dass *öffnen* ein semantisch polysemes Verb ist, dass also in seinem Lexikoneintrag sämtliche unterschiedlichen Bedeutungen aufgeführt sind, zwischen denen wir dann wählen. Eine adäquatere Lösung ist es, anzunehmen, dass dieses Verb eine unterspezifizierte, schematische Basisbedeutung hat, die je nach Kontext in unterschiedlicher Weise ausdifferenziert bzw. spezifiziert wird. Offenbar muss die Sprache eine gewisse Elastizität aufweisen, um in sinnvoller Weise auf die Welt angewendet werden zu können. Das würde heißen, dass für die verschiedenen Bedeutungen pragmatische Anreicherungsprozesse bzw. kontextuelle Modifikationen verantwortlich sind. Huang (2009: 119) formuliert das so, dass es hier um Bedeutung geht, „which is parasitic on what is coded but is not part of what is coded". Das heißt, dass sich die pragmatische Bedeutung die gespeicherte Wortbedeutung zunutze macht, aber kein Teil davon ist.

In den folgenden Abschnitten werden wir an weiteren Beispielen aus dem Bereich der lexikalischen Pragmatik und der Morphopragmatik sehen, inwiefern Pragmatik auf der Ebene des Wortes und der Wortstruktur eine Rolle spielt. Abschließend kommen wir noch einmal auf die Frage zurück, wie diese Prozesse theoretisch am besten zu modellieren sind.

4.1.2. Lexikalische Pragmatik

In der Lexikographie, also der Forschung zum Aufbau und zur Erstellung von Wörterbüchern, werden Wörter manchmal mit metasprachlichen Angaben wie „ugs.", „veralt.", „abwert.", „landsch.", „zoolog." ausgezeichnet. Beispielsweise findet man im DUW (S. 1009) bei *Köter* die Angabe „(abwertend): *Hund*". Diese Angaben beziehen sich auf Konnotationen von Wörtern, also bestimmte „zusätzliche" Bedeutungsaspekte, z. B. stilistische oder regionale Merkmale oder fachsprachliche Gebrauchsweisen. Man könnte die Bedeutung von *Köter* relativ zur Bedeutung von *Hund* als denotativ identisch (beide bezeichnen die Klasse ‚Hund'), aber konnotativ verschieden beschreiben (*Köter* enthält eine Bewertung). Die Frage ist, wie wir diese zusätzliche, pragmatische Bedeutung repräsentieren.

Konnotation und Denotation

Die lexikographische Praxis, stilistische Hinweise zu geben, entspricht einer theoretischen Auffassung, nach der der Lexikoneintrag von *Köter* um bestimmte pragmatische Informationen ergänzt werden muss. Das Lexikon wird also einfach um diese pragmatischen Informationen erweitert. Dies mag zunächst einleuchten. In der Konsequenz ergibt sich dabei aber das Bild, dass wir sprachliches Wissen im engeren Sinn nicht mehr klar von Sprecherintentionen, Weltwissen bzw. kontextuellem oder situativem Wissen trennen können, also solchen Wissensbeständen, die wir normalerweise

sprachliches Wissen vs. Weltwissen

als „pragmatisch" auffassen. Unser theoretisches Modell des Lexikons müsste dann zulassen, dass wir zu vielen Wörtern enorme Mengen an solchem Wissen gespeichert haben.

Eine weitere Konsequenz aus diesem Vorgehen ist es, dass wir unterstellen, dass solche pragmatischen Informationen fest zu dem betreffenden Wort gehören. Wir können dann nicht erklären, warum diese pragmatischen Informationen in bestimmten Kontexten wie (2) nicht auftreten.

(2) Ich mag ja Hunde eigentlich nicht, aber meine Freundin Anna hat einen richtig niedlichen kleinen Köter.

In (2) scheint *Köter* nicht abwertend gebraucht zu sein. Um zu entscheiden, ob eine Abwertung intendiert ist oder nicht, brauchen wir kontextuelles Wissen darüber, wer dieses Wort in welchem Zusammenhang benutzt. Es wird also deutlich, dass wir sprecherabhängige Bewertungen nicht im Lexikon festschreiben können. Es scheint deshalb angemessener, solche Konnotationen als Phänomen der Lexikon/Pragmatik-Schnittstelle aufzufassen.

In der neueren Forschung zur Lexikon/Pragmatik-Schnittstelle werden insbesondere die Prozesse der Bedeutungsverengung (*narrowing*), Bedeutungserweiterung (*loosening, broadening*) und Annäherung (*approximation*) diskutiert. Schauen wir uns zunächst Fälle von Bedeutungsverengung an.

> Bedeutungs-
> verengung

(3) Anna mag lieber Wildschwein als Elch.
(4) Anna mag lieber Leopard als Fuchs.

In (3) erhalten wir die Bedeutung ‚Fleisch von X‘, in (4) die Bedeutung ‚Pelz von X‘. Das heißt, die Bedeutung der Tierbezeichnungen wird – in je unterschiedlicher Weise – eingeengt, sie ist jeweils spezifischer als die allgemeine Bedeutung von *Wildschwein, Leopard* usw. Um zu diesen Interpretationen zu gelangen, müssen wir unser Weltwissen über Wildschweine und Elche bzw. Leoparden und Füchse einbringen, d. h. unser Wissen darüber, welche Teile dieser Tiere wir normalerweise in welcher Weise nutzen. Dass dies ein pragmatischer Inferenzprozess ist, und nicht Teil der lexikalisch kodierten Wortbedeutung, lässt sich daran zeigen, dass wir in geeigneten Kontexten, wie etwa (5), auch andere Interpretationen erhalten können.

(5) Wir saßen wochenlang im kongolesischen Dschungel fest. Das Einzige, was wir zu essen hatten, war Leopard.

Ein anderes Beispiel für Bedeutungsverengung ist (6).

(6) Karl trinkt Milch zum Frühstück.

Diese Äußerung verstehen wir normalerweise so, dass Karl Kuhmilch, und nicht etwa Ziegen- oder Kamelmilch zum Frühstück trinkt. Mit *Milch* referiert die Sprecherin hier also auf eine bestimmte Unterklasse von Milch, nicht auf Milch im Allgemeinen. Für diese Interpretation brauchen wir natürlich Wissen über bestimmte kulturelle Gewohnheiten. In anderen Kontexten können andere Lesarten entstehen, etwa ‚Muttermilch‘ in (7).

(7) Die Mutter stillt ihr Baby. Es liebt Milch.

Dass solche spezifischen Lesarten pragmatischer und nicht semantischer Natur sind, erkennt man übrigens auch daran, dass keine semantischen Inkongruenzeffekte entstehen, wenn man Sätze wie (8) bildet.

(8)   Karl trinkt gerne Milch, vor allem die von Ziegen.

Man geht in der lexikalischen Semantik davon aus, dass Wörter aufgrund ihrer Bedeutung bestimmte Restriktionen aufweisen hinsichtlich anderer Wörter, mit denen sie kombiniert werden können. Das nennt man Selektionsbeschränkungen. Zum Beispiel würde ein Satz wie (9) gegen die Selektionsbeschränkungen von *trinken* verstoßen (der Verstoß ist mit Asterisk * markiert), denn dieses Verb verlangt (,selegiert') als Akkusativobjekt eine Bezeichnung für eine Flüssigkeit.

Selektions-
beschränkungen

(9)   *Karl trinkt den Tisch.

Wenn nun die Bedeutung ,Kuhmilch' die lexikalisch kodierte Bedeutung von *Milch* wäre, würde man erwarten, dass in (8) ebenfalls Effekte wie in (9) entstehen, dass also ein Widerspruch zwischen ,Kuhmilch' und ,Milch von Ziegen' entstünde. (8) ist aber vollkommen akzeptabel. Dies liefert uns weitere Evidenz dafür, dass es sich bei der Interpretation ,Kuhmilch' um einen pragmatisch abgeleiteten Bedeutungsaspekt handelt. Levinson schlägt für solche Fälle eine Implikatur vor, die auf dem I-Prinzip basiert. Dieses Prinzip besagt, dass der Gebrauch von allgemeinen, unspezifischen Ausdrücken (z. B. *Milch*) die Implikatur einer spezifischeren Interpretation hat, die der stereotypisch erwartbaren Interpretation im gegebenen Kontext entspricht (z. B. *Kuhmilch*).

Der umgekehrte Fall liegt bei der Bedeutungserweiterung (*loosening*, *broadening*) vor. Beispiele hierfür sind Metaphern wie (10).

Bedeutungs-
erweiterung

(10)   Anna ist ein Chamäleon.

Nach Carston (2012: 479) wird das lexikalische Konzept ,Chamäleon' in (10) erweitert zu einem Ad-hoc-Konzept ,CHAMÄLEON*', dessen Denotation mehr umfasst als das lexikalische Konzept, von dem es pragmatisch abgeleitet wurde. Das in diesem Kontext entstehende metaphorische Konzept ,CHAMÄLEON*' bezeichnet nicht mehr nur die Exemplare der Klasse der Echsen, die ihre Hautfarbe der Umgebung anpassen können, sondern auch Menschen mit bestimmten Charaktereigenschaften. (10) könnte somit in einem bestimmten Kontext interpretiert werden als ,Anna hat eine Tendenz, gegenüber unterschiedlichen Leuten unterschiedliche Meinungen zu vertreten, um immer angepasst zu sein; man kann sich nicht auf sie verlassen.'

Auch in Fällen wie (11) und (12) liegt eine Erweiterung der lexikalisch kodierten Bedeutung bestimmter Wörter vor, hier der Adjektive *roh* und *sechseckig*.

Annäherung

(11)   Herr Ober, das Steak ist roh!
(12)   Frankreich ist sechseckig.

In der Äußerung (11) wird das lexikalische Konzept ,roh' auf ein Steak angewandt, das wohl kaum völlig roh ist, sondern nur nicht ganz durchgebraten. In (12) ist nicht die exakte geometische Form ,sechseckig' gemeint, sondern eine gewisse Annäherung an diese Form (,sechseckähnlich'). Man spricht hier statt von *loosening* auch von *approximation*.

Erweiterungen liegen auch bei manchen Umdeutungen von Eigennamen vor.

(13)   Mein Schwager ist nun mal kein Pavarotti.

Pavarotti ist zunächst ein Eigenname und referiert auf ein bestimmtes Individuum. In (13) wird *(kein) Pavarotti* aber prädikativ verwendet, d. h. es beschreibt hier eine (nicht vorhandene) Eigenschaft des Schwagers. Wir können aus unserem Weltwissen, das uns sagt, dass Pavarotti der Name eines bekannten Opernsängers ist, in diesem Kontext schlussfolgern, dass die Sprecherin von (13) darauf abzielen will, dass ihr Schwager nicht besonders gut singen kann. Man kann sagen, dass die Denotationsmenge von *Pavarotti* in dieser Verwendung ausgedehnt wurde und nun alle Individuen umfasst, die sehr gut singen können (und der Schwager ist nicht Teil dieser Menge).

Idiome   Das Lexikon umfasst nicht nur Wörter, sondern auch bestimmte phrasale Einheiten, die als Ganze gespeichert sind. Dazu gehören z. B. Idiome wie *das Handtuch werfen*, deren Bedeutung ('aufgeben') sich nicht kompositionell aus der Bedeutung ihrer Einzelteile und deren syntaktischer Verknüpfung ergibt, wie das ansonsten für komplexe Ausdrücke (wie z. B. *den Ball werfen*) gilt. Diese Bedeutung muss deshalb zusammen mit dem Idiom im Lexikon gespeichert werden. Auch viele Idiome sind aber nur unter Berücksichtigung pragmatischer Aspekte vollständig beschreibbar. Die Frage ist, ob wir diese pragmatischen Aspekte einfach in den Lexikoneintrag aufnehmen oder ob wir sie einer pragmatischen Komponente zuordnen sollen, die mit dem Lexikon interagiert. Finkbeiner (2012: 154) zeigt, dass das Idiom *das Handtuch werfen* in Kontexten auftritt, die eine Angabe darüber enthalten, dass das handelnde Subjekt aus bestimmten Gründen dazu gezwungen war, aufzugeben (in den Beispielen *kursiviert*). Zudem wird in den Kontexten eine gewisse negative Bewertung der Handlung des Aufgebens zum Ausdruck gebracht.

(14)   Doch an Weihnachten hat der Co-Präsident der Grünliberalen des Kantons das Handtuch geworfen und ist per sofort aus der Partei ausgetreten. *Dahinter stecken persönliche Differenzen.* (St. Galler Tageblatt, 15.1.2010)

(15)   Gestern wurde bekannt gegeben, dass das Rössli Flawil nach nur drei Monaten *wegen schlechter Besucherzahlen* wieder schließen muss. Es ist in den letzten fünf Jahren bereits das dritte Mal, dass ein Rössli-Gastwirt das Handtuch wirft. (St. Galler Tageblatt, 2.7.2010)

(16)   *Nach 13 Niederlagen in Folge* hat Alaa Aldahir das Handtuch geworfen und seinen Trainerposten beim Fußball-Kreisligisten STV Holzland II vor einigen Tagen geräumt. (Braunschweiger Zeitung, 10.12.2005)

Diese komplexe Kontextstruktur des Idioms lässt sich nicht ohne Weiteres ins Lexikon packen. Hinzu kommt, dass der Aspekt der Unfreiwilligkeit zwar dem Standardgebrauch des Idioms entspricht, dass man aber durchaus Kontexte konstruieren kann, in denen dieser Aspekt gelöscht ist.

(17)   Alaa Aldahir hat als Trainer des STV Holzland II zum Saisonende aus freien Stücken das Handtuch geworfen. Er sagte, er wolle in Zukunft mehr Zeit für seine Familie haben.

Dies spricht dafür, anzunehmen, dass die Bedeutungskomponente der Unfreiwilligkeit durch eine Interaktion von semantischen, konzeptuellen und pragmatischen Aspekten erst im Kontext erzeugt wird.

4.1.3. Morphopragmatik

Die Morphopragmatik ist ein Schnittstellenbereich, der bisher weder im Rahmen der Wortbildungstheorie noch der theoretischen Pragmatik umfassend und systematisch erforscht wurde. Das ist einigermaßen überraschend, denn es liegt auf der Hand, dass viele Wortbildungsprozesse durch pragmatische Aspekte beeinflusst sind. Das kann man z. B. anhand von Diminutivsuffixen wie -chen zeigen. Einerseits können wir diesem Suffix die Wortbildungsbedeutung „Verkleinerung" zuordnen, wie etwa in Räd+chen (‚kleines Rad'). Andererseits tritt die Verkleinerungsbedeutung bei vielen Bildungen hinter bestimmte evaluative oder emotionale Bedeutungsaspekte zurück. Wenn Anna beispielsweise (18) äußert, dann meint sie nicht ‚ein kleines Bier', sondern sie drückt aus, dass sie ein positives affektives Verhältnis zu Bier als Getränk hat.

(18)   Na was ist, Karl, gehen wir noch ein Bierchen trinken?

Bei anderen Diminutivbildungen wie Mäuschen hängt es stark vom Kontext ab, welche Art von emotionaler Bewertung diese transportieren. Mit Mäuschen könnte Karl abwertend seine Sekretärin ansprechen, er könnte so aber auch liebevoll sein Kind nennen (und natürlich könnte er damit auch einfach auf eine Maus referieren). Das bedeutet, dass solche pragmatischen Bedeutungen nicht einfach an das Suffix gebunden werden können, in dem Sinne, dass man für -chen Polysemie annehmen würde, sondern dass sich diese evaluativen Bedeutungen erst im Kontext ergeben.

Die Grundidee ist also, dass nicht nur lexikalische Einheiten, sondern auch wortinterne (sublexikalische) Strukturen semantisch unterspezifiziert sein können und pragmatisch angereichert werden müssen. Meibauer (2014a: 105) argumentiert folgerichtig, dass die Wortbildung eine Schnittstelle zur Pragmatik vorsehen muss, in der pragmatische Prinzipien verankert sind, die zur Gesamtbedeutung des jeweiligen Wortbildungsprodukts beitragen. Aus umgekehrter Perspektive plädiert er weiter dafür, dass kontextualistische Modelle der Pragmatik nicht nur die Ebenen von Lexikon, Satz und Äußerung, sondern auch die Ebene der Wortbildung stärker beachten sollten.

Unterspezifikation auf Wortbildungsebene

Es gibt eine ganze Reihe solcher pragmatisch „beladener" Wortbildungsprozesse im Deutschen, von denen wir uns im Folgenden die N+N-Komposition, die Komposition mit identischen Gliedern sowie bestimmte Suffixbildungen genauer anschauen werden. Zuerst möchte ich aber am Beispiel von Blockierung verdeutlichen, wie man sich die Steuerung von Wortbildungsprozessen durch pragmatische Prinzipien vorstellen kann.

Mit Blockierung ist ganz allgemein die Annahme gemeint, dass bestimmte potentielle Wörter nicht gebildet werden, weil bereits synonyme Bildungen existieren. Die Idee dabei ist, dass Synonymie aus Gründen sprachlicher Ökonomie im Lexikon weitgehend vermieden wird. Zum Beispiel ist *Stehler kein mögliches Wort im Deutschen, da bereits das lexikalisierte Wort

Blockierung

Dieb für dasselbe Konzept existiert. Man muss dann aber erklären, warum Wörter wie *tendenziell* und *tendenziös* oder *offiziell* und *offiziös* nebeneinander existieren. Der Grund dafür scheint zu sein, dass die Wortpaare gerade nicht synonym sind. Während die Bildungen auf *-iell* (*tendenziell*) neutrale Ausdrücke sind, sind die Bildungen auf *-iös* (*tendenziös*) negativ konnotiert.

Blockierung lässt sich nach McCawley (1978) auch auf die Konkurrenz zwischen Lexemen und Phrasen beziehen. In Bezug auf (19) und (20) würde man z. B. erwarten, dass (20) blockiert sein sollte, da ja ein lexikalisiertes einfaches Verb *töten* für den beschriebenen Sachverhalt existiert. Dies ist aber nicht der Fall, denn (20) ist ja ein möglicher Satz im Deutschen. Vielmehr scheint es so zu sein, dass (20) eine Bedeutung erhält, die gegenüber (19) zusätzliche Aspekte aufweist, z. B. dass Karl nur indirekt verantwortlich für den Tod des Sheriffs war.

(19)   Karl tötete den Sheriff.
(20)   Karl verursachte den Tod des Sheriffs.

M-Prinzip

Horn (1984) und Levinson (2000) nehmen an, dass pragmatische Prinzipien für diese Bedeutungsdifferenzierungen verantwortlich sind. Bei Levinson (2000: 136–137) wird dafür das M-Prinzip vorgeschlagen, das besagt, dass markierte Ausdrucksweisen auf markierte Situationen oder Bedeutungen hinweisen. So kann man argumentieren, dass *tendenziös* gegenüber *tendenziell* oder auch *Revoluzzer* gegenüber *Revolutionär* markiertere Wörter sind, da sie weniger frequent, weniger stark lexikalisiert und stilistisch weniger neutral sind. Ebenso wäre (20) markierter als (19), da es eine syntaktisch komplexere, im Vergleich zu (19) umständlichere Formulierung ist. Die Markiertheit dieser Ausdrücke würde dann eine Implikatur auslösen, die der zusätzlichen, spezifischeren Bedeutung gleichkommt.

Meibauer (2014a: 115–116) kritisiert hierbei, dass unklar bleibt, wie und wann das M-Prinzip genau ins Spiel kommt. Während das M-Prinzip die differenzierte Interpretation der Bildungen nachträglich zwar motivieren kann, kann es nicht erklären, warum die Konkurrenz überhaupt erst auftritt. Die Frage ist, ob die Konkurrenz-Bildungen nicht bereits mit dem Ziel geprägt werden, eine bestimmte spezifische Bedeutung zu transportieren, die eben nicht synonym mit der bereits existierenden Wortbedeutung ist. Dann wäre die Voraussetzung für das Aktivieren des M-Prinzips gar nicht gegeben.

N+N-Komposition

Ein Fall, bei dem der pragmatische Einfluss auf die Wortbildung bereits lange diskutiert wird, ist die N+N-Komposition. Im Deutschen ist die N+N-Komposition ein sehr produktiver Wortbildungsprozess. Die hohe Produktivität kann damit in Zusammenhang gebracht werden, dass N+N-Komposita semantisch stark unterspezifiziert sind, also prinzipiell viele Anwendungsmöglichkeiten eröffnen. Das bekannteste Beispiel für das Deutsche stammt von Heringer (1984), der gezeigt hat, dass neugebildete N+N-Komposita wie *Fischfrau* ein sehr breites Spektrum möglicher Interpretationen aufweisen, z. B. ,Frau, die Fisch verkauft', ,Frau mit Sternzeichen Fische', ,Frau eines Fisches', ,Frau, die wie ein Fisch aussieht', ,Meerjungfrau', um nur einige zu nennen. Welche Interpretation gewählt wird, hängt stark vom Kontext der Äußerung ab. Dies kann man so modellieren, dass die Semantik von N+N-Komposita der Form AB nur die Information enthält, dass eine bestimmte Relation zwischen A und B besteht, wobei das Erstglied A das Zweitglied B näher bestimmt. Die unterspezifizierte Semantik von *Fischfrau* wäre also ‚Frau, die etwas mit (einem) Fisch zu tun hat'. Um die spezifische Bedeutung eines N+N-Kompositums zu bestimmen, muss diese unterspezifizierte Bedeutung dann über pragmatische Inferenzen angereichert werden, etwa im Kontext eines Wochenmarkts zu ‚Frau, die Fisch verkauft'.

Ein interessanter Fall für die Morphopragmatik ist auch die erst in jüngerer Zeit erforschte Komposition mit identischen Gliedern. Schauen wir uns dazu ein paar Beispiele an.

Komposition mit identischen Gliedern

(21) A: Ich war am Wochenende daheim.
      B: Hier in Mainz oder <u>daheim-daheim</u>?
      (Gespräch zwischen zwei Studentinnen, Hörbeleg, Mai 2012)
(22) Guyton betont in Interviews, er sehe sich nicht als <u>Künstler-Künstler,</u> halte wenig von Originalität und überlasse gerne dem Drucker die Entscheidungen.
      (Die Zeit, 5.9.2013)
(23) [In der Gerichtsmedizin. Frau Haller untersucht eine Leiche. Prof. Boerne in einiger Entfernung.]
      Boerne: Nachdem das heute noch länger dauern wird, werden wir wohl des Junk-Foods frönen müssen. Pizza oder vietnamesisch, was sagen Sie?
      Haller: Bienenstich.
      Boerne: Wenn Ihnen nach etwas Süßem zumute ist – es lagert noch jede Menge vollreifer Bananen im Kühlfach.
      Haller: Ich meine <u>Bienenstich-Bienenstich</u>. Hier, sehen Sie mal. Da steckt sogar noch der Stachel.
      („Tatort", ARD, 24.3.2013)

Mit solchen Bildungen können Sprecher das Spektrum möglicher Bedeutungen eines Lexems auf eine prototypische Lesart einschränken. Mit *daheim-daheim* bezieht sich die Sprecherin auf das Zuhause bei den Eltern, nicht auf ihr vielleicht nur temporäres Zuhause im Studentenwohnheim. Mit *Künstler-Künstler* ist ein ‚richtiger Künstler' gemeint, nicht einer, der ordinäre Erzeugnisse eines Tintenstrahldruckers für Hunderte von Pfund bei Christie's verkauft, so wie Wade Guyton das tut. *Bienenstich-Bienenstich* schließlich zielt auf genau eine von zwei möglichen Lesarten dieses Homonyms (‚Stich einer Biene', nicht ‚Kuchen'). Nach Hohenhaus (2004: 315) dienen diese Komposita dazu, ein potentielles Missverständnis zu vermeiden bzw. ein bereits eingetretenes Missverständnis aufzuklären, das auftritt, wenn die reduplizierte Konstituente allein verwendet wird. Dies sieht man gut in (21) und (23).

prototypische Lesart

Huang (2009: 139) argumentiert, dass die große Mehrzahl solcher Bildungen nur in einem spezifischen Kontext überhaupt interpretierbar ist. Dies würde heißen, dass eine wörtliche Bedeutung für die meisten dieser Bildungen gar nicht angebbar wäre. Man könnte aber mit Finkbeiner (2014) auch davon ausgehen, dass dieser Wortbildungsprozess eine bestimmte, unterspezifizierte Semantik kodiert (nämlich das semantische Schema ‚ein XX ist ein prototypisches X'), dass aber kontextuelle Anreicherung notwendig ist, um die spezifische Bedeutung von XX erfassen zu können. In diesem Sinne wäre die Komposition mit identischen Gliedern gar nicht so verschieden von der ‚normalen' N+N-Komposition. Die Spezifik der XX-Komposition ließe sich möglicherweise eher in ihrer gegenüber N+N-Komposita viel stärkeren Restringiertheit hinsichtlich möglicher Gebrauchssituationen sehen (und in der Tatsache, dass X nicht auf Nomen festgelegt ist).

Ad-hoc-Wortbildung   Generell kann man sagen, dass Ad-hoc-Wortbildungen („Augenblicksbildungen") nur unter Rückgriff auf pragmatische Inferenzen vollständig beschreibbar sind. Um etwa Wörter wie *Apfelsaftplatz* (‚der Platz, an dem das Glas mit dem Apfelsaft steht', vgl. Downing 1977) zu verstehen, braucht man unbedingt den Gebrauchskontext. Das heißt nicht, dass eine solche Bedeutung prinzipiell nicht lexikalisierbar ist. Ein Beispiel für eine Augenblicksbildung, die inzwischen lexikalisiert ist, ist das Verb *riestern* (eine Nomen-Verb-Konversion: *Riester > riestern*, nach dem ehemaligen Arbeitsminister Walter Riester, mit der Bedeutung ‚Riester-Rente ansparen'). Die Frage ist aber, unter welchen Bedingungen eine solche Lexikalisierung eintreten kann. Für *Apfelsaftplatz* etwa scheint eine Lexikalisierung wenig wahrscheinlich.

Suffigierung   Auch viele Wortbildungsprozesse im Bereich der Derivation sind pragmatischen Prozessen unterworfen. Meibauer (2014a) nennt als Beispiele Suffigierungen mit *-ling* sowie mit *-itis* und *-istan*. Für *-ling*-Derivationen mit adjektivischer und nominaler Basis lässt sich eine starke Tendenz zur Pejorisierung zeigen. So sind die Bildungen in (24) mit einer negativen Bewertung verknüpft.

(24)   Feig+ling, Schön+ling; Lüst+ling, Schreiber+ling

Dagegen hat dasselbe Suffix bei verbalen Basen und auch bei einigen anderen adjektivischen Basen keinen pejorativen Effekt, vgl. (25).

(25)   Lehr+ling, Brat+ling; Fremd+ling, Neu+ling

Das wirft die Frage auf, ob die Pejoration tatsächlich in einheitlicher Weise dem Suffix zugeschrieben werden kann.

Die Bedeutungen von *-itis-* und *-istan*-Bildungen scheinen dagegen in systematischer Weise durch pragmatische Inferenzen zustande zu kommen. Die wörtliche Bedeutung von Bildungen wie *Bronchitis* oder *Gastritis* ist die Bezeichnung von entzündlichen Krankheiten. Bildungen wie *Nörgelitis* oder *Telefonitis* zeigen aber, dass *-itis* auch in systematischer Weise für die Bezeichnung negativ bewerteter Verhaltensweisen genutzt werden kann. *Afghanistan* oder *Turkmenistan* sind asiatische Ländernamen. Das aus solchen Ländernamen entlehnte Affix *-istan*, das an adjektivische oder nominale Basen treten kann, kann zugleich systematisch dazu verwendet werden, imaginäre Länder mit merkwürdigen Gewohnheiten zu bezeichnen, wie in *Absurdistan* oder *Gehörlosistan*. Meibauer (2014a: 112) schlägt vor, hierfür Implikaturen anzunehmen, die durch einen Verstoß gegen die Modalitätsmaxime oder, alternativ, über Metaphern, d. h. einen Verstoß gegen die Qualitätsmaxime, zustande kommen.

Weitere Beispiele für Wortbildungsprozesse, die für die Annahme einer Interaktion von Wortbildung und Pragmatik sprechen, sind z. B. Phrasenkomposita (*Wie-für-mich-gemacht-Kredit, Ich-will-alles-und-zwar-sofort-Attitüde*), expressive Komposita (*Kommunistenschwein, Hammerauftritt*), Kontaminationen (*mainzigartig, Fortschrott*) oder i-Derivationen (*Alki, Studi*).

4.1.4. Theoretische Ansätze zur Lexikon/Pragmatik-Schnittstelle

Kommen wir zum Abschluss nochmals auf unsere Ausgangsfrage zurück, auf welche Weise Pragmatik in das Lexikon eingreift. Hierzu gibt es in der Forschung im Wesentlichen zwei Lösungen: Zum einen kann man annehmen, dass pragmatische Eigenschaften Teil des Lexikoneintrags eines Wortes sind, ebenso wie morphosyntaktische oder semantische Eigenschaften eines Wortes im Lexikon eingetragen sein müssen. Für die Wortbildung könnte man analog annehmen, dass pragmatische Effekte in Wortbildungsregeln festgeschrieben sind (bzw. als Teil der Bedeutung von Affixen im Lexikon stehen). Solche Ansätze werden etwa von Bauer (1979) und Dressler/Merlini Barbaresi (1997) vertreten.

Zum anderen kann man die Ansicht vertreten, dass die pragmatischen Bedeutungen von Wörtern oder Wortbildungsprodukten das Resultat von Anreicherungsprozessen sind, die durch allgemeine pragmatische Prinzipien, z. B. die Gesprächsmaximen nach Grice oder das Relevanzprinzip, gesteuert werden. Pragmatik ist dann nicht Teil des Lexikoneintrags, aber interagiert systematisch mit Lexikoneinträgen. Diese Auffassung vertreten z. B. Carston (2002), Huang (2009) und Meibauer (2014a). Innerhalb solcher pragmatischer Ansätze gibt es unterschiedliche Auffassungen darüber, wie diese Prozesse genau zu modellieren sind – z. B. als Explikaturen (z. B. Carston 2002) oder als Implikaturen (z. B. Horn 1984, Levinson 2000).

4.2. Pragmatik und Syntax

Die Forschung zur Schnittstelle zwischen Pragmatik und Syntax interessiert sich für die Frage, welche pragmatischen Effekte durch den Gebrauch bestimmter syntaktischer Konstruktionen erzielt werden können, und umgekehrt, welche kontextuellen Bedingungen erfüllt sein müssen, um bestimmte syntaktische Konstruktionen angemessen verwenden zu können. Eine Grundidee dabei ist, dass wir oft die Wahl zwischen verschiedenen, semantisch (mehr oder weniger) äquivalenten syntaktischen Alternativen haben, um einen bestimmten Sachverhalt auszudrücken. Die Bevorzugung einer bestimmten Alternative lässt sich dann darauf zurückführen, dass Sprecher ganz bestimmte pragmatische Bedeutungen intendieren. Betrachten wir dazu (1) und (2). [syntaktische Alternativen]

(1) Anna hat vorgestern meinen Flamingo überfahren.
(2) Mein Flamingo ist vorgestern von Anna überfahren worden.

Morphosyntaktisch handelt es sich bei (1) um einen Aktivsatz, bei (2) um einen Passivsatz. Semantisch gesehen sind (1) und (2) identisch, denn sie haben dieselben Wahrheitsbedingungen: In allen Situationen, in denen (1) wahr ist, ist auch (2) wahr, und in allen Situationen, in denen (2) wahr ist, ist auch (1) wahr. Unter einer pragmatischen Perspektive macht es jedoch einen Unterschied, ob die Sprecherin (1) oder (2) äußert. Mit (1) kann sie angemessen auf die Aufforderung „Erzähl mir was von Anna!" reagieren; (2) wäre dagegen eher unangemessen. Umgekehrt wäre (2) als Reaktion auf die Aufforderung „Erzähl mir was von deinem Flamingo!" gut geeignet, (1) dagegen [Aktiv/Passiv und Informationsstruktur] weniger. Der Unterschied zwischen (1) und (2) besteht also darin, welche Perspektive auf ein Geschehen gewählt wird. Die Wahl einer bestimmten Perspektive – was stelle ich ins Zentrum meiner Aussage – ist ein pragmatischer Bedeutungsaspekt, denn sie wirkt sich darauf aus, wie Informationen in Äußerungen und Texten dargeboten werden. Man spricht hier auch von der Informationsstruktur von Sätzen.

Verbstellung und Sprechereinstellung

Ein weiteres Beispiel ist die Wahl zwischen Verbletzt- (VL) oder Verbzweit-Stellung (V2) bei eingebetteten *weil*-Sätzen, die bestimmte pragmatische Effekte hinsichtlich der ausdrückbaren Sprechereinstellung hat. Die V2-Stellung (4) ist besonders in der gesprochenen Sprache häufig.

(3) Karl ist pleite, weil er einen Kredit aufgenommen hat. [*weil* + VL]
(4) Karl ist pleite, weil er hat einen Kredit aufgenommen. [*weil* + V2]

Beide Sätze haben eine Lesart, nach der das Pleitesein von Karl dadurch verursacht wurde, dass er einen Kredit aufgenommen hat. Mit der Äußerung von (3) und (4) kann die Sprecherin also jeweils ausdrücken, dass sie glaubt, dass der im *weil*-Satz dargestellte Sachverhalt die Ursache für den im Matrixsatz dargestellten Sachverhalt benennt. Nur mit (4) kann aber die Sprecherin auch zum Ausdruck bringen, dass sie die Tatsache, dass Karl einen Kredit aufgenommen hat, als Indiz dafür betrachtet, dass er pleite ist. In diesem Fall liefert der *weil*-Satz also keine Begründung für den im Matrixsatz dargestellten Sachverhalt, sondern er motiviert die Annahme der Sprecherin, dass der im Matrixsatz dargestellte Sachverhalt der Fall ist. Dies ist eine epistemische Sprechereinstellung, d. h. eine Einstellung, die etwas darüber mitteilt, auf der Grundlage welchen Wissens die Sprecherin etwas glaubt. Man kann auch sagen, dass diese zweite Lesart eine Begründung für den vollzogenen *Sprechakt* liefert, während die erste Lesart eine Begründung auf der Ebene der *Sachverhaltsbeschreibung* (Proposition) darstellt.

Ellipse und Kontextabhängigkeit

Ein gutes Beispiel für die Kontextabhängigkeit syntaktischer Strukturen liefern Ellipsen. Unter Ellipsen kann man ganz allgemein Strukturen verstehen, die in einem syntaktischen Sinn unvollständig sind, bei denen „weggelassene" Elemente aber aus dem Kontext rekonstruierbar sind.

(5) Anna trinkt Schnaps und Karl […] Bier.
(6) A: in welchem fach SCHREIben sie?
    B: mh in DEUTSCH wahrscheinlich
    A: in DEUTSCH ja (Schröder 1985: 51)
(7) Zwei Mohn.

Bei syntaktischer Koordination wie (5) können im zweiten Teilsatz Elemente ausgelassen werden, die aus dem ersten Teilsatz rekonstruierbar sind, z. B. das finite Verb. Man spricht hier von Koordinationsellipsen (*Gapping*). Nur im Kontext des ersten Teilsatzes ist die Äußerung *Karl Bier* akzeptabel und verständlich. In Frage-Antwort-Sequenzen wie in (6) ist das fehlende Material aus der jeweiligen Vorgängeräußerung rekonstruierbar. Man sieht hier, dass dieselbe elliptische Äußerung, *in DEUTSCH*, je nach sequenzieller Position unterschiedliche pragmatische Funktionen erfüllt: B gibt damit zunächst eine Antwort auf A's Frage, woraufhin A mit der Wiederholung signalisiert, dass sie B's Beitrag verstanden hat. Auch hier wäre ohne Kontext nicht zu verstehen, was mit *in Deutsch* gemeint sein soll. Bei Fällen wie (7) ist entscheidend, dass wir Wissen über die Äußerungssituation mitbringen: Hier gibt es keinen sprachlichen, aber einen situativen Kontext. Wenn Karl (7) als Kunde in einer Bäckerei äußert, können wir die Äußerung problemlos als Bitte um zwei Mohnbrötchen verstehen. Am Phänomen der Ellipsen kann man somit zeigen, dass der Gebrauch bestimmter syntaktischer Konstruktionen an ganz bestimmte sprachlich-kontextuelle oder situative Bedingungen gebunden ist.

4.2.1. Kodierte oder inferierte Information?

Nach Kempson (2012: 531) ist der Grundgedanke der Forschung zur Syntax/ Pragmatik-Schnittstelle, dass das, was mit einer Konstruktion ausgedrückt werden kann, Ergebnis einer Interaktion zwischen der von der Syntax und der vom Kontext bereitgestellten Information ist. Die von der Syntax bereitgestellte Information geht zunächst in die semantische Interpretation eines Satzes ein; die Äußerung des Satzes wird dann als Ganze im Kontext interpretiert.

Ariel (2010) schlägt vor, zwischen zwei Typen solcher vom Kontext bereitgestellter Information zu unterscheiden, nämlich kodierter und inferierter Information. Kodierte Information verknüpft spezifische syntaktische Konstruktionen mit einer bestimmten Bedeutung oder Gebrauchsweise in direkter und regelbasierter Weise. Eine solche Konvention kann für diese spezifische Konstruktion formuliert werden, ohne auf einen aktuellen Gebrauchskontext zugreifen zu müssen. Solche Information betrachtet Ariel als grammatische Information, auch wenn sie Konzepte betrifft, die oft als pragmatisch definiert werden, z. B. eine bestimmte Diskursfunktion. Auf der anderen Seite gibt es kontextuell inferierte Information. Diese ist nicht an eine spezifische syntaktische Konstruktion oder Art und Weise der Formulierung gebunden, sondern hängt davon ab, welchen Inhalt eine Äußerung transportiert bzw. welchen diskursiven Status die Äußerung hat. Die Inferenz beruht auf allgemeinen pragmatischen Prinzipien und ist nicht kodiert bzw. konventionalisiert. Nur solche Information betrachtet Ariel als pragmatische Information.

Das würde heißen, dass z. B. die Aktiv- und Passivkonstruktionen in (1) und (2) verschiedene Informationen hinsichtlich der mit ihnen ausdrückbaren Perspektiven kodieren, also dass der Aktivsatz konventionell die Perspektive des Agens („wer etwas tut") repräsentiert, während der Passivsatz konventionell die Perspektive des Patiens („mit wem etwas geschieht") repräsentiert. Diese Information wäre nach Ariel (2010) grammatisch, da sie mit diesen Konstruktionsalternativen fest verbunden ist. Dagegen wäre z. B. eine Ellipse wie *in Deutsch* in (6) nicht aufgrund ihrer spezifischen syntaktischen Form konventionell an einen spezifischen pragmatischen Effekt geknüpft, sondern die Interpretation als Antwort bzw. als Signal der Verständnissicherung wäre eine Inferenz, die sich aus allgemeinen pragmatischen Prinzipien ergibt, z. B. der Maxime der Relevanz und allgemeinen Prinzipien der Diskursstrukturierung. Diese Information wäre damit nach Ariel (2010) pragmatisch.

Eine scharfe Trennung zwischen kodierter und inferierter Information ist aber nicht immer so einfach. In die Bedeutungsbestimmung vieler Äußerungen geht sowohl linguistisch kodierte als auch kontextuell inferierte Informa-

zwei Typen von Information

Grammatik/Pragmatik-Interaktion

tion ein. Im Folgenden werden wir deshalb ganz allgemein davon ausgehen, dass Grammatik und Pragmatik je in sich strukturierte Wissenskomponenten sind, die im Prozess der Bedeutungskonstitution in komplexer Weise zusammenwirken. Unter dieser Perspektive sind für uns syntaktische Phänomene immer dann pragmatisch relevant, wenn in ihre Interpretation Wissen von Gesprächsteilnehmern einfließt, das in irgendeiner Weise von der Äußerungssituation abhängig ist.

Wir konzentrieren uns im Folgenden auf zwei syntaktische Bereiche, anhand derer wir die Syntax/Pragmatik-Interaktion genauer betrachten wollen: Zum einen die Wortstellung, die mit der Informationsstruktur von Äußerungen interagiert, und zum anderen die Satztypen, die mit der Möglichkeit zur Realisierung bestimmter Sprechakte interagieren.

4.2.2. Wortstellung und Informationsstruktur

Der Begriff Informationsstruktur wurde von Halliday (1967) eingeführt und bezieht sich auf strukturelle Aspekte der Darbietung von Information in Äußerungen, Äußerungssequenzen oder ganzen Gesprächen bzw. Texten. Diese strukturellen Aspekte umfassen nicht nur die Wortstellung (Syntax), auf die wir uns hier konzentrieren, sondern auch prosodische, morphologische und lexikalische Eigenschaften, z.B. Akzent, Kasusmarkierung oder die Wahl von definiten/indefiniten Artikeln. Mit Hilfe solcher Merkmale können Sprecherinnen ihre Äußerungen an ihre jeweiligen Kommunikationsziele sowie an den aktuellen Informationsstand der Hörer anpassen.

Dimensionen der Informationsstruktur

Nach Musan (2010) gibt es mindestens drei Dimensionen der Informationsstruktur: die Dimension der Bekanntheit, der Topikalität und des Fokus. Mit diesen Dimensionen sind die Begriffspaare bekannt/unbekannt, Topik/Kommentar und Fokus/Hintergrund verknüpft. Die syntaktische Markierung durch Wortstellung ist besonders für die Topik/Kommentar-Gliederung relevant; die prosodische Markierung durch Akzent wirkt sich v.a. auf die Fokus/Hintergrund-Gliederung aus. Bekanntheit spielt für beide Dimensionen eine Rolle und ist u.a. für die Gestaltung der referentiellen Struktur von Texten wichtig. Wir werden uns hier nur die Topik/Kommentar-Gliederung genauer ansehen.

Topik vs. Kommentar

Als Topik kann man ganz allgemein solche Einheiten bezeichnen, über die etwas gesagt wird. Das, was über diese Einheiten gesagt wird, ist der Kommentar.

(8) Fischotter
[1] Der Fischotter ist fast im ganzen Europa vom Polarkreis bis nach Spanien verbreitet. [2] Er gehört zur Familie der Marder. [3] Der Fischotter wird ca. 90 cm lang und 10 kg schwer. [4] Seine Nahrung besteht zu 90% aus Fisch, den er schwimmend jagt. [5] Dank seines extrem dichten braunen Fells kann der Fischotter lange im Wasser bleiben, ohne zu frieren. [6] Das Fell schützt ihn auch im Winter vor Kälte, so dass er unter dem Eis tauchen und sich so auch im Winter mit Nahrung versorgen kann. (Averintseva-Klisch 2013: 16)

Diskurstopik vs. Satztopik

Im Text (8) erfahren wir etwas über Fischotter. Wir können sagen, dass das Diskurstopik, das Thema des ganzen Textes, der Fischotter ist (das erkennen wir übrigens bereits an der Überschrift). Schauen wir die einzelnen Äußerungen an, aus denen sich (8) zusammensetzt, dann sehen wir, dass diese wieder je spezifische Satztopiks haben können. So ist z. B. das Satztopik in Satz [4], also das, worüber diese Satz etwas sagt, die Nahrung des Fischotters. Wir sehen, dass die Bestimmung des Topiks davon abhängt, welche Strukturebene (Text oder Satz) wir anschauen. Die Bestimmung des Topiks hängt aber auch stark davon ab, in welchem Kontext eine Äußerung steht bzw. mit welcher Absicht sie geäußert wurde.

(9) Im Frankfurter Zoo stolzieren heute Flamingos in ihrem Gehege auf und
     ab.

In (9) z. B. können wir nicht ohne Kontext entscheiden, ob das Topik der Frankfurter Zoo ist, die Flamingos, oder vielleicht der heutige Tag.

Dagegen wird in (10a) im Kontrast mit (10b) klar, dass dort das Satztopik jeweils dasjenige Element ist, das syntaktisch durch die Stellung im Vorfeld und die Auszeichnung als Subjekt markiert ist.

Satztopiks als „Stichwörter"

(10) a. Raupen werden zu Schmetterlingen.
      b. Schmetterlinge entwickeln sich aus Raupen.

Obwohl (10a) und (10b) denselben Sachverhalt beschreiben, wird eine Hörerin die Informationen aus (10a) und (10b) unterschiedlich einordnen – (10a) fügt ihrem Wissen über Raupen etwas hinzu, während (10b) ihrem Wissen über Schmetterlinge etwas hinzufügt. Nach Reinhart (1981) sind Satztopiks Signale dafür, unter welchen „Stichwörtern" neue Aussagen im mentalen Speicher abgelegt werden sollen.

Im Deutschen gibt es bestimmte syntaktische Strukturen, die sich besonders gut zur Markierung des Topiks eignen. In (1) und (2) oben haben wir bereits das Beispiel der Aktiv- und Passivkonstruktion betrachtet. Tendenziell werden Subjekte oft als Topik interpretiert, da sie häufig denjenigen Mitspieler kodieren, der aktiv etwas tut, und da sie häufig am Satzanfang stehen, wie *Anna* in (1). Die Passivkonstruktion (2) ermöglicht es nun, ein Nicht-Subjekt des Aktivsatzes (*meinen Flamingo*) als Topik auszuzeichnen, indem es dieses syntaktisch zum Subjekt macht (*mein Flamingo*).

Es gibt also in der Wortstellung bestimmte Positionen, auf denen häufig (aber keineswegs immer) Topiks zu finden sind. Dies sind neben der Stellung im Vorfeld auch die Stellung am linken Rand des Mittelfelds. Ein Modell der Stellungsfelder (topologischen Felder) im Deutschen für einfache V2-, V1- und VL-Sätze gibt Abb. 2.

Wortstellung und Topik

	Vorfeld	Linke Klammer	Mittelfeld	Rechte Klammer	Nachfeld
V2	Anna	hat	meinen Flamingo	überfahren.	–
V1		Hat	Anna meinen Flamingo	überfahren?	–
VL		dass	Anna meinen Flamingo	überfahren hat	–

Abb. 2: Topologische Felder im Deutschen

Vorfeld   Das Vorfeld im Deutschen kann durch unterschiedliche Konstituenten besetzt werden, nicht nur durch ein Subjekt. Zugleich zeigen Topiks eine universale Tendenz zur Voranstellung; auch dies soll aber nicht heißen, dass alle vorangestellten Ausdrücke immer Topiks sind. In (11) haben wir ein Beispiel für einen topikalisierten Nicht-Subjekt-Ausdruck.

(11)   Die malaysischen Ermittler haben bereits die Wohnungen der beiden Männer durchsucht. <u>In Zaharies Haus</u> wurde ein selbstgebauter Flugsimulator gefunden. (www.sueddeutsche.de, 28.3.2014)

Im zweiten Satz in (11) steht die Lokalangabe *in Zaharies Haus* im Vorfeld. Diese Lokalangabe bildet auch das Topik des Satzes, denn wir erfahren etwas darüber, was in diesem Haus gefunden wurde. Das Subjekt des Satzes, *ein selbstgebauter Flugsimulator*, steht hier dagegen im Mittelfeld und gehört zum Kommentar.

Mittelfeld   Eine weitere bevorzugte Position für Topiks ist der linke Rand des Mittelfelds. Man muss aber berücksichtigen, dass die Wortstellung im Mittelfeld von einer Vielzahl miteinander konkurrierender Faktoren gesteuert wird, von denen Topikalität nur einer ist. (Weitere Faktoren sind z. B. Bekanntheit, Kasus, Belebtheit, Pronominalität, semantische Rollen).

(12)   Die Ermittler sagten, dass <u>in Zaharies Haus</u> ein selbstgebauter Flugsimulator gefunden wurde.
(13)   Die Ermittler sagten, dass <u>ein selbstgebauter Flugsimulator</u> in Zaharies Haus gefunden wurde.

In (12) und (13) wird jeweils die Konstituente als Topik interpretiert, die am linken Rand des Mittelfelds des Nebensatzes (nach *dass*) steht. Dies führt zu einer unterschiedlichen Interpretation der jeweils dargebotenen Information: In (12) geht es darum, dass es Zaharies Haus war, in dem der selbstgebaute Flugsimulator gefunden wurde, in (13) darum, dass es ein selbstgebauter Flugsimulator war, der in Zaharies Haus gefunden wurde. (Bei der für die Paraphrase verwendeten Konstruktion – *Es war in Zaharies Haus, in dem …* bzw. *Es war ein Flugsimulator, der …* – handelt es sich übrigens ebenfalls um eine speziell zur Topik-Auszeichnung geeignete Konstruktion, einen sogenannten Spaltsatz).

Linksversetzung   Es gibt im Deutschen auch spezielle Konstruktionen, die zur Topik-Auszeichnung genutzt werden können. Dazu gehören Linksversetzung und freies Thema. Als Linksversetzung bezeichnet man Strukturen wie (14), die am linken Satzrand einen Topik-Ausdruck enthalten, der syntaktisch nicht in den Satz integriert ist. Dieser Ausdruck besetzt kein topologisches Feld in diesem Satz, sondern steht noch vor dem Vorfeld. Im Satz selbst ist ein pronominaler Ausdruck enthalten, der den Topik-Ausdruck wieder aufnimmt und der morphologisch mit ihm kongruiert (Zeichenerklärung für das Folgende: (.) kurze Pause; ′ Akzent; ↓ fallende Intonation; <dim> leiser werdend).

(14)   mei mensch des géld des kannst dir beim héiligenstein suchen
        (Scheutz 1997: 1)

In (14) ist *des géld* der linksversetzte Topik-Ausdruck (diesem geht noch eine Interjektion *mei mensch* voran). Der Topik-Ausdruck wird durch das Pronomen *des* (‚das') wieder aufgenommen. Dieses Pronomen steht allein im Vorfeld des Satzes und kongruiert mit *des géld* in Kasus, Numerus und Genus.

Die Funktion von Linksversetzungen kann allgemein darin gesehen werden, im Gespräch die Aufmerksamkeit auf ein bestimmtes Thema oder Teilthema zu lenken. In (14) wird *des géld* zum Diskurstopik und gleichzeitig zum Satztopik gemacht. Scheutz (1997) betrachtet die Linksversetzung, ein typisch gesprochensprachliches Phänomen, etwas differenzierter als Mittel in der Interaktion, das vielfältige Diskursfunktionen erfüllen kann, z. B. die Funktion der Referenzherstellung wie in (15).

(15) A: von meinem schwáger weißt <dim> von der unserer frieda der
      mann (unverständl.) der da auch der sich g'hängt hat (…) der hat auch
      B: ja, ja, ja (…) <dim> ja, ja, ja
      A: an ábschiedbrief uns da hinterlassen

In (15) konstituiert A in mehreren „Anläufen" die Referenz der Phrase *(von) meinem schwáger*, mit dem Ziel, klar zu machen, von wem die Rede ist. Dabei tritt ein Konstruktionsbruch auf: das Topik wird zuerst als Präpositionalphrase realisiert *(von meinem schwager)* und später als nominativische Nominalphrase *(der mann … der sich g'hängt hat)* fortgeführt, die dann mit dem kongruierenden Pronomen *der* wieder aufgenommen wird.

In (16) liegen Konstruktionen mit freiem Thema vor.   freies Thema

(16) a. aber der doktor wólf oder wie der héißt der álte, (.) das muß áuch a
         ganz a príma kérl sein (Scheutz 1997: 29)
      b. [aktuelles Thema: Probleme beim Grenzverkehr] aber schau sagen
         wir (.) angenommen punkto ↓tourístenverkehr. wenn man sagen wir
         (.) über sálzburg nach déutschland fahrt mit einem bús oder irgend-
         wie da kanns dir passíeren daß=s dich áuch durchwinken (Scheutz
         1997: 36)

Auch beim freien Thema wird am linken Satzrand ein Topik etabliert, auf das die Aufmerksamkeit gelenkt werden soll. Die Konstruktion mit freiem Thema unterscheidet sich von der Linksversetzung darin, dass die Anbindung des Topiks an den Folgesatz schwächer ist. Das erkennt man daran, dass entweder das wieder aufnehmende Pronomen beim freien Thema nicht mit dem Topikausdruck kongruiert, wie in (16a), wo keine Genuskongruenz zwischen *der doktor wólf/der álte* und dem Pronomen *das* vorliegt, oder überhaupt kein wieder aufnehmendes Pronomen vorhanden ist, wie in (16b).

In (16a) wird ein neuer thematischer Aspekt eingeführt, der auch im Folgesatz als Satztopik fungiert. In (16b) liegt eine Themenverschiebung vor. Das globale Diskurstopik „Probleme beim Grenzverkehr" wird weiter expandiert, wobei aber das neu eingeführte Teilthema *tourístenverkehr* nicht zum Satztopik des Folgesatzes wird. Freie Themen werden häufig durch formelhafte Ausdrücke eingeführt, neben *(in) punkto* (16) etwa auch Ausdrücke wie in (17) und (18).

(17) [Die Flamingos hat Anna überfahren.] <u>Was</u> die Störche <u>angeht,</u> da bin
      ich mir nicht sicher.
(18) [Anna hat die Flamingos überfahren.] <u>À propos</u> Flamingos, im Frank-
      furter Zoo wurden neulich welche vom Fuchs gefressen.

Scheutz (1997) zeigt, dass die Abgrenzung zwischen Linksversetzung und freiem Thema nicht immer leicht zu treffen ist, da es hier eine ganze Reihe sich teilweise überlappender Gebrauchsweisen gibt.

4.2.3. Satztyp und Sprechakt

Ein anderer wichtiger Bereich der Forschung zur Syntax/Pragmatik-Schnittstelle ist die Schnittstelle zwischen Satztyp und Sprechakt. Mit der Verwendung eines bestimmten Satztyps vollzieht man typischerweise einen ganz bestimmten Sprechakt. So dient der Interrogativsatz in (19) dazu, eine Frage zu stellen, während der Imperativsatz in (20) dazu dient, eine Aufforderung zu vollziehen. Wir können aber mit (19) oder (20) z. B. kein Kompliment machen und auch keine Vorhersage treffen.

(19)   Kommt Karl heute zum Essen?
(20)   Lass mich in Ruhe!

Illokutionspotential Auf den ersten Blick scheint also die Zuordnung zwischen Satztyp und Sprechhandlung ziemlich eindeutig. Es ist aber ein Trugschluss, dass z. B. durch Interrogativsätze immer Fragen und durch Imperativsätze immer Aufforderungen realisiert werden. Vielmehr haben die formal zu bestimmenden Satztypen in der Regel eine ganze Reihe unterschiedlicher Verwendungsmöglichkeiten. Man spricht hier vom Illokutionspotential eines Satztyps. So können Interrogativsätze („Fragesätze") nicht nur als Fragen verwendet werden, sondern z. B. auch als Bitte (21), als Vorwurf (22) oder sogar als Behauptung (23) (‚Niemand würde freiwillig Steuern bezahlen.').

(21)   Kannst du mir das Salz reichen?
(22)   Musste das jetzt sein?
(23)   Wer würde freiwillig Steuern bezahlen?

Umgekehrt ist es auch nicht so, dass z. B. Aufforderungen nur durch Imperativsätze („Aufforderungssätze") realisiert werden könnten. Wir interpretieren die Äußerung des Imperativsatzes in (24), des Deklarativsatzes in (25) und des Interrogativsatzes in (26) als Aufforderungen.

(24)   Lass mich in Ruhe!
(25)   Du sollst mich in Ruhe lassen.
(26)   Lässt du mich wohl gleich in Ruhe? (Sonst setzt's was!)

Form und Funktion Die Forschung zur Interaktion zwischen Satztyp und Sprechakt muss klären, wodurch sich Satztypen auf der Formseite auszeichnen und wie die Form des Satztyps in Beziehung steht zu dem mit diesem Satztyp verknüpften Illokutionspotential. Die Frage ist, wie eng man das Verhältnis zwischen Satztyp und Sprechakt sehen möchte: Ist einem Satztyp ein bestimmter Sprechakt bzw. ein Spektrum an Sprechakten konventionell zugeordnet, oder gibt es eine Zwischenebene in Form eines strukturellen Bedeutungsaspekts – einen Satzmodus –, der dem Satztyp konventionell zukommt, und aus dem sich im Äußerungskontext der Sprechakt ergibt? Die erste Position hat Schwierigkeiten, Äußerungen wie (21)–(26) zu erklären; die meisten Ansätze der germanistischen Satztypforschung gehen daher den zweiten Weg.

Wir schauen uns im Folgenden exemplarisch für den Interrogativsatz an, wie die Beziehung zwischen formalem Satztyp und Illokutionspotential genauer beschrieben werden kann. Dazu lernen wir zwei verschiedene Satzmodus-Ansätze kennen.

4.2.4. Ein Beispiel: Der Interrogativmodus

Satztypen werden nach Altmann (1993) durch Bündel von syntaktischen, morphologischen, kategorialen und intonatorischen Merkmalen bestimmt. Die Merkmale sind so gewählt, dass ein Merkmal mindestens an einer Stelle im Satztypsystem unterscheidende Funktion hat. Aufgrund dieses Merkmalsystems unterscheidet Altmann (1993) die drei Haupt-Satztypen Deklarativsatz (Aussagesatz), Interrogativsatz (Fragesatz) und Imperativsatz sowie die Randtypen Optativsatz (Wunschsatz) und Exklamativsatz. Schauen wir uns an, welche formalen Merkmale der Interrogativsatz aufweist.

Syntaktische Merkmale (Reihenfolgemerkmale) beziehen sich auf die Anordnung von Elementen im Satz. Dabei ist besonders die Verbstellung (V1, V2, VL) sowie die Stellung von w-Elementen (Frageausdrücken, z. B. *wer, wie, wann*) relevant. Beim Interrogativsatz gibt es alle drei Verbstellungsmöglichkeiten. W-Elemente können im Vorfeld stehen (W-V2-Satz), vgl. (28), oder in der linken Klammer (W-VL-Satz), vgl. (29b).

syntaktische Merkmale

(27) V1: Hat Anna meinen Flamingo überfahren?
(28) V2: Wer hat meinen Flamingo überfahren?
(29) VL: a. Ob mein Flamingo wohl überfahren wurde?
        b. Wer wohl meinen Flamingo überfahren hat?

Mit morphologischen Merkmalen ist insbesondere der Verbmodus (Indikativ, Konjunktiv I/II, Imperativ) gemeint. Im Satztypensystem ist nur der Imperativ distinktiv, denn aus seinem Vorhandensein kann man klar auf das Vorliegen eines Imperativsatzes schließen. (Der Indikativ ist dagegen unspezifisch, und den Konjunktiv II findet man zwar fast immer bei Optativsätzen, aber auch bei anderen Satztypen.) Interrogativsätze können keinen Imperativmodus aufweisen.

morphologische Merkmale

Mit kategorialen Merkmalen meint Altmann die Füllung bestimmter Strukturstellen durch Elemente bestimmter Kategorien. Für die Interrogativsätze sind dies w-Ausdrücke, Einleitungselemente wie *ob* und bestimmte Modalpartikeln (z. B. *denn, wohl, etwa*). Anhand der An- oder Abwesenheit von w-Ausdrücken kann man zwischen E-Interrogativsätzen und W-Interrogativsätzen unterscheiden. Nur W-Interrogativsätze weisen ein w-Element auf. E-Interrogativsatz steht für Entscheidungs-Interrogativsatz, da man eine Entscheidung vom Hörer bezüglich der Möglichkeiten „ja" oder „nein" erwartet. E-Interrogativsätze kommen als V1-Sätze wie (27) und VL-Sätze wie (29a) vor. Dabei muss die VL-Variante das Einleitungselement *ob* aufweisen.

kategoriale Merkmale

Modalpartikeln sind in der Regel fakultativ. Sie weisen aber eine bestimmte Distribution auf Satztypen auf: Nicht alle Modalpartikeln können in allen Satztypen auftreten. In (30) sieht man, dass E-V1- und W-V2-Interrogativsätze fast dieselben Möglichkeiten der Modalpartikelselektion aufweisen und sich darin stark z. B. von Deklarativsätzen (31) unterscheiden. Das rechtfertigt ihre Einordnung in eine gemeinsame Klasse „Interrogativsätze". Zugleich gibt es feine Unterschiede zwischen E-V1- und W-V2-Interrogativsätzen: So ist die Modalpartikel *etwa* nicht mit W-V2-Interrogativsätzen verträglich.

(30)   a. Hat Anna denn/etwa/eigentlich/wohl meinen Flamingo überfahren?
        b. Wer hat denn/*etwa/eigentlich/wohl meinen Flamingo überfahren?
(31)   Anna hat *denn/*etwa/*eigentlich/*wohl meinen Flamingo überfahren.

intonatorische Merkmale
Mit intonatorischen Merkmalen sind insbesondere Intonation und Akzent gemeint. Sehr vereinfacht kann man zwischen steigender und fallender Intonation unterscheiden. Bei E-V1-Interrogativsätzen herrscht steigende Intonation vor, bei W-V2-Interrogativsätzen dagegen – entgegen landläufiger Vorstellungen – fallende Intonation, jedoch gibt es in beiden Satztypen auch die jeweils anderen Intonationsmöglichkeiten. Die VL-Interrogativsätze haben normalerweise steigende Intonation.

Satzmodus
Wie stehen diese Formmerkmale nun in Beziehung zu den mit diesen Satztypen ausdrückbaren Sprechakten? Für die Beschreibung der Beziehung zwischen Form und Funktion von Satztypen ist der Begriff des Satzmodus ein Schlüsselbegriff. Die Idee dabei ist, dass man abbilden möchte, dass sich bestimmte Satztypen zum Vollzug bestimmter Sprechhandlungen besonders gut eignen, ohne dabei aber vorzuschreiben, dass nur diese eine Sprechhandlung möglich ist. Den Satzmodus kann man sich ganz allgemein als Strukturbedeutung von Satztypen vorstellen. Mit Strukturbedeutung ist die Bedeutung gemeint, die ausschließlich auf bestimmten Strukturmerkmalen des Satztyps gründet (z. B. Verbstellung, w-Elemente), also vom lexikalischen Gehalt eines konkreten Satzes abstrahiert. Zum Satzmodus gibt es in der germanistischen Linguistik eine reichhaltige Forschungsliteratur. Insbesondere der Ansatz von Altmann (1993), der den Satzmodus als Einstellungstyp auffasst, und der Ansatz von Brandt et al. (1992), die den Satzmodus als Referenztyp beschreiben, sind sehr einflussreich geworden.

Satzmodus als Einstellungstyp
Nach Altmann (1993: 1007) ist ein Satzmodus

„ein komplexes sprachliches Zeichen mit einer Formseite, normalerweise eine oder mehrere satzförmige Strukturen mit angebbaren formalen Eigenschaften, und einer Funktionsseite, also der Beitrag dieser Struktur(en) zum Ausdruck propositionaler Einstellungen [...] oder zur Ausführung sprachlicher Handlungen".

Mit propositionalen Einstellungen sind Einstellungen eines Sprechers zur Proposition (p) des Satzes gemeint. Bezogen auf den Interrogativmodus können wir uns das folgendermaßen vorstellen:

Interrogativmodus
● *Formseite*: E-V1-Interrogativsatz, W-V2-Interrogativsatz, ob-VL-Interrogativsatz, w-VL-Interrogativsatz
● *Funktionsseite*: ‚S will wissen, ob/für welches X p der Fall ist‘

Wichtig ist, dass die Strukturbedeutung – der Typ der ausgedrückten Einstellung – als abstrakte Größe zu verstehen ist, die keine konkrete Sprechhandlung festlegt. Die mit der Äußerung eines bestimmten Strukturtyps vollzogene Sprechhandlung ergibt sich erst im konkreten Äußerungskontext. So könnte der W-Interrogativsatz (23) in einem geeigneten Kontext tatsächlich als Frage gemeint sein und hätte dann eine Sprechaktbedeutung, die zu seiner Strukturbedeutung passen würde. In einem anderen Kontext kann (23) aber als rhetorische Frage, d. h. als Behauptung gemeint sein. Dann liegt eine von der Strukturbedeutung abweichende Sprechaktbedeutung vor. Man muss also von einer relativ großen Distanz zwischen Strukturtyp und Handlungstyp ausgehen, da man sonst den in (21)–(26) dargestellten Verhältnissen nicht gerecht werden kann.

Altmanns Ansatz wird auch als „Zuordnungsansatz" bezeichnet, denn er ordnet bestimmten Satztypen bestimmte Einstellungen zu, die er als mit ihnen fest verbundene Bedeutungsmomente auffasst. Die bei Altmann (1987) vorgeschlagenen Einstellungen für die verschiedenen Satztypen sind in Tab. 1 wiedergegeben.

Zuordnungsansatz

Satztyp	Sprechereinstellung	Beispiel
Deklarativsatz	‚S glaubt, dass etwas der Fall ist'	*Anna hat meinen Flamingo überfahren.*
E-Interrogativ-satz	‚S will wissen, ob etwas der Fall ist'	*Hat Anna deinen Flamingo überfahren?*
W-Interroga-tivsatz	‚S will wissen, für welches X etwas der Fall ist'	*Wen hat Anna überfahren?*
Imperativsatz	‚S will erreichen, dass etwas der Fall sein wird'	*Rette meinen Flamingo!*
Exklamativsatz	‚S ist erstaunt, dass/wie sehr etwas der Fall ist'	*Dass die deinen Flamingo überfahren hat!; Wie rücksichtslos die fährt!*
Optativsatz	‚S wünscht, dass etwas der Fall gewesen wäre/sei/ sein werde'	*Wäre der Flamingo doch bloß in seinem Gehege geblieben!*

Tab. 1: Satztyp als Einstellungstyp, vereinfacht nach Altmann (1987: 25)

Altmanns Ansatz des Satzmodus als Einstellungstyp steht der Ansatz von Brandt et al. (1992) gegenüber, der zu den Ableitungsansätzen gezählt werden kann. Reis (1999), eine Vertreterin des Ableitungsansatzes, kritisiert am Zuordnungsansatz, dass die Zuordnung zwischen Formtyp und Funktionstyp „arbiträr", „konventionell" und „nicht-kompositionell" ist und bestimmte Regularitäten nicht erklären („ableiten") kann. Zum Beispiel ist es im Deutschen systematisch so, dass das Vorhandensein eines w-Ausdrucks eine Frage zu einer Ergänzungsfrage macht, während Fragen ohne w-Ausdruck nur Entscheidungsfragen sein können.

(32)   a. Gab ihm einer Geld?
         b. Wer gab ihm Geld?
(33)   a. Ob ihm wohl einer Geld gibt?
         b. Wer ihm wohl Geld gibt?
(34)   a. Einer gab ihm GELD?
         b. Einer gab ihm WAS?

Der Zuordnungsansatz liefert dafür aber nach Reis keine Erklärung, da er lediglich deskriptiv vorgeht; er würde sogar auch das genaue Gegenteil zulassen (dann würde ein solcher Ansatz eben die gegenteiligen Verhältnisse beschreiben). Hier kann man aber einwenden, dass Altmanns Ansatz ja über die kategoriale Füllung den Unterschied zwischen W- und E-Interrogativsätzen durchaus erfasst.

Ableitungsansatz

Der Ableitungsansatz nach Brandt et al. (1992) beansprucht, die in (32)–(34) dargestellte Systematizität aus unabhängig begründbaren (d. h. nicht nur auf Festlegung beruhenden) strukturellen Unterschieden zwischen E- und W-Interrogativsätzen erklären zu können. Es wird angestrebt, die Satztypen rein syntaktisch, d. h. mit Hilfe eines bestimmten syntaktischen Merkmals (z. B. des Merkmals [+/-w]) zu definieren. Der Satzmodus, also die Strukturbedeutung, soll aus dem Vorhandensein oder Nicht-Vorhandensein dieses Merkmals abgeleitet werden können. Aus der unterschiedlichen Spezifizierung der Satztypen mit [+w] oder [-w] würde sich so eine bestimmte Referenzeigenschaft ergeben, z. B. ‚Es ist offen, ob es einen Sachverhalt gibt‘ oder ‚Es existiert ein bestimmter Sachverhalt‘. Hier geht man also davon aus, dass der Satzmodus ein Referenztyp ist, also in einer bestimmten Art und Weise der Bezugnahme eines Satztyps auf Sachverhalte besteht.

Satzmodus als Referenztyp

Die Grundidee für den Referenztyp-Ansatz ist, dass die Proposition eines Satzes in Korrespondenz zu Sachverhalten der Wirklichkeit steht. Das drückt man auch so aus, dass Sachverhalte „Instanzen" von Propositionen sind, oder dass Sachverhalte Propositionen „instantiieren". Je nach Wahl eines Satztyps bringt eine Sprecherin etwas darüber zum Ausdruck, wie sich das Verhältnis zwischen Sachverhalt (Welt) und Proposition (Satzinhalt) gestaltet. Für Deklarativsatz, Interrogativsatz und Imperativsatz, die bei Brandt et al. (1992) das Satztypeninventar des Deutschen ausmachen, kann man sich das wie in Tab. 2 gezeigt vorstellen:

Satztyp	Referenztyp	Beispiel
Deklarativsatz	Es existiert ein Sachverhalt, der die Proposition des Satzes instantiiert.	*Anna hat meinen Flamingo überfahren.*
E-Interrogativsatz	Es ist offen, ob es einen Sachverhalt gibt, der die Proposition des Satzes instantiiert.	*Hat Anna meinen Flamingo überfahren?*
W-Interrogativsatz	Es ist offen, ob es ein X gibt, so dass es einen Sachverhalt gibt, der die Proposition des Satzes instantiiert.	*Wen hat Anna überfahren?*
Imperativsatz	Es gibt eine Verpflichtung des Adressaten, dafür zu sorgen, dass ein Sachverhalt existiert, der die Proposition des Satzes instantiiert.	*Rette meinen Flamingo!*

Tab. 2: Satztyp als Referenztyp, nach Brandt et al. (1992) und Reis (1999: 208)

Die Beziehung zwischen syntaktischem w-Merkmal und Referenztyp wird so hergestellt, dass in der Semantik der entsprechenden Satztypen Operatoren angesetzt werden, die die verschiedenen Typen der Satzreferenz symbolisieren. Für den E- und W-Interrogativsatz ist dies der OFFEN-Operator. Diese Operatoren werden dann mit dem syntaktisch motivierten w-Merkmal (beim E- und W-Interrogativsatz: [+w]) in Verbindung gebracht. Ein Problem dabei ist, dass es so aussieht, als würde auch hier eine (arbiträre) Zuordnung vorgenommen, nämlich zwischen w-Merkmal und Operator.

Die unterschiedlichen Auffassungen über den Satzmodus spiegeln damit auch unterschiedliche Auffassungen hinsichtlich des Syntax/Pragmatik-Verhältnisses. Während Altmann Bündel formaler Merkmale bestimmten Satzmodi (und Funktionstypen) zuordnet, also das Zusammenspiel von unterschiedlichen Markierungsebenen (u.a. Syntax, Morphologie, Intonation) als ausschlaggebend für die Determination eines bestimmten Illokutionspotentials ansieht, machen Brandt et al. (1992) die Strukturbedeutung von Satztypen allein am Vorhandensein oder Nichtvorhandensein eines abstrakten syntaktischen Merkmals fest.

(Randnotiz: Syntax/Pragmatik-Verhältnis)

4.3. Pragmatik und Semantik

Semantik und Pragmatik sind Teildisziplinen der Linguistik, die sich mit Bedeutung befassen. Die Schnittstelle von Semantik und Pragmatik lässt sich verstehen als die theoretische Komponente, die die „Arbeitsteilung" zwischen Semantik und Pragmatik regelt. In der neueren Forschung zur Semantik/Pragmatik-Schnittstelle wird kontrovers diskutiert, wie man sich diese Arbeitsteilung genau vorzustellen hat. Grice hatte ja vorgeschlagen, zwischen dem Gesagten und dem Implikatierten einer Äußerung zu unterscheiden, wobei das Gesagte als der wahrheitsfunktionale propositionale Gehalt der Äußerung zu verstehen ist und das Implikatierte als zusätzliche pragmatische Bedeutungsaspekte. Die Debatte der neueren Forschung dreht sich um das Problem, dass es Phänomene gibt, die darauf hindeuten, dass die Pragmatik in die Semantik hineinregiert (*pragmatic intrusion*), dass die Pragmatik also bereits bei der Bestimmung des wahrheitsfunktionalen Gehalts einer Äußerung eine Rolle spielt (und nicht erst auf der Ebene der Indirektheit und der Implikaturen ins Spiel kommt). Wenn das so ist, dann gestaltet sich die Arbeitsteilung zwischen Semantik und Pragmatik natürlich komplexer als von Grice angenommen.

(Randnotiz: Arbeitsteilung zwischen Semantik und Pragmatik)

4.3.1. Wörtliche und nicht-wörtliche Bedeutung

Das Problem der Grenzziehung zwischen Semantik und Pragmatik liegt im Kern darin, wo man die Grenze zwischen wörtlicher und nicht-wörtlicher Bedeutung ansetzt. In der Forschung ist dieses Verhältnis oft als Dichotomie aufgefasst worden, wobei implizit oder explizit etwa folgende Gegenüberstellungen vorgenommen wurden (vgl. Tab. 3):

wörtliche Bedeutung	nicht-wörtliche Bedeutung
sprachlich	außersprachlich
direkt	indirekt
kontextunabhängig	kontextabhängig
unmarkiert	markiert
konventionell	inferiert
obligatorisch	optional
minimal	maximal
kompositionell	nicht-kompositionell
semantisch	pragmatisch
‚what is said‘	‚what is implicated‘
wahrheitsfunktional	nicht wahrheitsfunktional

Tab. 3: Wörtliche vs. nicht-wörtliche Bedeutung, nach Ariel (2002: 362)

Wie Ariel (2002) zeigt, ist aber gar nicht klar, ob diese beiden Begriffssets je für sich konsistent sind, und ob sich die gegenübergestellten Begriffe wirklich gegenseitig ausschließen.

Kontext(un)-abhängigkeit

Ein besonders schwieriger Punkt ist die Annahme, wörtliche Bedeutung sei kontextunabhängig bzw. kontextinvariant, während nicht-wörtliche Bedeutung kontextabhängig sei. Wir haben bereits gesehen, dass man für Verben wie *öffnen* ganz unterschiedliche Bedeutungen bekommen kann, vgl. (1).

(1)   Anna öffnet die Tür/das Taschenmesser/die Datei.

In unsere Interpretation der Sätze in (1) fließen ganz automatisch bestimmte Hintergrundannahmen über verschiedene Arten von Öffnen mit ein. Das heißt aber, dass wir bereits zur Bestimmung der wörtlichen Proposition einer Äußerung wie „Anna öffnet die Tür" außersprachliches oder kontextuelles Wissen benötigen (ohne dass wir es hier bereits mit Implikaturen zu tun hätten).

Von Searle (1992: 180) stammt das folgende Beispiel:

(2)   Suppose I go into the restaurant and order a meal. Suppose I say, speaking literally, ‚Bring me a steak with fried potatoes.‘ [...] I take it for granted that they will not deliver the meal to my house, or to my place of work. I take it for granted that the steak will not be encased in concrete, or petrified. It will not be stuffed into my pockets or spread over my head. But none of these assumptions was made explicit in the literal utterance.

Für Sprecher und Hörerin ist es selbstverständlich, dass ein Gast, der im Restaurant mit den Worten „Bringen Sie mir ein Steak mit Bratkartoffeln" eine Bestellung aufgibt, das Steak an den Tisch und nicht zu sich nach Hause oder an den Arbeitsplatz geliefert bekommt, dass das Steak weder einbetoniert noch versteinert sein wird, und dass es ihm nicht in die Hosentaschen gestopft oder über den Kopf geschmiert wird. All dies ist aber nicht Teil dessen, was er wörtlich gesagt hat, wenn wir „wörtlich" in obigem dichotomischem Sinne verstehen.

Einige bekannte Beispiele, die als Evidenz dafür angesehen werden, dass die Pragmatik bereits bei der Bestimmung der (wörtlichen) Proposition eine Rolle spielt, sind (3)–(5). pragmatische Anreicherung

(3) Ich habe noch nicht gefrühstückt.
(4) Alle haben die Klausur bestanden.
(5) Frankreich ist sechseckig.

Die Äußerung in (3) wird normalerweise so verstanden, dass die Sprecherin am Tag der Äußerung noch nicht gefrühstückt hat, und nicht so, dass sie noch nie in ihrem Leben gefrühstückt hat. Wenn ich (4) äußere, meine ich mit *alle* sicher nicht die ganze Menschheit, sondern die Studierenden in meiner Vorlesung. Und *sechseckig* in (5) meint nicht sechseckig im geometrischen, exakten Sinn, sondern in einem ungefähren Sinn. Diese Bedeutungsaspekte sind aber (zumindest intuitiv) nicht Teil der sprachlich kodierten Bedeutung, also nicht Teil dessen, was wörtlich gesagt wurde.

Nun ist es nicht so, dass Grice dem Kontext jeglichen Einfluss auf die Proposition abgesprochen hätte. Grice (1989: 25) lässt ein kleines Set von Operationen zu, die notwendig sind, um die Proposition überhaupt erst bestimmen zu können. Dazu gehören Auflösung von Referenz, vgl. (6), Bestimmung deiktischer Ausdrücke, vgl. (7), und Disambiguierung, vgl. (8). Kontext und Proposition

(6) a. Anna sagte zu Klara, sie könne ihren Bruder nicht ausstehen.
    b. Anna sagte zu Klara, sie könne ihren Bruder heiraten.
(7) Ich gehe da morgen nicht hin.
(8) Der Industrielle bestach den Politiker mit der Luxusvilla.

In (6) muss die Referenz der anaphorischen Pronomina *sie* und *ihren* bestimmt werden, um herauszufinden, was die Proposition der Äußerung ist. Der Unterschied zwischen (6a) und (6b) zeigt, dass dies nur unter Einbezug von Weltwissen (z. B. darüber, dass Geschwister normalerweise nicht heiraten) funktioniert: In (6a) ist die bevorzugte Interpretation von *sie* = Anna und von *ihren* = Klaras; in (6b) ist die bevorzugte Interpretation von *sie* = Klara und von *ihren* = Annas. In (7) müssen wir je nach aktuellem Kontext festlegen, worauf die deiktischen Ausdrücke *ich*, *morgen* und *da(hin)* referieren. In (8) liegt strukturelle Ambiguität vor, die aufgelöst werden muss, um die Proposition der Äußerung angeben zu können (ist die Luxusvilla das Bestechungsobjekt oder besitzt der Politiker eine Luxusvilla?).

Solche Prozesse hat Grice aber nicht als Problem für seine Theorie gesehen. Es geht Grice ja darum, zu erklären, wie es sein kann, dass eine Sprecherin das eine sagt, aber etwas darüber Hinausgehendes (wie z. B. bei Tautologien wie *Krieg ist Krieg*) oder etwas davon Verschiedenes (wie z. B. bei ironischen Äußerungen wie *X ist ein feiner Freund*) meint. Das heißt, auch unter Zulassung von Prozessen wie Bestimmung deiktischer Ausdrücke geht das Implikatierte klar über das Gesagte hinaus.

Grice kann als Bedeutungsminimalist gelten, denn er versucht, die wahrheitsfunktionale Bedeutung einer Äußerung (das Gesagte) so minimal wie Minimalismus vs. Kontextualismus

möglich zu halten und einen Großteil der Bedeutung pragmatisch abzuleiten. Zu modernen Bedeutungsminimalisten gehören z. B. Borg (2004) und
Cappelen/Lepore (2005). Dem gegenüber stehen – neben weiteren Spielar-
ten wie dem Indexikalismus oder dem Relativismus, auf die wir hier nicht
weiter eingehen – kontextualistische Bedeutungstheorien, die der Pragmatik
einen größeren Einfluss auf das Gesagte zuschreiben. Zu den Kontextualisten gehören sowohl die Neo-Griceschen Ansätze, z. B. von Bach (1994,
2004), Levinson (2000) oder Horn (1984, 2004), als auch die relevanztheoretischen Ansätze von Sperber/Wilson (1995) und Carston (2002). Unterschiede zwischen den kontextualistischen Ansätzen liegen v.a. darin, dass
Neo-Griceaner den Wert des von Grice aufgestellten Kooperationsprinzips
und der Gesprächsmaximen verteidigen, während Relevanztheoretikerinnen gegen diese Prinzipien argumentieren und sich für ein generelles kognitives Prinzip der Relevanz aussprechen. Neo-Griceaner bemühen sich, möglichst genau zwischen solchen pragmatischen Prozessen zu unterscheiden,
die auf das Gesagte einwirken, und solchen, die dem Gesagten „nachgeord-
net" sind. Im Gegensatz dazu machen Relevanztheoretikerinnen keinen
prinzipiellen Unterschied zwischen diesen Prozessen.

kontextualistische Im Folgenden schauen wir uns drei kontextualistische Lösungsvorschläge
Lösungen dafür an, wie mit solchen pragmatischen Prozessen umzugehen ist, die auf
der Ebene des Gesagten eine Rolle spielen: Das Konzept der Explikatur von
Carston (2002), das Konzept der Implizitur von Bach (1994, 2004) und das
Konzept der „vermutlichen Bedeutung" (*presumptive meaning*) von Levinson (2000), in dem er eine Theorie der generalisierten konversationellen Implikaturen (GCIs) ausarbeitet. Ein Gegenmodell zu diesen kontextualistischen Vorschlägen ist der minimalistische Ansatz von Borg (2004), auf den
wir abschließend kurz eingehen.

4.3.2. Explikatur

Sperber/Wilson (1995: 182) kritisieren, dass Grice sich zu sehr auf das implizit Kommunizierte, die Implikatur, konzentriert. Sie stellen dem einen Begriff
des „expliziten Gehalts" einer Äußerung, der Explikatur, entgegen. Bei Carston (1988) wird zwischen Explikatur und Implikatur folgendermaßen unterschieden:

> *Explikatur*
> Eine ostensiv [z. B. durch eine Äußerung, R.F.] kommunizierte Annahme,
> die inferentiell aus einer der unvollständigen konzeptuellen Repräsenta-
> tionen (logischen Formen) entwickelt wird, die durch die Äußerung ko-
> diert werden.

> *Implikatur*
> Eine ostensiv kommunizierte Annahme, die keine Explikatur ist; das heißt,
> eine kommunizierte Annahme, die ausschließlich über Prozesse der prag-
> matischen Inferenz abgeleitet wird.

Der wesentliche Unterschied liegt darin, dass Explikaturen „Fortschreibungen" (*developments*) der logischen Form bzw. der sprachlich kodierten Be-

deutung sind, während Implikaturen auf den bereits „geschlossenen" Propositionen operieren. Das heißt, Explikaturen sind Inferenzen, die die sprachlich gegebene Bedeutung ausfüllen und sie zu einer Proposition vervollständigen, während Implikaturen zusätzliche Inferenzen sind, die über die Proposition hinausgehen.

In der Relevanztheorie werden u.a. folgende Bereiche diskutiert, in denen Explikaturen wirksam sind: Disambiguierung wie in (9), Referenzbestimmung wie in (10), Sättigung (*saturation*) wie in (11), freie Anreicherung (*free enrichment*) wie in (12), Ad-hoc-Konzeptkonstruktion wie (13) und Spezifizierung skopushaltiger Ausdrücke wie (14).

Bereiche

(9) Pippi hat viele Laster (*Laster*$_1$: LKW; *Laster*$_2$: Untugend)
Explikatur: z. B. ‚Pippi hat viele Untugenden.'
(10) Anna sagte zu Klara, sie könne ihren Bruder nicht ausstehen.
Explikatur: z. B. ‚Anna sagte zu Klara, sie (Anna) könne ihren (Klaras) Bruder nicht ausstehen.'
(11) a. Karl ist bereit. [wozu?]
Explikatur: z. B. ‚Karl ist bereit zur Abreise.'
b. Paracetamol ist besser. [als was?]
Explikatur: z. B. ‚Paracetamol ist besser als Aspirin.'
(12) a. Ich habe noch nicht gefrühstückt.
Explikatur: ‚Ich habe heute noch nicht gefrühstückt.'
b. Es regnet.
Explikatur: z. B. ‚Es regnet in Mainz.'
c. Anna drückte auf den Knopf und der Motor sprang an.
Explikatur: ‚Anna drückte auf den Knopf und als Folge daraus sprang der Motor an.'
(13) a. Frankreich ist sechseckig.
Explikatur: ‚[Die kartographische Darstellung von] Frankreich ähnelt einem Sechseck.'
b. Anna ist ein Chamäleon.
Explikatur: z. B. ‚Anna ändert ihre Meinung ständig, man kann sich nicht auf sie verlassen.'
(14) Alle Bewerberinnen wurden nicht abgelehnt.
Explikatur: z. B. ‚Nicht alle Bewerberinnen wurden abgelehnt.'

Bei der Disambiguierung lexikalisch mehrdeutiger Ausdrücke wie in (9) sind die möglichen Kandidaten durch das Sprachsystem bereits vorgegeben. Im Gegensatz dazu müssen die Kandidaten bei der Referenzbestimmung wie in (10) rein kontextuell erschlossen werden.

Disambiguierung vs. Referenzbestimmung

Bei der Sättigung (*saturation*) werden Ergänzungen vorgenommen, die durch bestimmte sprachliche Elemente im Satz gefordert werden, wie in (11a) durch das Adjektiv *bereit*, das eine pragmatische Füllung des „bereit wozu" verlangt, und in (11b) durch das komparierte Adjektiv *besser*, das eine Füllung des „als was" verlangt. Bei der Sättigung gibt es somit in der Syntax des Satzes eine Leerstelle, einen „Slot", der gefüllt werden muss. Im Gegensatz dazu handelt es sich bei der freien Anreicherung (*free enrichment*) in (12) um einen Interpretationsprozess, der nicht an bestimmte Elemente im Satz rückgebunden werden kann, sondern ‚frei' hinzukommt. Die

Sättigung vs. freie Anreicherung

lokale Angabe in (12b) etwa ist durch keines der Elemente im Satz gefordert, aber man würde die Äußerung dennoch normalerweise so verstehen, dass das Ereignis des Regnens über den Ort ausgesagt wird, an dem die Äußerung erfolgt. Wenn Karl diesen Satz in Mainz gegenüber Anna äußert, würde sie wohl nicht davon ausgehen, dass Karl meine, es regne in Brühl (obwohl dies durchaus eine Möglichkeit im semantisch vorgegebenen Spielraum des Satzes ist, denn der Satz „Es regnet" ist wahr, wenn es zum Zeitpunkt der Äußerung irgendwo auf der Welt regnet).

Ad-hoc-Konzept-konstruktion   Mit dem Begriff der Ad-hoc-Konzeptkonstruktion deckt Carston (2002) Fälle von Bedeutungserweiterung wie (13) ab. Dazu gehören auch Metaphern wie (13b), wo die Bedeutung von *Chamäleon* zu einem „Ad-hoc-Konzept" (notiert als CHAMÄLEON*) erweitert wird, so dass nicht nur Vertreter einer bestimmten Echsenart, sondern auch Menschen mit bestimmten Eigenschaften darin enthalten sind.

Spezifizierung skopushaltiger Ausdrücke   Bei Äußerungen mit interagierenden skopushaltigen Ausdrücken wie *alle* und *nicht*, vgl. (14), muss der Skopus, d. h. die Reichweite dieser Ausdrücke erst festgelegt werden. Neben der Lesart, in der *alle* im Skopus von *nicht* liegt (‚Es ist nicht der Fall, dass gilt: Alle Bewerberinnen wurden abgelehnt' = ‚Nicht alle Bewerberinnen wurden abgelehnt') wäre auch eine Lesart möglich, in der *nicht* im Skopus von *alle* liegt, nämlich ‚Für alle Bewerberinnen gilt: Sie wurden nicht abgelehnt' = ‚Keine Bewerberin wurde abgelehnt'.

semantische Unterspezifikation des Gesagten   Aus der Existenz solcher und ähnlicher Phänomene schlussfolgert Carston, dass das Gesagte, die sprachlich kodierte Bedeutung, semantisch unterspezifiziert ist. Die semantische Unterspezifikation umfasst dabei nicht nur die bei Grice benannten Prozesse wie Disambiguierung und Bestimmung deiktischer Ausdrücke, sondern noch sehr viele weitere Fälle und geht damit weit über das bei Grice Erlaubte hinaus. Am Beispiel von Metaphern wie (13b) sieht man etwa, dass Carston zur Explikatur auch Prozesse zählt, die bei Grice als partikularisierte konversationelle Implikaturen betrachtet werden, also als Musterbeispiele für implikatierte Bedeutungen, die (im Fall der Metapher) mit „what is said" sogar im Konflikt stehen (während sie bei Carston „developments", Fortschreibungen der sprachlich kodierten Bedeutung sind).

4.3.3. Implizitur

Kent Bach, ein Neo-Griceaner, stimmt mit Vertretern der Relevanztheorie darin überein, dass Sprecher mit ihren Äußerungen mehr meinen können, als sie wörtlich sagen, ohne dass sie deshalb etwas implikatieren oder sich bereits im Bereich figurativer Bedeutung bewegen würden (Bach 2004: 473). Allerdings kritisiert er den in der Relevanztheorie verwendeten Begriff der Explikatur. Mit dem Begriff der Explikatur ist ja gerade *nicht* das gemeint, was explizit gesagt wurde, sondern die Explikatur bezieht sich auf nicht explizit ausgedrückte propositionale Inhalte (Bach 1994: 270). Bach (2001: 250) schlägt daher den Begriff Impli-zi-tur vor:

Implizitur
Bei der Implizitur sagt man etwas, aber man meint es nicht; vielmehr schließt das, was man meint, eine implizite Qualifizierung dessen, was man sagt, ein, etwas, das man hätte explizit machen können, was man aber nicht explizit gemacht hat.

Implizituren erfassen die Intuition, dass wir oft eher ungenau sprechen und der Hörerin die genaue Ausbuchstabierung dessen, was wir meinen, überlassen. Wenn Anna gegenüber Klara den Satz (15) äußert, wird Klara diese Äußerung normalerweise so verstehen, dass Bonny und Clyde miteinander verheiratet sind.

(15) Bonny und Clyde sind verheiratet.

Das hat Anna aber nicht explizit gesagt. (15) wäre auch wahr, wenn Bonny mit Horst und Clyde mit Uschi verheiratet wäre. (Da Anna aber damit rechnen muss, dass Klara die oben beschriebene ‚normale' Explizierung vornehmen wird, wäre es ziemlich unangemessen, wenn sie mit der Äußerung von (15) die letztgenannte Bedeutung im Sinn gehabt hätte.)

Bach unterscheidet zwischen zwei Typen von Implizitheit: Komplettierung (*completion*) und Erweiterung (*expansion*). Bei Äußerungen wie in (16) liegt nach Bach eine semantisch unvollständige Proposition vor, ein „Propositions-Radikal", das nicht hinsichtlich seiner Wahrheit oder Falschheit bewertet werden kann. Der Prozess der Komplettierung ist hier notwendig, um den fehlenden propositionalen Gehalt zu ergänzen, etwa zu ‚Karl ist bereit *zur Abfahrt*', ‚Anna hat *die Führerscheinprüfung* bestanden' oder ‚Präsident Chirac ist eben *in Washington* angekommen'.

Komplettierung

(16) a. Karl ist bereit.
       b. Anna hat bestanden.
       c. Präsident Chirac ist eben angekommen.

Bei Äußerungen wie in (17) dagegen liegen nach Bach semantisch minimale, aber vollständige Propositionen vor, die jedoch nicht genau dem entsprechen, was die Sprecherin meint. Der Prozess der Erweiterung macht die Proposition reicher, entsprechend ihrem intendierten Sinn, etwa zu ‚Ich habe *heute* (schon) gegessen', ‚Sie hat nichts *Passendes* anzuziehen' oder ‚*An dieser kleinen Wunde* wirst du nicht sterben'. Zu diesen Fällen würde auch Beispiel (15) oben gehören.

Erweiterung

(17) a. Ich habe gegessen.
       b. Sie hat nichts anzuziehen.
       c. [Zu einem Jungen, der wegen einer kleinen Wunde weint:] Du wirst schon nicht sterben.

Der Prozess der Komplettierung entspricht in etwa dem, was in der Relevanztheorie als Sättigung (*saturation*) bezeichnet wird, und der Prozess der Erweiterung dem, was dort als freie Anreicherung (*free enrichment*) bezeichnet wird. Bach will sein Konzept der Implizitur aber im Gegensatz zur Relevanztheorie nicht als einen Prozess verstanden wissen, der auf der Ebene des Gesagten wirksam wird. Vielmehr konzipiert er die Implizitur als eine Kategorie, die zwischen Gesagtem und Implikatiertem angesiedelt ist. Zudem sieht Bach nur ganz bestimmte Typen von Propositionen als semantisch unvollständig an (die ‚Propositions-Radikale'), während die Relevanztheorie nahezu alle Propositionen für semantisch unterspezifiert hält.

Horn (2004) zeigt, dass Implizituren nicht zum Gesagten gehören können, denn sie sind streichbar, vgl. (18) und (19). Andererseits können sie nicht implikatiert sein, denn sie scheinen wahrheitsfunktional relevant zu sein.

(18)   Ich habe gegessen, aber nicht heute.
(19)   Anna hat bestanden, aber nicht die Führerscheinprüfung.

Die Streichbarkeit sollte dann auch für Explikaturen gelten, von denen die Relevanztheorie ja behauptet, sie seien Teil des propositionalen Gehalts von Äußerungen. Allerdings vermeidet die Relevanztheorie sorgsam den Begriff des Gesagten (i.S. von Grice). Carston (2002) vertritt stattdessen ein dreistufiges Bedeutungsmodell mit den Ebenen der (i) (unvollständigen) sprachlich kodierten Bedeutung (*incomplete logical form* oder *incomplete linguistic encoded meaning*); (ii) durch Explikaturen angereicherten propositionalen Repräsentation und (iii) dem Gemeinten, d.h. Implikaturen bzw. weitergehenden pragmatischen Inferenzen.

4.3.4. Generalisierte konversationelle Implikatur (GCI)

pragmatic intrusion   Auch Levinson (2000) vertritt die Ansicht, dass die Pragmatik in das Gesagte hineinregiert; von ihm stammt auch der Begriff der *pragmatic intrusion*. Levinson benötigt dafür aber kein neues Konzept wie „Explikatur" oder „Implizitur". Vielmehr greift er zur Modellierung dieses Phänomens auf das bereits bei Grice entwickelte Konzept der generalisierten konversationellen Implikatur (GCI) zurück. Das Neuartige bei Levinson ist, dass er GCIs nicht mehr als der Semantik „nachgeschaltete" pragmatische Prozesse betrachtet, sondern als „präsemantische" pragmatische Prozesse, d.h. als Prozesse, die Einfluss auf die Wahrheitsbedingungen von Sätzen haben.

Zum Beispiel kann man zeigen, dass die temporale Interpretation von *und* in die Bestimmung der Wahrheitsbedingungen von Sätzen eingeht und nicht, wie Grice es modelliert hat, eine der Semantik nachgeschaltete Implikatur ist.

(20)   Es ist besser, Geld zu sparen und ein Haus zu kaufen als ein Haus zu kaufen und Geld zu sparen.

Wenn die Bedeutungsanreicherung von *und* zu ‚und dann' nicht Teil der wahrheitsfunktionalen Semantik der beiden eingebetteten Infinitivkonstruktionen wäre, dann wäre der Gesamtsatz widersprüchlich, denn dann wären die beiden Infinitivkonjunkte semantisch identisch und eine Vergleichskonstruktion mit *es ist besser* sinnlos.

Bereiche   Levinson konzentriert sich bei seiner Beschreibung darauf, wie GCIs bei der Bestimmung von indexikalischen Ausdrücken und vergleichbaren Phänomenen beteiligt sind. Er betrachtet Disambiguierung (21), Referenzbestimmung (22), Bestimmung deiktischer Ausdrücke (23), Ausfüllung von Ellipsen (24) und Einengung genereller Bedeutung (25).

(21)   Karl ist ein echter Hundeliebhaber; er mag manche Katzen und Hunde.
       a. [manche Katzen] und [Hunde]; b. [manche [Katzen und Hunde]]
(22)   Anna betrat den Raum und die Frau setzte sich hin.
       a. Anna = die Frau; b. Anna ≠ die Frau
(23)   [geäußert an einem Mittwoch:] Das Treffen ist am Donnerstag.
       a. Donnerstag = morgen; b. Donnerstag ≠ morgen (z.B. Donnerstag nächste Woche)

(24)	Wer war das? – Anna.
	‚Anna war das.‘
(25)	Karl trinkt Milch.
	a. Kuhmilch; b. Ziegenmilch; …

Der zweite Satz in (21) ist strukturell ambig mit den in a. und b. gegebenen Möglichkeiten. Die Äußerung von (21) kann entweder die Implikatur haben, dass Karl nicht alle Katzen mag und dass er Hunde mag, oder die Implikatur, dass Karl nicht alle Katzen und Hunde mag (beides sind Q-Implikaturen). Nur die erste Q-Implikatur ist jedoch kompatibel mit der Semantik des ersten Satzes in (21). Wenn also der Gesamtsatz semantisch nicht widersprüchlich sein soll, müssen wir den zweiten Satz über die erste Q-Implikatur anreichern.

Disambiguierung

In (22) müssen wir die Referenz von *die Frau* festlegen, um eine wahrheitswertfähige Proposition zu erhalten: Wird damit auf Anna referiert oder auf eine andere Frau? Das M-Prinzip legt nahe, dass die Wahl des umständlicheren, spezifischeren Ausdrucks *die Frau* statt des einfacheren, generellen Pronomens *sie* darauf hindeutet, dass mit *die Frau* nicht Anna gemeint ist.

Referenzbestimmung

Wenn jemand an einem Mittwoch (23) äußert, können wir die Q-Implikatur ziehen, dass mit *Donnerstag* nicht morgen gemeint ist, sondern vielleicht der Donnerstag nächste Woche; denn die Sprecherin hat den semantisch schwächeren Ausdruck *Donnerstag* (davon gibt es sehr viele) dem semantisch stärkeren Ausdruck *morgen* (das gibt es nur einmal, in Bezug auf ein gegebenes heute) vorgezogen. Um also beurteilen zu können, ob der Satz wahr ist, müssen wir wissen, welcher Donnerstag gemeint ist; dazu brauchen wir die durch die GCI erzeugte Bedeutung.

Bestimmung deiktischer Ausdrücke

Bei elliptischen Äußerungen wie (24) brauchen wir den Kontext, um die Ellipse zu vervollständigen. Levinson zeigt, dass die Anreicherung über eine I-Implikatur (sowie eine partikularisierte Implikatur über die Maxime der Relevanz) erfolgt: die generelle Äußerung ‚Anna‘ wird durch die Ausfüllung mit kontextuell salientem Material zu ‚Anna war das‘ spezifischer gemacht.

Ausfüllung von Ellipsen

Für Beispiel (25) schließlich brauchen wir eine I-Implikatur, die den generellen Ausdruck *Milch* über stereotypische Annahmen zu ‚Kuhmilch‘ spezifiziert. Nur wenn wir wissen, welche Art Milch Karl trinkt, können wir entscheiden, ob der Satz in einer gegebenen Situation wahr ist.

Einengung genereller Bedeutung

Die Kernidee bei Levinson ist damit, dass wir bestimmte *pragmatische* Prozesse identifizieren können, die Einfluss auf die Wahrheitsbedingungen von Sätzen haben. Folglich kann es nicht so sein, dass der Output der Semantik zum Input für die Pragmatik wird, wie es das klassische Gricesche Modell vorsieht. Vielmehr greift die Pragmatik bei der Bedeutungskonstitution von Äußerungen bereits „präsemantisch“ ein. Levinson (2000: 188) entwirft das folgende Modell von präsemantischer und postsemantischer Pragmatik (vgl. Abb. 3).

präsemantische vs. postsemantische Pragmatik

Die Indexikalische Pragmatik und die Gricesche Pragmatik I sind präsemantische pragmatische Komponenten, die Gricesche Pragmatik II ist eine postsemantische pragmatische Komponente. GCIs sind auf der Ebene der Gricesche Pragmatik I wirksam, PCIs (partikularisierte konversationelle Implikaturen) dagegen auf der Ebene der Gricesche Pragmatik II. GCIs sind für die oben besprochenen Phänomene (Disambiguierung, Referenzbestim-

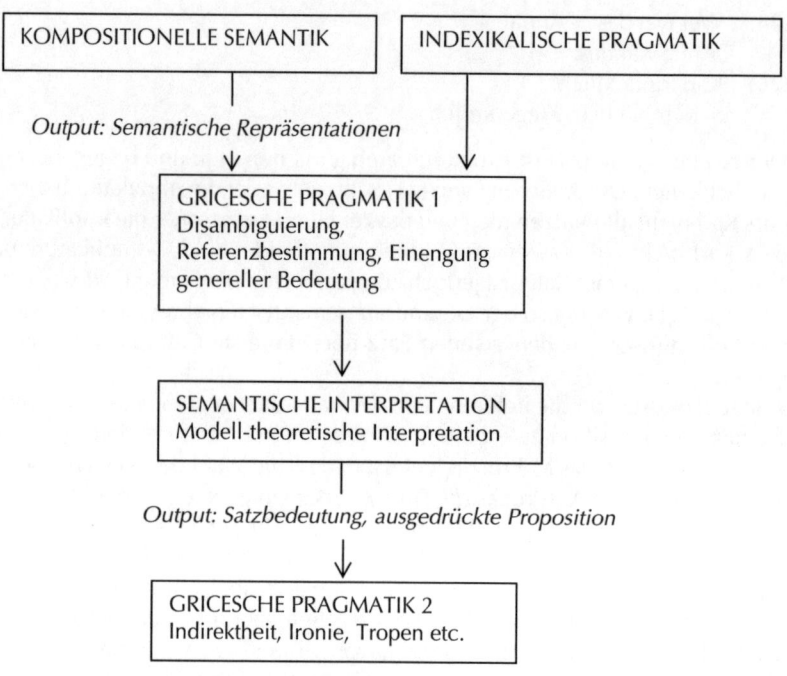

Abb. 3: Präsemantische und postsemantische Pragmatik (nach Levinson 2000: 188)

mung usw.) verantwortlich, PCIs sind verantwortlich für weiter gehende Indirektheitsphänomene wie indirekte Sprechakte, Ironie oder Metapher.

Inexplizitheit, Indirektheit, Nicht-Wörtlichkeit

Anhand dieses Modells kann man sich nochmals klar machen, dass tatsächlich sehr verschiedene Arten von „Nicht-Wörtlichkeit" in die Diskussion um das Gesagte und das Gemeinte involviert sind (vgl. dazu Rolf 2013). Einerseits spielen hier Prozesse der Inexplizitheit eine Rolle (bei Levinson: GCIs; bzw. Explikatur/Implizitur); diese sind für uns Alltagssprecher eher unauffällig, denn sie erzeugen keine zusätzlichen Propositionen, sondern vervollständigen (erweitern, verengen) eine gegebene Proposition. Andererseits geht es hier um das Phänomen der Indirektheit, das man am besten am Beispiel indirekter Sprechakte illustrieren kann (bei Levinson: PCIs). Bei indirekten Sprechakten werden zusätzliche Bedeutungen bzw. Sprechakte generiert („Der Kuchen sieht aber lecker aus!" erhält die Zusatzbedeutung „Kann ich was davon abhaben?"). Und schließlich finden sich im Modell oben auch solche Prozesse, die unter Nicht-Wörtlichkeit im engeren Sinn fallen, z. B. Metapher und Ironie (rhetorische Figuren oder Tropen). Bei solchen Prozessen liegt typischerweise eine Substitution der Proposition durch eine andere Proposition vor („Heinz ist ein Fuchs" wird ersetzt durch „Heinz ist schlau"). Eine genaue Klassifikation dieser verschiedenen Typen von Nicht-Wörtlichkeit findet sich bei Recanati (2004: 78).

4.3.5. Bedeutungsminimalismus

Ein Problem für relevanztheoretische Ansätze ist, dass die Phänomene, die über Explikaturen erklärt werden, eine äußerst heterogene Klasse bilden. Dabei ist unklar, wie man Explikaturen eigentlich genau von Implikaturen abgrenzen soll. Dafür fehlt es an geeigneten Testkriterien. Recanati (2004) hat zwar ein ‚availability principle‘ vorgeschlagen, das besagt, dass man zur Bestimmung des Gesagten von seiner vor-theoretischen Intuition ausgehen müsse; sich auf Intuition zu verlassen, erscheint aber problematisch, denn Intuitionen variieren bekanntlich stark von Sprecherin zu Sprecher. Zum Beispiel wird oft angenommen, Äußerungen wie (26a) müssten durch eine Konstituente angereichert werden, die eine Antwort auf die Frage „wozu?" gibt, also z. B. im Kontext von Reisevorbereitungen in der Art von (26b). Das hieße also, dass das, was mit (26a) *gesagt* wird, in diesem Kontext (26b) entspräche.

(Marginalie: Abgrenzungsproblem)

(26) a. Karl ist bereit. [wozu?]
b. Karl ist bereit zur Abfahrt.

Die Intuition, dass das Gesagte von (26a) dem in (26b) entspricht, ist aber eher schlecht begründet. Emma Borg (2012: 527) zeigt, dass nichts uns daran hindert, die Äußerung (27a) nicht nur zu (27b), sondern z. B. auch zu (27c) oder gar (27d) „anzureichern".

(27) a. Flintoff is ready.
b. Flintoff is ready to bowl.
c. Flintoff is ready to bowl the next cricket ball to Tendulker.
d. Andrew Flintoff, the English all-rounder who hit nine sixes and took seven wickets in the Edgbaston test match against Australia in 2005, is ready to bowl the next cricket ball as a bouncer at the man with the highest number of test runs in any first-class cricket career prior to 2010.

Eine leistungskräftige Theorie der Semantik/Pragmatik-Schnittstelle muss also genaue Restriktionen für pragmatische Anreicherungsprozesse angeben können.

Im Gegensatz zu Kontextualisten wie Carston, Bach und Levinson verteidigen Minimalistinnen wie Borg (2004) das klassische Modell von Grice, nach dem der Einfluss der Pragmatik auf die Semantik minimal ist (also höchstens solche Prozesse umfasst, die von etwas in der overten syntaktischen Struktur des Satzes notwendig verlangt werden, z. B. die Füllung deiktischer Variablen). In einer minimalistischen Bedeutungstheorie wird an der Idee festgehalten, dass es so etwas wie eine ‚pragmatikfreie‘, rein kompositionale Semantik gibt. Zwar sehen die meisten Kontextualisten auch so etwas wie eine ‚pragmatikfreie‘ Semantik in ihren Modellen vor; diese beschränken sie aber i.d.R. auf ein sub-propositionales Level (z. B. die Ebene der „unvollständigen logischen Form" in der Relevanztheorie). Dagegen verteidigen Minimalisten das klassische Bild, dass es ‚pragmatikfreie‘ *Propositionen* gibt.

(Marginalie: minimalistische Bedeutungstheorie)

Für eine Äußerung wie (28) etwa würde eine minimalistische Analyse erlauben, dass in die Bestimmung der Proposition die Fixierung des Gehalts von *sie* sowie eine Festlegung der Erzählzeit in Bezug auf die aktuelle

Sprechzeit eingehen, dass also solche personal- und temporaldeiktische Variablen gefüllt werden, die Teil der syntaktischen Struktur des Satzes sind.

(28)   Sie nahm den Schlüssel aus der Handtasche und öffnete die Tür.

Hingegen würde die minimalistische Analyse nicht die Anreicherung zulassen, dass die Person, auf die mit *sie* referiert wird, die Tür *mit dem Schlüssel* öffnete. Diesen Bedeutungsaspekt versteht eine minimalistische Analyse als Teil der (pragmatisch zu modellierenden) Sprecher-Bedeutung. Dagegen könnte man, im Sinne von Recanati (2004), einwenden, dass wir die Anreicherung zu ‚… mit dem Schlüssel' als unauffällige, selbstverständliche Erweiterung der Bedeutung empfinden, was (intuitiv) gegen die Einordnung als pragmatisch „abgeleitete" Sprecher-Bedeutung sprechen würde.

Borg (2009: 528) weist darauf hin, dass die Zukunft der Debatte um die Semantik/Pragmatik-Schnittstelle zumindest teilweise auch davon abhängt, wie weit es gelingt, die Thesen der verschiedenen Lager anhand von experimentellen Techniken psycholinguistisch zu untermauern. Zum gegenwärtigen Zeitpunkt scheint es, dass

> „the war is far from being won either by the radical pragmatists [den Kontextualisten, R.F.] or by the radical semanticists [den Minimalisten, R.F.], or indeed by those who favour some kind of middle road. Yet it is equally clear that the explosion of recent work on the semantics/pragmatics divide has, at least, done much to clarify where and how the battle lines should be drawn."

4.4. Pragmatik und Prosodie

Die Forschung zur Schnittstelle zwischen Pragmatik und Prosodie beschäftigt sich mit dem Einfluss prosodischer Merkmale auf die Bedeutung von Äußerungen. Die Prosodie ist ein Teilgebiet der Phonologie. Sie befasst sich mit der Gesamtheit der lautlichen Eigenschaften einer Sprache, die über den einzelnen Laut (das Phonem) hinausgehen. Zur Prosodie gehören insbesondere Akzent, Intonation und Silbenstruktur, aber auch Phrasierung, Sprechtempo, Sprechpausen, Rhythmus und Lautstärke. Prosodische Merkmale sind untrennbar mit Äußerungen der gesprochenen Sprache verbunden, und sie leisten gemeinsam mit weiteren Merkmalen – z. B. lexikalischen, syntaktischen, kontextuellen, aber auch gestischen und mimischen – einen wichtigen Beitrag dazu, wie Hörer diese Äußerungen verstehen.

sprachlicher Code vs. prozedurales Signal

Eine wichtige Grundfrage aus Sicht der Pragmatik ist, welchen Status prosodische Merkmale haben: Kodieren Sie bestimmte Bedeutungsinformationen direkt, oder sollten sie eher als Indikatoren oder Signale für bestimmte Sprecherbedeutungen aufgefasst werden? Die zweite Auffassung scheint aus pragmatischer Sicht attraktiver, denn sie kann besser erfassen, dass z. B. Intonation je nach Kontext ganz unterschiedliche Bedeutungsbeiträge leisten kann. Wären dagegen bestimmte Intonationsmuster direkt mit bestimmten Bedeutungen assoziiert, könnte man eine solche Kontextvariabilität nicht erklären. Andererseits scheint es bestimmte Intonationsmuster zu geben, die sehr robust mit bestimmten Bedeutungseffekten verknüpft sind, etwa, dass eine fallende Intonationskontur auf eine Assertion hindeutet, also auf eine Äußerung, mit der die Wahrheit einer Proposition behauptet wird. In der Relevanztheorie gibt es die Auffassung, dass prosodische Merkmale prozedurale Signale sind, d. h. steuernd auf Inferenzprozesse von Hörern einwirken können (Wilson/Wharton 2006). Am Ende dieses Kapitels werden wir diese Sichtweise genauer vorstellen.

4.4.1. Prosodische Markierung von Bedeutung

Die Beispiele (1)–(5) geben einen ersten Eindruck davon, wie Sprecher je nach Wahl bestimmter prosodischer Markierungen unterschiedliche Bedeutungen vermitteln können.

(1) a. { Anna trinkt nicht, }{ weil sie unglücklich ist. }
   b. { Anna trinkt nicht, weil sie unglücklich ist. }
   (nach Hirschberg 2004: 527)

Beispiel (1) zeigt, wie durch die Bildung prosodischer Phrasen (durch {…} markiert) ein potentiell ambiger Satz disambiguiert werden kann. Je nach Phrasierung bringt die Sprecherin zum Ausdruck, dass Anna *nicht* trinkt (und zwar deshalb, weil sie unglücklich ist), vgl. (1a), oder *dass* sie trinkt (aber nicht deshalb, weil sie unglücklich ist, sondern aus einem anderen Grund), vgl. (1b). Auch die Betonung spielt hierbei eine Rolle. | *Phrasierung*

(2) a. KARL hat den Hund gestreichelt.
   b. Karl hat den HUND gestreichelt.
   c. Karl hat den Hund geSTREIchelt.

Die Varianten in (2) unterscheiden sich darin, welches Wort den Fokusakzent trägt (durch Großbuchstaben markiert). Durch die Akzentuierung legt die Sprecherin je unterschiedliche Alternativen nahe, die in die Interpretation der Äußerungen einfließen. Welche Alternativen das sind, hängt wesentlich vom Kontext ab. (2a) könnten wir z. B. so verstehen, dass Karl, aber nicht Anna, Maik oder Pippi den Hund gestreichelt hat, (2b) so, dass Karl den Hund, aber nicht die Katze, das Meerschweinchen oder das Kaninchen gestreichelt hat, und (2c) so, dass Karl den Hund gestreichelt, aber nicht gefüttert, getreten oder gebürstet hat. | *Akzent*

(3) a. Pippi$_1$ hat mit Annika$_2$ Armdrücken gemacht, und sie$_1$ hat sie$_2$ beSIEGT.
   b. Pippi$_1$ hat mit Annika$_2$ Armdrücken gemacht, und SIE$_2$ hat SIE$_1$ besiegt.

In (3) trägt der Akzent zur Disambiguierung der beiden anaphorischen Pronomen *sie* bei. In (3a) sind die Pronomen unbetont, und es entsteht die – auch durch unser Wissen über Pippi und Annika unterstützte – Lesart, dass Pippi Annika besiegt hat. In (3b) entsteht dagegen durch die Betonung der beiden Pronomen eine starke Präferenz für die Interpretation, dass Annika Pippi besiegt hat.

(4) a. [Karl hat den ersten Preis gewonnen.] Anna: Toll!
   b. [Karl hat das Bierglas zerbrochen.] Anna: Toll.
(5) a. Ein Bier.
   b. Ein Bier?

Intonation

Die Äußerungen in (4) und (5) werden mit je unterschiedlicher Intonation realisiert (hier angedeutet durch die unterschiedliche Interpunktion). Im Vergleich zu (4a) liegt im ironischen Kontext von (4b) eine „markierte" Intonation vor, die sich etwa durch eine stärkere Dehnung und niedrigere Tonhöhe von (4a) unterscheidet. In (5) hat der Tonhöhenverlauf (fallend oder steigend) einen entscheidenden Einfluss darauf, ob die Äußerung als Wunsch oder als einladende Frage interpretiert wird, sie ist also sprechaktunterscheidend.

In den folgenden Abschnitten schauen wir uns genauer das Zusammenspiel der prosodischen Mittel Akzent und Intonation mit der Pragmatik an: Zum einen wird es um die Interaktion von Fokusakzent und Informationsstruktur gehen, zum anderen um die Interaktion von Intonation und Sprechakt.

4.4.2. Fokusakzent und Informationsstruktur

Wort- und Satzakzent

Der Akzent ist immer einer Silbe zugeordnet und drückt sich im Deutschen phonetisch durch eine veränderte Tonhöhe und größere Dauer der Akzentsilbe, in geringerem Maße auch durch größere Lautstärke aus. Akzent ist grundsätzlich eine relative Auszeichnung, d. h. eine Silbe ist im Vergleich zu anderen Silben besonders betont. Akzent gibt es sowohl auf der Wort- als auch auf der Satzebene. Während die Position des Wortakzents lexikalisch festgelegt ist – im Deutschen ist das normalerweise die erste Silbe des Wortstamms –, ist die Position des Satzakzents variabel.

(6)   a. ERBse, LEHrerin
       b. Die Lehrerin hasst ERBsen.
       c. Die LEHrerin hasst Erbsen.

(6a) gibt den Wortakzent für *Erbse* und *Lehrerin* an. Der Wortakzent legt fest, welche Silben eines Wortes potentiell akzentuiert werden können. (6b) und (6c) geben zwei mögliche verschiedene Satzakzentuierungen an. Man sieht zum einen, dass der Satzakzent auf einer Silbe liegen muss, die auch Wortakzent tragen kann (der Satzakzent kann z. B. nicht auf der unbetonten Silbe *-sen* in *erbSEN liegen). Die anderen potentiellen Wortakzente sind im Satz gegenüber der Satzakzentsilbe reduziert (und deshalb hier nicht markiert). Zum anderen sieht man im Vergleich von (6b) und (6c), dass der Satzakzent auf unterschiedlichen Elementen im Satz liegen kann. Welches Element gewählt wird, hängt davon ab, was Sprecher mit der Äußerung zu verstehen geben wollen. (Überlegen Sie mal, worin der Bedeutungsunterschied zwischen (6b) und (6c) besteht.)

Fokusakzent, Fokusexponent

Der Satzakzent leistet – neben anderen Mitteln wie etwa der Wortstellung – einen wichtigen Beitrag zur Gestaltung der Informationsstruktur einer Äußerung. Er steuert, welche Informationseinheit einer Äußerung als Fokus angesehen wird. Man spricht deshalb auch von Fokusakzent. Die Silbe in einem Satz, die den Fokusakzent trägt, wird auch Fokusexponent genannt. Durch die Fokussierung einer in der Äußerung genannten Einheit werden Alternativen zu dieser Einheit nahegelegt. Das fokussierte Element steht dann im Kontrast zu den nicht-gewählten Elementen dieser Alternativenmenge. Dieser Kontrasteffekt geht in die Interpretation der Äußerung ein – je nach Kontext in unterschiedlicher Weise. Das haben wir oben in (2) bereits gesehen, und das ist es auch, worin sich (6b) und (6c) voneinander unterscheiden.

Mit Hilfe von Fragetests kann man kontrollieren, welches das fokussierte Element in einer Äußerung ist.

(7)   a. Wer hat den Preis gestiftet? – KARL hat den Preis gestiftet.
      b. Was hat Karl gestiftet? – Karl hat den PREIS gestiftet.
      c. Was hat Karl mit dem Preis gemacht? – Karl hat den Preis geSTIFtet.

In (7a–c) ist das fokussierte Element immer dasjenige, das die Informationslücke schließt, die durch das w-Wort der Frage eröffnet wird. Der Rest des Satzes bildet jeweils den Hintergrund. Man könnte nun annehmen, dass die Dimension von Fokus und Hintergrund mit der Dimension neu/bekannt korrespondiert. Das, was in den Antworten in (7) Fokusakzent trägt, kann als neue Information betrachtet werden, der deakzentuierte Hintergrund als bekannte Information. Dies ist aber nicht notwendigerweise so.

Fokus und Bekanntheit

(8)   Was ist passiert? – [Fokus Pippi hat Tommy ANgelogen.]
(9)   Pippi und Annika haben Zuckerstangen gekauft. – Nein, nur [Fokus PIPpi] hat Zuckerstangen gekauft.

Wie man an (8) sehen kann, gibt es Sätze, die ausschließlich aus neuer Information bestehen. Es ist also nicht nur der Fokusausdruck *angelogen*, der die neue Information repräsentiert. (9) zeigt, dass fokussierte Einheiten (hier: *Pippi*) auch bereits bekannt, d. h. vorerwähnt sein können. Fokus/Hintergrund und neu/bekannt stehen also nicht in einer 1:1-Korrespondenz zueinander. Dass wir oft den Eindruck haben, Fokusakzent würde notwendigerweise Neues markieren, hängt damit zusammen, dass Akzent grundsätzlich auch zur Hervorhebung von neuer Information dienen kann, wie man in (10a) sieht. Bekanntes kann dagegen kaum, bzw. nur unter ganz bestimmten Bedingungen akzentuiert werden. Die Akzentuierung der bekannten Information in (10b) wäre klar inakzeptabel (markiert durch #).

(10)   a. Wonach erkundigte sich Pippi bei Tommy? – [bekannt Pippi erkundigte sich bei Tommy] [neu nach dem WEG].
       b. #Wonach erkundigte sich Pippi bei Tommy? – [bekannt Pippi erkundigte sich bei TOMmy] [neu nach dem Weg].

Wir müssen also solche Akzente, die zur Hervorhebung von neuer Information dienen, von Akzenten unterscheiden, deren Funktion es ist, durch die Markierung eines Fokusausdrucks Alternativen nahezulegen.

Der Fokus, also der Ausdruck, zu dem durch Akzent Alternativen eröffnet werden, kann sich mit dem Fokusexponenten decken, er kann aber auch größer sein. Zu der Äußerung (11) mit dem Fokusexponenten *Weg* kann man sich verschiedene Fragekontexte vorstellen.

Fokusprojektion

(11)   Pippi hat sich bei Tommy nach dem WEG erkundigt.

In Abhängigkeit vom Fragekontext lässt sich der Fokus enger oder weiter auffassen. Dieses Phänomen nennt man Fokusprojektion. Ausgehend vom Fokusexponenten kann der Fokus auf größere Einheiten projiziert werden. Am engsten ist der Fokus in (12), am weitesten in (15). Ist der gesamte Satz im Fokus, wie in (15), spricht man auch von neutralem Fokus.

(12) A: Wonach hat sich Pippi bei Tommy erkundigt?
      B: Pippi hat sich bei Tommy [nach dem WEG] erkundigt.
(13) A: Was hat Pippi in Bezug auf Tommy getan?
      B: Pippi hat sich bei Tommy [nach dem WEG erkundigt].
(14) A: Was hat Pippi getan?
      B: Pippi hat [sich bei Tommy nach dem WEG erkundigt].
(15) A: Was ist geschehen?
      B: [Pippi hat sich bei Tommy nach dem WEG erkundigt].

Man kann dies auch so ausdrücken, dass jeder Satz ein grammatisch vorgegebenes Fokuspotential hat, das im Kontext disambiguiert wird. Das Fokuspotential von (11) umfasst die Möglichkeiten (12)–(15). Die verschiedenen Fragekontexte legen die Äußerung dann jeweils auf eine Lesart fest. Daran sieht man, dass Fokus einerseits ein grammatisches Phänomen ist, dass es aber bei der konkreten Festlegung dessen, was in einem bestimmten Kontext als Fokus gelten soll, immer auf die kommunikativen Ziele ankommt, die Sprecher mit ihren Äußerungen verfolgen.

Alternativenmengen   Oben haben wir gesagt, dass Fokus generell mit der Eröffnung von Alternativenmengen zu tun hat. Je nach Kontext, Hintergrundwissen von Sprecherin und Hörer und Sprecherabsichten können diese Alternativenmengen aber in unterschiedlicher Weise eingeschränkt werden. Das sieht man in (16).

(16) [Anna und Karl kaufen im Supermarkt ein.]
      a. Anna: Wir brauchen nur KETchup.
      b. Karl: Nein, wir brauchen auch Spülmittel, Kekse und Salami.
      c. #Karl: Nein, wir brauchen auch Flugtickets, ein Meerschweinchen
         und einen neuen Herd.

Der Fokusausdruck *Ketchup* in (16a) ist vor dem Hintergrund einer Alternativenmenge zu sehen, die Dinge enthält, die man im Supermarkt kaufen kann. Karls Reaktion in (16b) ist problemlos, denn er nimmt Bezug auf weitere mögliche Dinge aus dieser Liste. Dagegen wirkt die Reaktion von Karl in (16c) unangemessen und inkohärent, da er Dinge ergänzt, die wir normalerweise nicht als Elemente der in diesem Kontext relevanten Alternativenmenge ansehen würden. Das heißt, Sprecher legen im Kontext fest, wie die Alternativenmenge beschaffen ist.

Funktionen   Wie sich Fokus genau auf die Bedeutung von Äußerungen auswirkt, ist
von Fokus also immer abhängig vom Kontext. Man kann dennoch bestimmte generelle Funktionen von Fokus unterscheiden. Nach Musan (2010) kann Fokus zum einen die Vervollständigung von Information anzeigen, wie in (17), wo der Fokusausdruck die durch das w-Wort der Frage eröffnete Leerstelle schließt.

(17) Wer hat den Hund gestreichelt? – KARL hat den Hund gestreichelt.

Wichtige Funktionen von Fokus sind daneben Kontrast und Korrektur. Ein Fokusausdruck kann einen kontrastierenden Bezug zu einem im Kontext gegebenen Ausdruck herstellen, wie in (18). Zusätzlich zum Ausdruck von Kontrast wird in (19) eine Korrektur vorgenommen und der Bezugsausdruck verneint.

(18) [Karl liebt Erbsen.] Anna HASST Erbsen.
(19) [A: Anna liebt Erbsen.] – B: Nein, Anna HASST Erbsen.

In Sätzen, in denen Fokuspartikeln auftreten, kann es zu ganz bestimmten
Interaktionen mit dem Fokusausdruck kommen. Fokuspartikeln sind z. B.
nur, auch und *sogar*. Die Bedeutung dieser Partikeln bezieht sich auf den fo-
kussierten Ausdruck und erzeugt bestimmte Effekte. Beispielsweise bewirkt
die Fokuspartikel *nur* in (16a) oben, dass wir Annas Äußerung so interpretieren, dass sie nur Ketchup, aber nichts anderes brauchen. Ohne Fokuspartikel
(*Wir brauchen KETchup.*) hätte die Äußerung im selben Kontext dagegen
weiten (neutralen) Fokus. Karls Äußerung in (16b) gibt wegen der Fokuspartikel *auch* Anlass zu der Interpretation, dass sie zusätzlich zu Ketchup noch
weitere Dinge brauchen. *Auch* stellt also eine Relation zum kontextuell vorgegebenen Fokusausdruck *Ketchup* her. Ohne *auch* wäre diese Verknüpfung
nicht gegeben.

Fokuspartikeln

(20) und (21) zeigen, dass *nur* nicht nur eine quantifizierende (‚X und sonst
nichts', wie in 16a), sondern auch eine skalierende Lesart haben kann.

quantifizierend vs.
skalierend

(20) Annika wohnt nur zur MIEte.
(21) Tommy hat in Mathe nur eine DREI.

Beide Äußerungen interpretieren wir so, dass die durch den Fokusausdruck
nahegelegten Alternativen auf einer Skala höhere Werte besetzen als der Fokusausdruck selbst. Das heißt, in (20) entsteht eine Interpretation, nach der
es weniger wert ist, zur Miete zu wohnen (= Fokusausdruck) als in einer Ei-
gentumswohnung oder einem Haus (= alternative Ausdrücke); in (21) entsteht die Interpretation, dass eine Drei (= Fokusausdruck) weniger wert ist als
eine Zwei oder eine Eins (= alternative Ausdrücke). Während die Skala in
(20) von individuellen Maßstäben abhängig ist, ist die Skala in (21) institutio-
nell festgelegt.

Schließlich gibt es noch eine spezielle Art von Fokuseffekt, der entstehen
kann, wenn das finite Verb oder bestimmte Komplementierer (z. B. die Subjunktionen *dass* oder *ob*) Fokusakzent tragen. Nach Höhle (1992) spricht
man hier von Verumfokus. *Verum* ist lateinisch und bedeutet ‚wahr'.

Verumfokus

(22) Anna: Das Buch soll ganz gut sein.
      Karl: Es IST gut (ich hab's gelesen).
(23) Was genau drinsteht, weiß ich nicht, aber ich bin sicher, DASS was
      drinsteht.

Verumfokus bewirkt, dass eine vorher eingeschränkte oder auch bezweifelte
Behauptung als wahr hervorgehoben wird.

4.4.3. Intonation und Sprechakt

Unter Intonation versteht man die melodische Gestaltung einer Äußerung,
d. h. ihren Tonhöhenverlauf. Jede gesprochene Äußerung weist einen bestimmten Tonhöhenverlauf auf. Je nach Wahl unterschiedlicher Tonhöhenverläufe kann sich die Interpretation einer Äußerung verändern. Das haben
wir in (4) und (5) bereits gesehen. Zugleich ist klar, dass nicht jeder Tonhöhenverlauf kommunikativ relevant ist. Abgesehen davon, dass man mit Ton-

höhenverläufen z. B. auch Emotionen, also außersprachliche Funktionen ausdrücken kann (ein *Danke!* kann recht unterschiedlich klingen, je nachdem, ob wir erfreut, beleidigt oder gelangweilt sind), sind Tonhöhenverläufe auch davon abhängig, welche unterschiedliche Silben- und Akzentstruktur die gewählten Wörter mitbringen. Die dadurch entstehenden unterschiedlichen Tonhöhenverläufe müssen sich aber nicht kommunikativ auswirken.

Intonation und Äußerungsbedeutung

Dass Intonation die Bedeutung von Äußerungen beeinflussen kann, sieht man in (24).

(24) a. Ein Bier. [\]
      b. Ein Bier? [/]

(24a) hat einen fallenden Tonhöhenverlauf, (24b) einen steigenden. Wir können dies als [\] (fallend) und [/] (steigend) markieren. Mit (24) kann die Sprecherin ausdrücken, dass sie ein Bier möchte, mit (24b) den Hörer fragen, ob er ein Bier möchte. Abgesehen von der Intonation sind die beiden Äußerungen identisch. Die Intonation trägt hier also (neben dem Kontext) entscheidend dazu bei, welchen Sprechakttyp wir der Äußerung zuordnen. Andererseits ist es keineswegs immer so, dass eine bestimmte Intonation einen bestimmten Sprechakt festlegt. Beispielsweise sind nicht alle Fragen durch steigende Intonation markiert. Während dies für Entscheidungsfragen wie (25) häufig zutrifft, ist für W-Fragen fallende Intonation charakteristisch, vgl. (26).

(25) Möchtest du ein Bier [/]
(26) Was weißt du über Eidechsen [\]

Umgekehrt deutet auch nicht jede steigende Intonation auf eine Frage hin. Schauen wir uns dazu den Kontrast zwischen (27) und (28) an.

(27) Sie wohnt schon lange hier [/]
(28) a. Tommy: Was weißt du über Pippi?
      b. Annika: Sie wohnt schon lange hier [/] … äh … [*Fortsetzung:* … und sie hat ein Pferd auf der Veranda [\]]

In (27) liegt nach Altmann (1993) eine assertive Frage vor. Diese entspricht syntaktisch einem Deklarativsatz, aber die steigende Intonation signalisiert, dass es sich um eine Frage handelt. Dagegen erfüllt die steigende Intonation in (28b) eine nicht-fragende Funktion. Hier zeigt sie lediglich an, dass ein Gesprächsbeitrag noch nicht abgeschlossen ist, dass also noch mit einer Fortsetzung zu rechnen ist.

Sprechaktpotential

Aus Sicht der Pragmatik ist die Frage zu beantworten, wie die Wahl bestimmter Tonhöhenverläufe in die Bestimmung der Sprechaktbedeutung von Äußerungen einfließt, und welche Rolle kontextuelle Faktoren dabei spielen. Das Sprechaktpotential eines Satzes, z. B. eines Interrogativsatzes, wird durch ein Zusammenspiel von syntaktischen, kategorialen, morphologischen und eben auch intonatorischen Merkmalen determiniert. Erst in der aktuellen Verwendung einer Äußerung im Kontext ergibt sich aber die konkrete Sprechaktbedeutung. Die Idee ist also, dass intonatorische Bedeutung die kommunikativen Funktionen einer Äußerung nicht vollständig festlegt, sondern nur die Menge der möglichen kommunikativen Funktionen einer Äußerung einschränkt. Wir schauen uns dies genauer anhand eines Vorschlags von Truckenbrodt (2013) an, der ein System anbietet, mit dessen Hilfe der Beitrag der Intonation zu unterschiedlichen Satztypen erklärbar wird.

Truckenbrodt geht von zwei Intonationskonturen für das Deutsche aus: der fallenden und der steigenden Kontur. Damit ist die finale Markierung einer Äußerung gemeint, d. h. ein fallender bzw. steigender Ton am Äußerungsende. Ein wichtiger Baustein der Theorie ist, dass Intonationsbedeutungen nicht auf der wörtlichen Bedeutung eines Satzes operieren, sondern auf salienten (d. h. leicht zugänglichen) Propositionen. Truckenbrodt nimmt an, dass Sprecher mit [\] eine assertive (‚Ich sage, dass …‘) und mit [/] eine fragende (‚Sag mir, ob …‘) Einstellung zu einer salienten Proposition ausdrücken. Welche Proposition jeweils salient ist, hängt von Sprecherabsichten, gemeinsamem Wissen von Sprecher und Hörerin und von kontextuellen Gegebenheiten ab.

wörtliche vs. saliente Proposition

Beispielsweise ist in unserem Bier-Beispiel (24a), geäußert von Anna gegenüber dem Kellner in einer Kneipe, die Proposition salient, dass Anna ein Bier möchte; dies ist in diesem Kontext das Naheliegendste. Zusammen mit der fallenden Intonation, die über dieser Proposition operiert (die also gemeinsam mit der Proposition die Bedeutung determiniert), ergibt sich die Bedeutung, dass Anna assertiert, dass sie ein Bier möchte. In (24b), geäußert von Anna, die Karl zu sich nach Hause eingeladen hat, ist dagegen die Proposition salient, dass Karl ein Bier möchte. Zusammen mit der steigenden Intonation ergibt sich die Bedeutung, dass Anna fragt, ob Karl ein Bier möchte. Das ist (29) schematisch gezeigt.

(29)   a. Anna zum Kellner: Ein Bier [\]
       [saliente Proposition im Kontext: Anna möchte ein Bier.]
       Beitrag von [\]: Ich sage, dass *ich ein Bier möchte.*
       b. Anna zu Karl: Ein Bier [/]
       [saliente Proposition im Kontext: Karl möchte ein Bier.]
       Beitrag von [/]: Sag mir, ob *du ein Bier möchtest.*

Die Theorie lässt sich auch bei syntaktisch vollständigen Interrogativsätzen anwenden.

Entscheidungsfragen

(30)   Regnet es [/]

In (30) liegt ein E-Interrogativsatz vor, der eine Fragebedeutung ‚Sag mir, ob es regnet‘ transportiert. Im Kontext ist die Proposition salient, dass es regnet. Mit der steigenden Intonation wird hier die Fragebedeutung unterstützt (‚Sag mir, ob *es regnet*‘).

(31)   a. Willst du {Tee} oder {Kaffee} [\]
       b. Willst du {Tee oder Kaffee} [/]

In (31) liegt eine ambige Frage vor: Wir können diese Äußerung als alternative Frage verstehen, wie in (31a) (‚Sag mir, welches von beiden du willst‘), oder als Entscheidungsfrage, auf die man mit Ja oder Nein antworten kann, wie in (31b) (‚Sag mir, ob du eines von beiden willst‘). In (31a) ist eine saliente Proposition, dass der Hörer eine der Alternativen will (‚Du willst Tee oder Kaffee‘). Gemeinsam mit der fallenden Kontur ergibt sich damit die Intonationsbedeutung ‚Ich sage, dass *du eines von beiden willst*‘. Dadurch kann die Sprecherin zu verstehen geben, dass sie erwartet, dass der Hörer eine der

Alternativen bekräftigt. Es wird also trotz fallender (assertierender) Intonation eine Antworterwartung generiert. Wählt die Sprecherin stattdessen [/], so ist die dadurch ausgedrückte Bedeutung im Widerspruch zur Bedeutung der alternativen Frage. Es bleibt dann die Interpretation als ja/nein-Frage wie in (31b), d. h. es ergibt sich für (31b) die Intonationsbedeutung ‚Sag mir, ob *du eines von beiden willst*', die die syntaktisch bereits angelegte Fragebedeutung unterstützt.

W-Fragen W-V2-Fragen werden, genau wie die alternative Frage (31a), typischerweise mit fallender Intonation realisiert. Dies scheint zunächst im Widerspruch dazu zu stehen, dass Truckenbrodt annimmt, dass fallende Intonation mit einer *assertiven* Sprechereinstellung assoziiert ist. Wie in (31b) brauchen wir hier zur Erklärung die Unterscheidung zwischen wörtlicher und salienter Proposition.

(32) a. Los, sag schon. Wen hast du gesehen [\]
     b. [Höflicher:] Wen hast du gesehen [/]

W-V2-Fragen Die wörtlich ausgedrückte Proposition der W-V2-Frage in (32) ist, dass es offen ist, für wen gilt, dass die Hörerin ihn (oder sie) gesehen hat. Im Kontext von (32a) ist dies aber nicht die saliente Proposition. Die saliente Proposition ist vielmehr identisch mit der Existenzimplikatur, die bei W-Fragen auftritt. Für *Wen hast du gesehen?* ist dies ‚Du hast jemanden gesehen'. Gemeinsam mit der fallenden Intonation ergibt sich die Bedeutung ‚Ich sage, dass *du jemanden gesehen hast*.' Das heißt, der Sprecher gibt zu verstehen, dass er es als wahr voraussetzt (assertiert), dass die Hörerin jemanden gesehen hat. Daraus ergibt sich die Interpretation, dass der Sprecher mit (32a) zu verstehen gibt, dass er auf einer Antwort besteht. Auch hier signalisiert die Intonation also wie in (27b) eine Assertion, zugleich wird aber eine Antworterwartung generiert. (32b) wirkt höflicher. Dies lässt sich so analysieren, dass mit der steigenden Intonation der Hörerin mehr Wahlmöglichkeiten bei der Antwort gelassen werden. Mit (32b) kann der Sprecher entweder die saliente Proposition zur Disposition stellen (‚Sag mir, ob *du jemanden gesehen hast*'), oder er kann es der Hörerin freistellen, ob sie die Frage beantworten will (‚Sag mir, ob *du mir sagen willst, wen du gesehen hast*'). (Damit ist allerdings noch nicht erklärt, warum fallende Intonation für W-V2-Fragen auch dann der Normalfall ist, wenn diese nicht unhöflich gemeint sind.)

W-VL-Fragen W-VL-Fragen wie (33) müssen im Gegensatz zu W-V2-Fragen fast obligatorisch mit steigender Intonation realisiert werden.

(33) Was es hier wohl zu trinken gibt [/]

Hier ergibt sich die Fragebedeutung ausschließlich durch den Beitrag der Intonation, denn nur dadurch erhält der Satz überhaupt eine Funktion als selbständige Frage. Dagegen kann die primäre Bedeutung von W-V2-Fragen auch ohne steigende Intonation zu einem Frageakt führen, wie wir in (32a) gesehen haben.

Das Beispiel (34) zeigt, dass die Intonation auch zusätzlich zu einem assertiven Sprechakt eine Frage generieren kann.

(34) Karl: Wann wollen wir uns treffen?
     Anna: Ich hätte um drei Uhr Zeit [/]

Anna assertiert hier zum einen die wörtliche Proposition des Deklarativsatzes, nämlich dass sie um drei Uhr Zeit hätte. Im Kontext ist zugleich die Proposition ‚Karl kann da auch' salient, denn es geht ja darum, einen gemeinsamen Termin zu finden. Die steigende Intonation verbindet sich mit dieser salienten Proposition zu der zusätzlichen Fragebedeutung ‚Sag mir, ob *du da auch kannst*'. Anders ist der Fall bei den sogenannten assertiven Fragen wie (27a) oder (35).

(35)   Karl: Der König von Frankreich hat eine Glatze.
        Anna: Frankreich ist eine Monarchie [/]

In (35) wird die wörtliche Proposition, dass Frankreich eine Monarchie ist, nicht durch Anna assertiert; dass Frankreich eine Monarchie ist, steht aber als Präsupposition aus Karls Äußerung im Raum und ist daher salient. Durch die Auszeichnung des Deklarativsatzes durch eine steigende Intonation kann Anna entweder die Wahrheit dieser Präsupposition erfragen (‚Sag mir, ob *Frankreich eine Monarchie ist*') oder den vorangegangenen Sprechakt Karls in Frage stellen (‚Sag mir, ob *du gesagt hast, dass Frankreich eine Monarchie ist*'). Während die steigende Intonation also in (34) einen zusätzlichen fragenden Sprechakt generiert, überlagert sie in (35) den durch die deklarative Satzstruktur nahegelegten assertiven Sprechakt und deutet ihn in eine Frage um.

Man sieht insgesamt, dass die Intonation mit kontextuell salienten Propositionen zusammenspielt. Die Sprechaktbedeutung ergibt sich aus der Intonation im Zusammenspiel mit der grammatischen Satztypbedeutung und kontextuellen Gegebenheiten.

4.4.4. Ein relevanztheoretischer Vorschlag zur Prosodie/Pragmatik-Schnittstelle

Wir haben gesehen, dass prosodische Information einen wichtigen Beitrag zur Bedeutung von Äußerungen leisten kann, z. B. durch die Platzierung des Fokusakzents. Zugleich ist der spezifische Beitrag der Prosodie stark kontextabhängig, z. B. kann eine fallende Intonation in verschiedenen Kontexten verschiedene pragmatische Effekte haben (sie kann z. B. auf eine Feststellung, eine Aufforderung oder eine W-Frage hindeuten). Prosodie kann zudem nicht nur im engeren Sinn sprachliche Bedeutungen beeinflussen, sondern auch Information über Emotionen oder Einstellungen vermitteln. Damit stellt sich die Frage, wie wir diese vielfältigen Effekte von Prosodie pragmatisch am besten modellieren können. Wir wollen uns abschließend einen Vorschlag von Wilson und Wharton (2006) anschauen, der aus relevanztheoretischer Sicht dafür argumentiert, dass prosodische Inputs prozedurale Information vermitteln, d. h. Information, die darauf angelegt ist, Hörer bei ihrem inferentiellen Verstehensprozess in eine bestimmte Richtung zu lenken.

Wilson und Wharton (2006) unterscheiden drei Arten prosodischer Inputs (vgl. Abb. 4): Natürliche Zeichen (bzw. Anzeichen), natürliche Signale und sprachliche Signale. Sowohl Anzeichen als auch Signale können Information vermitteln. Der Unterschied besteht darin, dass nur Signale den Zweck haben, Information zu vermitteln. Anzeichen können zwar für einen Beobachter bedeutsam sein, es ist aber nicht ihr Zweck, Bedeutung zu tragen.

Arten prosodischer Inputs

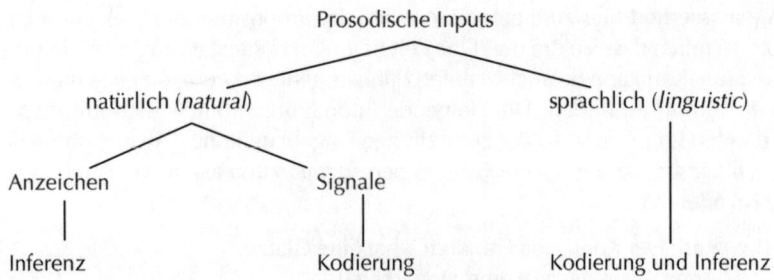

Abb. 4: Arten prosodischer Inputs, nach Wilson/Wharton (2006: 1563)

Wenn Anna lallt, kann das z. B. ein prosodisches Anzeichen für einen Beobachter sein, dass sie betrunken ist; es ist aber nicht der Zweck des Lallens, die Information zu tragen, dass Anna betrunken ist. Wenn Anna dagegen in verärgertem Ton zu Karl sagt: *Hast du schon wieder den ganzen Kasten Bier allein ausgetrunken?*, dann ist der verärgerte Ton ein natürliches Signal dafür, Annas Ärger anzuzeigen. Während Anzeichen nur durch Inferenz gedeutet werden, beruhen (natürliche und sprachliche) Signale auf einem bestimmten kommunikativen Code. Natürliche und sprachliche Signale unterscheiden sich wiederum darin, dass sprachliche Signale Teil eines sprachlichen Codes (Sprachsystems) sind, der spezifischen Zwecken dient. Natürliche Signale können zwar zusammen mit sprachlichen Codes verwendet werden, aber auch ohne sie existieren (Anna könnte auch einfach ein verärgertes Grunzen von sich geben). Das Spezifische an sprachlichen Signalen ist nach Wilson und Wharton, dass sie sowohl durch Kodierung als auch durch Inferenz gedeutet werden. Als Beispiele für sprachliche prosodische Signale geben Wilson und Wharton Wortakzent (man denke z. B. an *umFAHren* vs. *UMfahren*) oder grammatikalisierte Aspekte von Satzakzent und Satzintonation.

relevanz-
theoretischer
Verstehensprozess

Wie funktionieren (sprachliche) prosodische Signale? Erinnern wir uns an die relevanztheoretische Grundidee, dass das Verstehen von Äußerungen darauf angelegt ist, so viele kontextuelle (kognitive) Effekte wie möglich bei so geringem Verarbeitungsaufwand wie möglich zu erzielen. In (36b) haben wir einen Fall von Kontrastakzent zur Disambiguierung des Pronomens *sie*.

(36) a. Pippi$_1$ hat mit Annika$_2$ Armdrücken gemacht, und sie$_1$ hat sie$_2$ beSIEGT.
 b. Pippi$_1$ hat mit Annika$_2$ Armdrücken gemacht, und SIE$_2$ hat SIE$_1$ besiegt.

Relevanztheoretisch könnte man sagen, dass die Hörerin bei der Interpretation von (36a) dem Weg des geringsten Aufwands folgt und *sie*$_1$ mit Referenz auf Pippi und *sie*$_2$ mit Referenz auf Annika interpretiert. Diese Interpretation wird hier durch die syntaktische Parallelität und Weltwissen über Pippi und Annika gestützt. Demgegenüber ist die Interpretation von (36b) aufwendiger oder „kostspieliger", da sie eine spezielle Akzentuierung aufweist. Die höheren Kosten der Interpretation von (36b) werden die Hörerin dazu veranlassen, einen anderen Weg zu gehen, bei dem eine „Entschädigung" in Form von zusätzlichen kognitiven Effekten herausspringt. Diese bestehen hier darin, dass die Hörerin eben zu der alternativen Interpretation gelangt, dass (wider Erwarten) Annika Pippi besiegt hat.

Wilson und Wharton stellen die Frage, wie es möglich ist, dass prosodische Signale einerseits kodiert sind, dass sie also als Paare von Form und Bedeutung aufgefasst werden können, dass sich ihre Bedeutung aber andererseits nur als eine Reihe von nicht genau bestimmbaren kognitiven Effekten bzw. „schwachen Implikaturen" ergibt. Ihre Antwort ist, dass man zwischen konzeptueller und prozeduraler Kodierung unterscheiden muss. Beispielsweise kodiert ein Wort wie *Junge* eine bestimmte Bedeutung (JUNGE) konzeptuell. Diese Bedeutung geht in die Bedeutung von Sätzen ein, die das Wort *Junge* enthalten. Ein Wort wie *bitte* dagegen kodiert keine konzeptuell festgelegte Bedeutung. Die Funktion von *bitte* besteht vielmehr darin, die Identifikation der gemeinten Bedeutung im Verstehensprozess dadurch zu erleichtern, dass der interpretative Spielraum (hier: das Sprechaktpotential der Äußerung, die *bitte* enthält) eingeschränkt wird. Dieser Vorschlag erinnert somit an Ideen etwa von Searle (1971), dass es so etwas wie pragmatische Indikatoren gibt (z. B. performative Verben, Verbmodus, Satzadverbien oder eben Wörter wie *bitte*), die dabei helfen, festzulegen, als welcher Sprechakt eine Äußerung gelten soll.

konzeptuelle vs. prozedurale Kodierung

Auch prosodische Inputs können nach Wilson und Wharton als prozedurale Signale aufgefasst werden. Wilson und Wharton geben allerdings keine Illustration dieser These anhand von prosodischen Beispielen, sondern gründen ihre Diskussion auf nicht-prosodische Beispiele wie Interjektionen und Diskurspartikeln. Ein weiteres Problem ist, dass nicht ganz klar ist, wie Wilson und Wharton natürliche von sprachlichen prosodischen Signalen unterscheiden. Zum Beispiel gelten Wortakzent und „bestimmte grammatikalisierte Aspekte der Satzintonation" als sprachliche prosodische Signale; der Kontrastakzent in Beispiel (36) stellt aber nach Wilson und Wharton ein natürliches prosodisches Signal dar. Nach unserer Diskussion von Phänomenen wie Fokusakzent und Intonation scheint aber einiges dafür zu sprechen, dass es sich bei Kontrastakzent, Fokusakzent oder fallender Intonation auch um grammatische, d.h. im Sprachsystem verankerte („kodierte") Signale handelt, deren Einfluss auf die Bedeutung kontextabhängig variiert. Diese Kontextabhängigkeit könnte man dann so fassen, dass es sich um prozedurale Signale oder eben pragmatische Indikatoren handelt. Damit hat man aber noch nicht abschließend die Frage beantwortet, wie Kodierung und Inferenz im Bereich der prosodischen Auszeichnung von Äußerungen konkret zusammenwirken. Hier gibt es weiterhin Bedarf an empirischen (experimentellen) Untersuchungen.

prozedurale Signale

4.5. Pragmatik und Sprachwandel

Wir haben bisher gesehen, dass Pragmatik in vielfältiger Weise mit anderen Kerngebieten der Linguistik – Lexikon, Morphologie, Syntax, Semantik und Prosodie (als Teilgebiet der Phonologie) – interagiert. In Bezug auf diese Interaktionen kann man mit Meibauer/Steinbach (2007: 2) von „internen" Schnittstellen sprechen, weil es sich um Interaktionen zwischen Kerngebieten der Sprache handelt. In diesem Kapitel erweitern wir die Perspektive, indem wir uns die Interaktion von Pragmatik und Sprachwandel anschauen. Sprachwandel ist keine Komponente *neben* den oben genannten Gebieten, sondern betrifft, wie auch Spracherwerb, *alle* Kerngebiete der Sprache. Bei der Schnittstelle von Pragmatik und Sprachwandel kann man daher von einer „externen" Schnittstelle sprechen.

4.5.1. Arten von Sprachwandel

Unter Sprachwandel versteht man solche Prozesse, die zu einer diachronen Variation, d. h. einer Veränderung von Sprache in der Dimension der Zeit führen. Je nachdem, welches Kerngebiet von Sprachwandel betroffen ist, kann man genauer zwischen phonologischem Wandel, morphologischem Wandel, syntaktischem Wandel und semantischem Wandel unterscheiden.

phonologischer Wandel   Ein Beispiel für phonologischen Wandel oder Lautwandel ist der Wandel mittelhochdeutscher Monophtonge zu frühneuhochdeutschen Diphtongen wie in (1).

(1)   mhd. /hu:s/ (*hûs*) > fnhd. /haus/ (*haus*)

morphologischer und syntaktischer Wandel   Morphologischer und syntaktischer Wandel wird auch übergreifend als grammatischer Wandel bezeichnet und betrifft z. B. morphosyntaktische Veränderungen wie den Wegfall der Dativendung *-e* bei maskulinen und neutralen singularischen Nomen. Während man das Dativ-*e* z. B. bei Goethe noch findet, vgl. (2), würde es uns sehr merkwürdig vorkommen, wenn Anna heute zu Karl so etwas wie (3) sagen würde. Im heutigen Deutsch ist das Dativ-*e* nur noch in formelhaften Äußerungen zu finden (z. B. *im Grunde, bei Lichte betrachtet*).

(2)   die Vögelein schweigen im Walde (Goethe, „Wanderers Nachtlied")
(3)   [??]Ich war am Mittwoch im Walde joggen.

semantischer Wandel   Ein Beispiel für semantischen Wandel ist die Bedeutungsverallgemeinerung bei evaluativen Adjektiven: So haben Adjektive wie *hammer, sahne* oder *bombe* (die durch Konversion aus den entsprechenden Nomen entstanden sind) nur eine allgemein positiv bewertende bzw. emotionale Bedeutungskomponente, vgl. (4b), während die Ursprungsnomen sehr viel spezifischere Bedeutungen haben, vgl. (4a). Bei Bedeutungswandelprozessen spielen oft Metaphern eine wichtige Rolle, vgl. (4c).

(4)   a. *Bombe* ‚Sprengkörper'
      b. *Der Typ ist echt bombe* ‚Der Typ ist toll' (evaluative Bedeutung)
      c. *Der Typ ist echt bombe* ‚Der Typ hat auf mich eine Wirkung wie ein Sprengkörper' (metaphorische Bedeutung)

Grammatikalisierung   Als eine besondere Form von grammatischem Wandel lässt sich die Grammatikalisierung beschreiben. Darunter versteht man einen Sprachwandelprozess, bei dem eine lexikalische Einheit zu einem grammatischen Element wird. Ein Beispiel für das Deutsche ist die Entwicklung des mhd. Substantivs *wîle* (‚Zeit', ‚Weile') zu der Subjunktion *weil*.

Für die Forschung zur Schnittstelle zwischen Pragmatik und Sprachwandel sind Grammatikalisierungsphänomene aus zwei Gründen besonders interessant: Erstens deshalb, weil man zeigen kann, dass konversationelle Implikaturen Auslöser für solche Grammatikalisierungsprozesse sein können, dass also Sprachwandel durch pragmatische Prinzipien gesteuert sein kann. Mit Ariel (2010: 273) kann man die dahinter stehende Einsicht so formulieren, dass „yesterday's implicatures often turn into tomorrow's codes".

Zweitens kann man zeigen, dass Grammatikalisierung auch neue pragmatische, häufig interaktionsbezogene Elemente hervorbringt, z. B. Diskursmarker oder Höflichkeitsmarker. Wischer (2000) spricht hier von Grammatikalisierung auf der Text- bzw. Diskursebene. Daneben hat sich der Begriff der Pragmatikalisierung oder pragmatischen Stärkung (*pragmatic strengthening*) für solche Prozesse etabliert. Als Teilprozesse der Pragmatikalisierung lassen sich nach Traugott (2012) Subjektivierung und Intersubjektivierung auffassen, bei denen sich sprachliche Ausdrücke zu Markern von subjektiven Sprechereinstellungen bzw. zu Markern von bestimmten Sprecher-Hörer-Beziehungen wandeln.

Pragmatikalisierung

In diesem Kapitel werden wir beide Sichtweisen auf das Zusammenspiel von Pragmatik und Sprachwandel vorstellen.

4.5.2. *Pragmatische Prinzipien als Auslöser von Bedeutungswandel und Grammatikalisierung*

Bei Grice (1989: 39) findet sich ein kleiner Kommentar, der häufig folgendermaßen zitiert wird (z. B. Traugott 2004: 540, Traugott 2012: 550):

> „it may not be impossible for what starts life, so to speak, as a conversational implicature to become conventionalized" (Grice 1989: 39, zit. in Traugott 2004: 540).

Die Idee ist also, dass sich ein bestimmter Bedeutungsaspekt, der zunächst eine konversationelle Implikatur darstellt, im Verlauf der Sprachentwicklung zu einem konventionellen Bedeutungsaspekt eines sprachlichen Ausdrucks wandeln kann. Interessanterweise drückt sich Grice allerdings im Original etwas vorsichtiger aus. Das vollständige Zitat lautet nämlich:

> „Though it may not be impossible for what starts life, so to speak, as a conversational implicature to become conventionalized, to suppose that this is so in a given case would require special justification." (Grice 1989: 39)

Grice legt also Wert darauf, dass diese Annahme für jeden Einzelfall genau begründet werden sollte. Die Idee, dass konversationelle Implikaturen Auslöser für Sprachwandel sein können, ist schon früh, z. B. von Levinson (1983) und Horn (1984), aufgegriffen und sowohl auf Beispiele von semantischem Wandel als auch auf Fälle der Herausbildung grammatischer Konstruktionen aus ursprünglich lexikalischen Elementen angewandt worden.

Horn (1984) unterscheidet zwei Prinzipien, das Q-Prinzip („Mach deinen Beitrag ausreichend: Sag so viel du kannst, R vorausgesetzt") und das R-Prinzip („Mach deinen Beitrag notwendig: Sag nicht mehr als du musst, Q vorausgesetzt"). Diese Prinzipien wendet er auf Beispiele lexikalischen Wandels wie (5)–(6) an.

Q-Prinzip und R-Prinzip

(5) *riechen* ‚stinken'
(6) *Frau* ‚Ehefrau'

Bedeutungs-
verengung

In (5) und (6) liegen Bedeutungsverengungen (*narrowings*) vor. Während *riechen* zunächst die unspezifische Bedeutung ‚einen Geruch verbreiten' hat (neben der Bedeutung ‚einen Geruch wahrnehmen', von der wir absehen), wird es häufig auch in spezifischer, verengter Bedeutung ‚einen schlechten Geruch verbreiten', ‚stinken' verwendet. *Frau* hat neben der allgemeinen Bedeutung ‚erwachsener weiblicher Mensch' auch die spezifischere Bedeutung ‚Ehefrau'. In (5) und (6) wird die Bedeutung des verwendeten allgemeinen Ausdrucks so spezialisiert, dass man darunter das salienteste (am leichtesten zugängliche, stereotypische) Exemplar seiner Klasse verstehen kann. Dahinter steht das R-Prinzip: Der Sprecher sagt nur das Nötigste und überlässt der Hörerin die Spezialisierung entlang ihres Wissens über stereotypische Bedeutungen. Bei (6) spricht Horn auch von Autohyponymen: Mit *Frau* kann ein Sprecher sowohl auf das Hyperonym (den Oberbegriff) zu Begriffen wie *Ehefrau*, *Tante* oder *Witwe* referieren als auch auf eines seiner Hyponyme (Unterbegriffe), nämlich *Ehefrau*, wenn das im Kontext salient ist.

Andere Fälle von Bedeutungsverengung, die ebenfalls zu Autohyponymie führen, erklärt Horn dagegen über das Q-Prinzip. Das kann man sich an Beispielen wie (7) klar machen.

(7)   Das ist kein Rechteck, sondern ein Quadrat.

In (7) wird *Rechteck* als ein spezialisierter Unterbegriff einer Klasse geometrischer Figuren verwendet, der *Quadrat* ausschließt. Tatsächlich sind aber alle Quadrate auch Rechtecke (= rechtwinklige Vierecke). Die Idee ist, dass wir eine Opposition von zwei Termen haben: *Quadrat* und *Rechteck*, von denen der eine (*Quadrat*) informativer ist als der andere (*Rechteck*). Wählt eine Sprecherin den weniger informativen Term (*Rechteck*), kann der Hörer via Q-Prinzip inferieren, dass die Sprecherin auch genau *Rechteck* (im Sinne von ‚ungleichseitiges rechtwinkliges Viereck') gemeint hat, und nicht mehr. Q-basierte Bedeutungsverengungen entstehen meist dann, wenn ein bestimmter spezialisierter Unterbegriff zu einem Oberbegriff fehlt. In solchen Fällen lexikalischer Lücken kann dann der Oberbegriff selbst als spezialisierter Unterbegriff verwendet werden.

Bedeutungs-
erweiterung

Bedeutungserweiterungen (*broadenings*) wie in (8) und (9) leitet Horn immer aus dem R-Prinzip ab. Auch Bedeutungserweiterungen können zu Autohyponymen führen.

(8)   *Tempo* ‚Taschentuch'
(9)   *Tier* ‚wild lebendes Tier' > ‚Klasse der Tiere'

Dabei werden Bezeichnungen für Exemplare einer Klasse als Bezeichnungen für die Klasse selbst verwendet. Die Sprecherin wählt ein besonders salientes oder stereotypisches Exemplar und verlässt sich darauf, dass der Hörer die notwendige Generalisierung vornehmen kann. Fragt Annika Tommy nach einem Tempo, dann wird Tommy dies normalerweise so verstehen, dass Annika auch mit einem Ja!-Taschentuch zufrieden wäre.

Polysemie und se-
mantischer Wandel

Die Anwendung von Q- und R-Prinzip führt synchron (zu einem bestimmten Zeitpunkt) zunächst einmal zu Polysemie, also Mehrdeutigkeit, von Ausdrücken. Das sieht man in (8). *Tempo* hat ja synchron zwei Bedeutungen (1. ‚Taschentuch', 2. ‚Taschentuch der Marke Tempo'). Diachron (über die Zeit hinweg) lässt sich so aber auch semantischer Wandel erklären. Ein solcher Wandel hat in (9) stattgefunden. *Tier* hat heute nur noch die allgemeine Bedeutung. Polysemie kann man als notwendiges Zwischenstadium des semantischen Wandels betrachten. Dies ist schematisch in Abb. 5 dargestellt.

Stage 1	*Stage 2*	*Stage 3*	*Stage 4*
p	p (+ > q)	p, q	q
(ursprüngliche Bedeutung)	(mögliche Implikatur)	(Polysemie)	(neue Bedeutung)

Abb. 5: Stufen des semantischen Wandels, vereinfacht nach Enfield (2003)

Die Annahme dabei ist, dass bestimmte Bedeutungsaspekte, die zunächst individuell in bestimmten Kontexten induziert werden, durch häufige Verwendung in solchen Kontexten von der Sprachgemeinschaft akzeptiert werden, wobei schließlich keine spezifischen Kontexte mehr notwendig sind, um diese Interpretationen auszulösen, sondern der Bedeutungsaspekt vollständig in die Semantik des Ausdrucks eingeschrieben ist. Diesen Prozess beschreibt Traugott (2004) auch als Semantisierung. Um solche Prozesse historisch nachzuweisen, ist es natürlich von besonderer Bedeutung, dass man auf Texte früherer Sprachstufen zugreifen kann und diese systematisch auf Verwendungskontexte bestimmter sprachlicher Einheiten hin untersucht. Dies ist ein wichtiges Untersuchungsfeld der historischen Pragmatik (vgl. Jucker/Taavitsainen (Eds.) 2010).

Heine (2002) systematisiert dieses Szenario anhand von drei Typen von Kontexten: In einer initialen Phase wird ein sprachlicher Ausdruck in unbegrenzten Kontexten in seiner ursprünglichen Bedeutung verwendet. In Brückenkontexten (*bridging contexts*) werden Inferenzen begünstigt, so dass eine neue Bedeutung möglich wird, ohne dass die alte Bedeutung verschwindet oder neutralisiert wird. In Änderungskontexten (*switch contexts*) wird die neue Bedeutung festgelegt, so dass sie die einzige mögliche plausible Interpretation bietet. Schließlich findet eine Konventionalisierung statt, wobei sich die neue Bedeutung durch häufigen Gebrauch auf andere Kontexte ausbreitet. Sie ist dann nicht mehr an Inferenzen in bestimmten Kontexten gebunden. *(Typen von Kontexten)*

Auch Levinson (2000) leitet aus seiner Q-, I- und M-Heuristik Motivationen für bestimmte Sprachwandelprozesse ab. Die Idee, dass Implikaturen eine entscheidende Rolle als Auslöser von Sprachwandelprozessen zukommt, ist schon in Levinson (1983: 166) formuliert: *(Q-, I- und M-Prinzip)*

„In any case it is clear that implicature plays a major role in language change, triggering both syntactic and semantic changes. Indeed it seems to be one of the single most important mechanisms whereby matters of language usage feed back into and affect matters of language structure. It is thus a major route for functional pressures to leave their imprint on the structure of a language."

Während Horn (1984) sich v.a. auf Phänomene lexikalischen bzw. semantischen Wandels konzentriert, bezieht Levinson auch genuine Grammatikalisierungsfälle ein, also Fälle, bei denen lexikalische Elemente zu grammatischen Elementen werden. Levinson (2000: 340–343) nennt das Beispiel des englischen Reflexivmarkers -*self*, der sich aus einem ursprünglich emphatisch gebrauchten Adjektiv (*selfne*), das ein einfaches Pronomen (z. B. *hine*) verstärken konnte (altengl. z. B. *daet he oft wið hine selfne spraec* ,dass er (Moses) oft mit ihm selbst (Gott) sprach'), hin zu einem obligatorischen Reflexivpronomen (*hine selfne > himself*) entwickelt hat. Levinsons Idee ist, dass *hine selfne* aufgrund seiner größeren Markiertheit (verglichen mit dem einfachen Pronomen *hine*) dazu verwendet werden konnte, anzuzeigen, dass das Verb „markierterweise" eine Handlung bezeichnet, die sich auf den Sprecher selbst richtet (während mit dem einfachen Pronomen die „normale" partnerbezogene Handlung bezeichnet wird). Die unmarkierte Variante wäre also zu einem bestimmten Zeitpunkt der Sprachentwicklung He_i *washed him*$_i$ gewesen, die markierte Variante He_i *washed himself*$_i$. Diese M-Implikatur können wir als Auslöser für die neue obligatorisch reflexive Bedeutung von *(him-)self* betrachten (*He_i *washed him*$_i$ ist im modernen Englisch ungrammatisch, reflexive Bedeutung hat nur He_i *washed himself*$_i$).

Beispiel *weil*   Ein deutsches Beispiel ist die oben bereits erwähnte Entwicklung des mhd. Substantivs *wîle* ,Zeit, Weile'. Dieses Substantiv hat sich vom Gebrauch als temporale Adverbialbestimmung in (10) über den Gebrauch als temporale Subjunktion in (11a) (diese Bedeutung hat noch in *alldieweil* überlebt) hin zur kausalen Subjunktion in (11b) entwickelt, die den heutigen Gebrauch von *weil* repräsentiert (Beispiele aus Szepaniak 2009: 171).

(10)   Die wîle sult ir gân in iuwer herberge (Nibelungenlied, 1450)
       ,In dieser Zeit sollt ihr in eure Herberge gehen'

(11)   Aber sie wolt in nit ein lassen die weil der ritter bei ir was (Bonner Frühneuhochdeutschkorpus, 1486)
       a. ,Aber sie wollte ihn nicht hineinlassen, während der Ritter bei ihr war'
       b. +> ,Aber sie wollte ihn nicht hineinlassen, weil der Ritter bei ihr war'

Den Schritt von (11a) zu (11b) kann man als I-Implikatur verstehen, bei der eine temporale Relation stereotypisch zu einer kausalen Bedeutung angereichert wird. Dass Sprecher solche Anreicherungen häufig vornehmen, sieht man auch an Beispielen wie (12), wo es nahe liegt, die durch *danach* ausgedrückte temporale Beziehung (12a) kausal zu interpretieren (12b).

(12)   Karl hat einen Fehler gemacht. Danach wurde er von Anna gefeuert.
       a. ,zu einem späteren Zeitpunkt'
       b. ,als Folge daraus'

komplexe Präpositionen   Meibauer (1995) zeigt, dass man auch die Entstehung komplexer Präpositionen wie *am Rand(e)*, *im Vorfeld* oder *im Gefolge* über Implikaturen ableiten kann.

(13)   Am Rande des Beckens fand eine Party statt.
(14)   Am Rande der Konferenz fand eine Party statt.

Am Rand(e) ist zunächst eine Präpositionalphrase mit lokaler Bedeutung des Nomens, wie sie etwa in (13) realisiert ist. In Verwendungen wie (14) erhält man neben der lokalen Bedeutung optional auch eine temporale Bedeutung, wobei die Präpositionalphrase dann wie eine komplexe Präposition mit der Bedeutung ‚während' aufgefasst wird. Das hat damit zu tun, dass Nomen wie *Konferenz* polysem sind, also sowohl eine lokale (‚Ort') als auch eine temporale (‚Ereignis') Lesart zulassen.

Als Auslöser für den Grammatikalisierungsprozess, bei dem sich *am Rand(e)* zu einer komplexen temporalen Präposition entwickelt, kann man eine Implikatur ansetzen, die in einem „Brückenkontext" wie (14) entsteht, etwa aus einer scheinbaren Missachtung der Maxime der Qualität, und die zunächst individuell vom Hörer erschlossen wird. Durch zunehmenden Gebrauch kann diese Implikatur konventionalisiert werden. Der Schlussprozess lässt sich wie in (15) rekonstruieren:

(15) 1. S hat anscheinend gegen die (erste Unter-)Maxime der Qualität (*Do not say what you believe to be false*) verstoßen, denn neben (an der seitlichen Begrenzung) der Konferenz (verstanden im Sinne des LOKALITÄTS-Konzepts) hat keine Party stattgefunden.
2. Ich weiß, dass Dinge, die benachbart sind, im selben Zeitraum existieren.
3. Daher muss S gemeint haben, dass eine Party zeitgleich mit der Konferenz stattgefunden hat.
(Meibauer 1995: 61)

Meibauer zeigt aber auch, dass damit der Sprachwandelprozess nicht abgeschlossen ist. Vielmehr können zu der neuen konventionellen Bedeutung von *am Rande* ‚während' wiederum bestimmte Implikaturen hinzutreten, insbesondere die Implikatur der Konnektivität und der untergeordneten Wichtigkeit. Dies zeigt sich im Kontrast von Äußerungen wie (16a/b) und (17a/b).

(16) Der Parteitag der FDP tagte gestern in Koblenz.
a. Während der Konferenz wurde ein Mann erschossen.
b. Am Rande der Konferenz wurde ein Mann erschossen.
(17) Der Parteitag der FDP tagte gestern in Koblenz.
a. Während der Konferenz kam es zu Auseinandersetzungen.
b. Am Rande der Konferenz kam es zu Auseinandersetzungen.

(16b) wird so aufgefasst, dass der Mord etwas mit der Konferenz zu tun hat, (16a) ist neutral in dieser Hinsicht. Dies lässt sich nach Meibauer als *konventionelle* Implikatur auffassen, die nicht streichbar ist. (17b) wird so interpretiert, dass die Auseinandersetzungen von untergeordneter Wichtigkeit für die Konferenz waren, (17a) ist neutral in dieser Hinsicht. Da dieser Aspekt streichbar ist, lässt er sich als *konversationelle* Implikatur auffassen. Dass *am Rand(e)* mit solchen zusätzlichen Implikaturen verknüpft sein kann, erklärt, warum Sprecher überhaupt *am Rand(e)* statt *während* wählen sollten.

Levinson (1995) stellt auf Basis der Griceschen Unterscheidung zwischen PCI und GCI aber noch weitergehende Hypothesen zum Sprachwandel auf. Die Idee ist, dass es möglich ist, eine diachrone Abfolge von PCI über GCI hin zu konventionellen Implikaturen bzw. zu konventioneller semantischer Bedeutung anzunehmen. Diese Idee wurde später von Traugott/Dasher (2002) aufgenommen und lässt sich wie in (18) schematisch darstellen (>steht für „kann sich entwickeln zu", SM steht für ‚semanticised meaning'):

diachrone Hypothese

(18)   PCI > GCI > SM

In diesem Sinn wäre die Entwicklung von *selfne* zu *(him)self* oder von *am Rand(e)* ‚Lokalisierung' zu *am Rand(e)* ‚komplexe temporale Präposition' zuerst, im „Brückenkontext", eine partikularisierte konversationelle Implikatur, die anfangs nur in einer sehr geringen Anzahl von Belegen, vielleicht nur bei einem Autor nachweisbar ist. Mit der Zeit würden sich diese Verwendungen über verschiedene Texttypen bzw. bei verschiedenen Autoren ausbreiten und so zu einer präferierten Interpretation im Sinne einer generalisierten konversationellen Implikatur werden. Als Resultat steht schließlich die Semantisierung, d. h. die Kodierung als Bedeutungsmerkmal.

Eine solche Annahme ist einerseits verlockend, weil sie gut mit den Eigenschaften von PCIs und GCIs übereinstimmt – etwa, dass PCIs sehr stark kontextabhängig und nicht mit bestimmten sprachlichen Ausdrücken assoziiert sind, während GCIs weniger stark kontextabhängig und relativ stabil mit bestimmten sprachlichen Ausdrücken assoziiert sind –, andererseits scheint sie aber zu grob, um der Komplexität sprachlichen Wandels gerecht zu werden.

Grammatikalisierungsrichtung Zum Beispiel erklärt diese Annahme nicht die oft vertretene Ansicht, dass Grammatikalisierung unidirektional ist, also immer nur in eine bestimmte Richtung – von lexikalisch zu grammatisch, von referentiell zu sprechaktbezogen – wirkt. (Diese Annahme ist allerdings umstritten; z. B. gibt es in der Wortbildung sowohl die Entwicklung lexikalisch > grammatisch, wie beim heutigen Suffix *-schaft*, als auch die Entwicklung grammatisch > lexikalisch, wie beim heute frei vorkommenden Morphem *zig*.) Hansen/Waltereit (2006) ziehen neben der Abfolge (18) auch andere Abfolgen, wie etwa PCI > SM oder auch PCI > GCI, in Betracht. Man kann auch fragen, warum sich GCIs überhaupt zu SM entwickeln sollten, wenn sie doch ohnehin schon stark generalisiert sind und standardmäßig abgeleitet werden.

4.5.3. Entstehung neuer pragmatischer Einheiten: Pragmatikalisierung

Bisher haben wir Sprachwandelprozesse betrachtet, als deren Auslöser pragmatische Prozesse, z. B. Implikaturen, gelten können. Eine andere Art der Interaktion von Sprachwandel und Pragmatik liegt bei der Pragmatikalisierung vor. Dabei handelt es sich um einen Sprachwandelprozess, dessen Resultat neue pragmatische Einheiten sind. Dieser Wandel, die „pragmatische Stärkung", kommt durch einen veränderten Gebrauch grammatischer Einheiten in der Interaktion zustande.

Diskursmarker Pragmatikalisierungsprozesse werden in der Forschung insbesondere mit Bezug auf die Entstehung von Diskursmarkern diskutiert. Diskursmarker sind optionale sprachliche Einheiten, die v.a. in der gesprochenen Sprache vorkommen, meist prosodisch eigenständig sind und syntaktische Randpositionen einnehmen, d. h. selbständigen Syntagmen vor- oder nachgestellt sind. Sie können unterschiedliche diskursbezogene Funktionen erfüllen, z. B. im Bereich der Gesprächsgliederung, der Verständnissicherung, der Verknüpfung von Äußerungen oder des Markierens von Sprecher-Hörer-Beziehungen und sprecherbezogenen Einstellungen. Schwitalla (2012: 157) nennt als Beispiele für Diskursmarker u.a. *glaub ich, also, na gut, jedenfalls, na ja, obwohl, gut.*

Die Annahme, dass sich viele Diskursmarker aus grammatischen Einheiten entwickelt haben, erklärt, warum Diskursmarker oft Homophone in anderen Wortkategorien haben. So lassen sich z. B. die Subjunktion *weil*, die Konjunktion *oder* und das Adverb *jedenfalls* je nach Verwendungskontext als Diskursmarker klassifizieren. Diese kategoriale Ambiguität lässt sich diachron als Zwischenstufe in einem Sprachwandelprozess betrachten, ähnlich wie wir es oben bei der Polysemie lexikalischer Ausdrücke gesehen haben.

Auer/Günthner (2003) zeichnen die Entwicklung einer Auswahl von Diskursmarkern aus anderen grammatischen Kategorien nach. Im Bereich der vorangestellten Diskursmarker ist z. B. die Entwicklung der Subjunktion *weil* sehr interessant. Oben hatten wir ja gesehen, dass die Subjunktion *weil* in einem Grammatikalisierungsprozess aus dem mhd. Substantiv *die wîle* entstanden ist, wie in (19a) gezeigt. (19b) zeigt die heutige Verwendung von *weil* als kausale Subjunktion.

Beispiel *weil*

(19) a. *(die) wîle* > *weil* (temporale Subjunktion) > *weil* (kausale Subjunktion)
b. Die Wasserrohre sind geplatzt, weil es Frost gegeben hat.

Dabei ist die Entwicklung aber nicht stehengeblieben. Vielmehr kann *weil* v.a. im gesprochenen Deutsch auch mit V2-Stellung verwendet werden, also ähnlich einer Konjunktion.

(20) Die Wasserrohre sind geplatzt, weil es hat Frost gegeben.

Die Bedeutung von *weil* in (20) ist im Prinzip dieselbe wie die in (19b). Es wird ausgedrückt, dass der Frost die Ursache für das Platzen der Wasserrohre war. Dies lässt sich als propositionale Bedeutung von *weil* beschreiben: *Weil* stellt hier eine Relation zwischen zwei Propositionen (dem Frostereignis und dem Platzereignis) her. *Weil* mit V2–Stellung kann aber auch mit epistemischer Bedeutung verwendet werden. Dabei begründet der *weil*-Satz keine Proposition, sondern eine Wissenseinstellung des Sprechers, wie in (21).

(21) Es hat Frost gegeben, weil die Wasserrohre sind geplatzt.

Der Sprecher von (21) drückt nicht aus, dass das Platzen der Wasserrohre die Ursache für den Frost war. Vielmehr ist gemeint, dass das Platzen der Wasserrohre dem Sprecher Grund zur Annahme gibt, dass es Frost gegeben hat. Nach Auer/Günther (2003: 340) handelt es sich bei dieser Verwendung von *weil* um die Verwendung als Diskursmarker, da eine bestimmte sprecherbezogene Einstellung markiert wird. Neben der Markierung epistemischer Einstellungen wie in (21) kann *weil* als Diskursmarker aber auch andere diskursbezogene Funktionen haben, z. B. als Fortsetzungssignal, vgl. (22).

(22) [Kontext: Andi argumentiert, dass die Prüfungstermine immer sehr spät bekannt gegeben werden, und dass sich hier trotz Beschwerden noch nicht viel getan habe.]
01 bisher isch ja (.) des isch alles immer schön im sand verlaufen;=
02 =und den profs wars eigentlich im grund gnommen au scheißegal;
03 =weil phh (-) ja;
04 also (.) des geht denen halt au am arsch vorbei.
(Auer/Günthner 2003: 340)

(Eine Legende zu den in (22) und (24) verwendeten Transkriptionszeichen findet sich auf Seite 112.)

Dadurch, dass *weil* in (22) bei den Hörern die Erwartung erzeugt, dass noch eine Begründung folgt, verhindert der Sprecher, dass an dieser Stelle jemand anders das Wort ergreift. (Die Hörer werden hier allerdings in ihrer Erwartung etwas enttäuscht, denn Z. 04 reformuliert lediglich Z. 02.)

Insgesamt ist die weitere Entwicklung von *weil* (Subjunktion > Diskursmarker) damit ein Beispiel für die „pragmatische Stärkung" einer Kategorie, die ursprünglich eine grammatische Bedeutung als unterordnendes Einleitungselement hatte, in der Diskursmarker-Verwendung aber Funktionen auf der Sprecherebene (epistemische Bedeutung) bzw. der Gesprächssteuerungsebene (Fortsetzungssignal) einnimmt. Ganz ähnliche Entwicklungen lassen sich auch für die Subjunktion *obwohl* und das Relativadverb *wobei* nachweisen.

Beispiel *ich mein*   Ein anderes Beispiel für die Herausbildung eines Diskursmarkers gibt Imo (2007) mit *ich mein(e)*. Dabei ist die Ausgangskategorie keine Subjunktion bzw. Konjunktion, sondern ein Matrixsatz aus einem Pronomen der 1. Ps. Sg. und der entsprechenden finiten Form von *meinen*. *Meinen* gehört – wie auch *sagen, glauben* u. a. – zu den Verben, die einen abhängigen Satz mit VL- (23a) oder V2-Stellung (23b) einbetten können.

(23)   a. Ich meine, dass wir ihr noch eine Chance geben sollten.
         b. Ich meine, wir sollten ihr noch eine Chance geben.

(23a) und (23b) können als gleichbedeutend betrachtet werden, denn die Sätze sind ohne Bedeutungsveränderung gegeneinander austauschbar. *Meinen* hat in beiden Sätzen seine volle semantische Bedeutung (in etwa ‚der Meinung sein'). Ein Unterschied besteht darin, dass (23a) eher schriftlich und (23b) eher mündlich realisiert zu werden scheint. *Ich mein* hat aber auch noch eine weitere Verwendung, vgl. (24).

(24)   [Kontext: Seelsorgegespräch, Thema: Beziehung zwischen der Anruferin und ihrer Mutter]

```
01    P:   weil des nich (.) AUFgeräumt worden is sozuSAgen […] zu DER Zeit wo die
02         Mutter noch geLEBT hat;
03         […]
04    A:   [ja ich mein ich SAG] jetzt etwas was ich jetzt –
05         vielLEICHT – (.)
06         ähm SAG ich jetzt etwas.
07         .h ich hab meine mutter ERgendwie –
08         << mit brechender Stimme > .h ich HATte keine besonders
09         khu –>
10         [(i mein)] ich will auch net sagen eine
11    P:   [ja Eben]
12         besonders SCHL[ECHt]e beziehung zu ihr
13    P:   [ja]
14    A:   .h aber auch keine besonders [GU]te
```
         (Günthner/Imo 2003: 10)

In (24) verwendet die Anruferin zweimal *ich mein* (Z. 04 und Z. 10). Aufgrund der syntaktischen Struktur der auf *ich mein* folgenden Sätze könnte man annehmen, dass es sich um den Fall handelt, wo *ich mein* einen V2-Satz einbettet, wie (23b). *Ich mein* in (24) hat aber eine andere pragmatische Bedeutung als in (23b). Zum einen kann der vermeintlich eingebettete Satz nicht gegen einen *dass*-Satz ausgetauscht werden: *Ich mein, dass ich jetzt vielleicht etwas sage* bzw. *ich mein, dass ich auch nicht sagen will* treffen nicht das, was die Sprecherin hier ausdrücken will. Zum anderen hat das Verb hier auch nicht die Bedeutung ‚der Meinung sein‘, sondern ist semantisch „verblasst". Das erste Vorkommen von *ich mein* hat hier die Funktion, einen Redezug der Anruferin einzuleiten und eine Pointe des Gesprächs anzukündigen, das zweite Vorkommen steht im Zusammenhang mit einer Selbstkorrektur. Schließlich kann hier von einer semantischen Abhängigkeit des Folgesatzes, wie sie in (23) vorliegt, nicht die Rede sein: Vielmehr ist das, was im Folgesyntagma ausgedrückt wird, das eigentlich Relevante, der Matrixsatz *ich mein* hat auf der propositionalen Ebene kaum noch eine Funktion. Das kann man auch daran sehen, dass *ich mein* in (24) an beiden Stellen weglassbar wäre, ohne dass dabei wesentliche Information verlorenginge. Die Entwicklung von *ich mein* illustriert damit die Pragmatikalisierung eines zunächst kompositionell aufgebauten Syntagmas (*ich meine (dass) X*) hin zu einem formelhaften Element, das primär Funktionen auf der pragmatischen Ebene erfüllt.

Bei der Diskussion von Entwicklungen wie der von *weil* (Subjunktion mit VL-Stellung > Konjunktion mit V2-Stellung > Diskursmarker) entsteht oft der Eindruck, es handle sich dabei um ein völlig neues Phänomen. Tatsächlich gibt es aber noch viel zu wenig empirische Untersuchungen zur historischen Entwicklung der V2-Stellung nach bestimmten Subjunktionen. Imo (2010) weist darauf hin, dass Phänomene wie die Verwendung von *ich mein* als Diskursmarker mindestens seit dem 19. Jh. nachweisbar sind, aber von Grammatiken lange nicht erkannt wurden.

historische Entwicklung

4.5.4. Pragmatikalisierung oder Grammatikalisierung?

Der Prozess der Pragmatikalisierung ist in der Forschung umstritten. Manche sehen Pragmatikalisierung als besonderen Typ von Grammatikalisierung, andere als einen von der Grammatikalisierung zu unterscheidenden Sprachwandelprozess. Wofür man argumentiert, hängt stark davon ab, welchen Grammatikbegriff (und welchen Pragmatikbegriff) man ansetzt.

Auer/Günthner (2003: 349) beschreiben z. B. Entwicklungen wie die von *ich mein* zum Diskursmarker als Prozesse der Pragmatikalisierung, da die „pragmatische Funktionalität dieser Elemente […] reicher" wird. Dagegen wollen sie Entwicklungen wie die von *(ich) glaub* in Äußerungen wie *das hab ich auch glaub zwei jahre im sommer nur angehabt* (Auer/Günthner 2003: 344) nicht als Prozess der Pragmatikalisierung fassen, da hierbei kein Diskursmarker entstehe. Die Frage ist, was hierbei entsteht: Auer/Günthner schlagen vor, dass sich *glaub* zur Modalpartikel wandelt. Dies kann man aber bezweifeln (denken Sie darüber weiter in Aufgabe 4 nach!). Falls es doch eine Modalpartikel sein sollte, dann würde es sich dabei aber um eine ebenso zentrale pragmatische Kategorie wie die des Diskursmarkers handeln, und es wäre nicht klar, wieso der Prozess dann nicht unter Pragmatikalisierung fallen sollte.

Beispiel glaub

Ariel (2010: 95–96) kritisiert, dass Vertreter von Pragmatikalisierungsansätzen von einem Pragmatikbegriff ausgehen, der sich einfach an den Gegenständen orientiert, die traditionell zur Pragmatik gezählt werden. Da Diskursmarker als pragmatische Kategorie gelten, liegt es z. B. nahe, die Entwicklung von *ich mein* zu einem Diskursmarker als Pragmatikalisierung zu beschreiben. Betrachtet man aber nur den Prozess als solchen, dann entwickelt sich hier ein lexikalisches Element zu einem Element mit prozeduraler Bedeutung, und man sollte nach Ariel eher von Grammatikalisierung sprechen.

 ## Aufgaben

4.1 Pragmatik und Lexikon

1. Zeigen Sie anhand von Beispielen, mit welchen verschiedenen Objekt-NPs das Verb *putzen* kombiniert werden kann, und welche verschiedenen Bedeutungen dadurch ausgedrückt werden.
2. Erläutern Sie, inwiefern (a)–(c) Beispiele für Bedeutungsverengungen sein könnten. Wie werden die Äußerungen verstanden? (a) *Mein Freund holt mich ab.* (b) *Trink nicht soviel!* (c) *Wenn du dir in London ein Haus kaufen willst, brauchst du Geld.*
3. Analysieren Sie die Wortbildungsstruktur bei den Ad-hoc-Bildungen *Verborisbeckerisierung* (Zeit online, 18.7.2013) und *Mcdonaldisierung* (Der Spiegel, 14.1.2013) mit Hilfe von Fleischer/Barz (2012). Verhalten diese sich semantisch eher wie der Typ (a) *Mumifizierung, Personifizierung* oder wie der Typ (b) *Kasernierung, Magazinierung*? Worin liegt ihre Besonderheit gegenüber den Bildungen vom Typ (a) oder (b)? Welches Wissen ist notwendig, um die Bildungen zu verstehen? Halten Sie eine Lexikalisierung dieser Bildungen für wahrscheinlich? Begründen Sie!
4. Informieren Sie sich in Meibauer (2007c) über Phrasenkomposita und Möglichkeiten, diese pragmatisch über eine Interaktion von Q- und I-Prinzip zu motivieren.

4.2 Pragmatik und Syntax

1. Zeigen Sie, dass man mit Verbpaaren wie *kaufen-verkaufen* ähnliche Effekte erzielen kann wie mit der Aktiv-Passiv-Alternative. Finden Sie weitere Beispiele für solche Verbpaare.
2. Beschreiben Sie den Unterschied zwischen (a) und (b). Wie ist jeweils der *wenn*-Satz zu interpretieren? (a) *Wenn Anna anruft, bin ich im Café Einstein.* (b) *Wenn Anna anruft, ich bin im Café Einstein.*
3. Liegen hier Ellipsen vor? Begründen Sie. (a) *Treffen sich ein Amerikaner und ein Russe. Sagt der Amerikaner: …* (b) *Treffe mich noch mit einem Amerikaner. Komme erst später.*
4. Suchen Sie in einer Tageszeitung Sätze heraus, in denen Konstituenten Satztopik sind, die nicht das Subjekt bilden. Bestimmen Sie die syntaktische Funktion dieser Konstituenten und ihre topologische Position.
5. Um welchen Satztyp handelt es sich, und welcher Sprechakt wird vollzogen? (a) *Sie reisen morgen ab?* (b) *Wissen Sie, wie spät es ist?* (c) *Haben Sie mal Feuer?* (d) *Wer unter uns ist ohne Schuld?* (e) *Ob Karl wohl bald kommt?* (f) *Hi Brenda, how are you doing?*

4.3 Pragmatik und Semantik

1. Zeigen Sie an geeigneten Beispielen, dass die Dichotomie ‚konventionell=semantisch' vs. ‚inferiert=pragmatisch' (vgl. Tab. 3) so nicht haltbar ist, sondern differenziert werden muss. (Wo gibt es Konventionalisierung im Bereich „pragmatischer" Bedeutung? Wo gibt es Inferenzen im Bereich „semantischer" (z. B. Wort-)Bedeutung?).

2. Die Propositionen der folgenden Äußerungen sind unvollständig. In welcher Art müssen Hörer sie ergänzen, um zur vollständigen Proposition zu gelangen? (a) *Karl hat heute zum Frühstück ein Ei gegessen.* (b) *Die Wassermelone ist rot.* (c) *Super E10 ist besser.* (d) *Anna überraschte den Mann im Schlafanzug.* (e) *Ich liebe es.* (f) *Frau Settergren hat zwei Kinder.*

3. Geben Sie für (a) und (b) je eine Analyse (i) im Stil von Grice, (ii) im Stil der Relevanztheorie und (iii) im Stil von Levinson. Welche unterschiedlichen Sichtweisen auf die Semantik/Pragmatik-Schnittstelle zeigen sich in den unterschiedlichen Analysen? (a) *Anna ist eine Schlange.* (b) *Anna ging auf eine Party und trank ein Bier.*

4. Borg (2012: 527) macht auf Beispiele wie (a)–(c) aufmerksam, um zu zeigen, dass man die Annahme, die Semantik könne keine vollständigen Propositionen liefern, sehr gut begründen muss. (a) **Karl vertilgt.* (b) **Bereit zur Abfahrt.* (c) *Karl ist bereit.* Was könnte Borgs Argument sein? Denken Sie dazu über den Unterschied zwischen Inakzeptabilität und Unvollständigkeit nach.

4.4 Pragmatik und Prosodie

1. Sprechen Sie folgende Äußerung laut mit verschiedenen Phrasierungen: *Anna das Kind spuckt und die Mutter trinkt Wasser.* Welche Phrasierungsmöglichkeiten gibt es, und welche Bedeutungsunterschiede ergeben sich?

2. Überlegen Sie, auf welchem Wort in Tommys Äußerung der Fokusakzent liegt. Erläutern Sie dann unter Bezugnahme auf relevante Alternativenmengen, wie der Witz zustande kommt:
   Und nun gingen sie durch die verfallene Gartentür der Villa Kunterbunt den Kiesweg entlang […] und hinauf zur Villa und auf die Veranda. Da stand das Pferd und fraß Hafer aus einer Suppenschüssel. „Warum in aller Welt steht dein Pferd auf der Veranda?", fragte Tommy. […] „Tja", sagte Pippi nachdenklich, „in der Küche würde es nur im Weg stehen. Und im Salon gefällt es ihm nicht." (nach Astrid Lindgren: Pippi Langstrumpf. Hamburg: Oetinger 1987, S. 18)

3. Welche Möglichkeiten gibt es in der geschriebenen Sprache, um fokussierte Elemente auszuzeichnen? Denken Sie an „konventionelle" Mittel, aber auch Mittel der Internetkommunikation.

4. Zeigen Sie an dem Satz (a) die möglichen Fokus-Hintergrund-Gliederungen, indem Sie passende Vorgängersätze konstruieren, die den Fokus „kontrollieren". (a) *Pippi hat Tante Prusseliese einen Eimer Farbe verpasst.*

4.5 Pragmatik und Sprachwandel

1. Finden Sie weitere Beispiele für die Erweiterung von Produktnamen zu Gattungsnamen.

2. Überlegen Sie, welche (je zwei) Bedeutungen folgende Wörter haben können: *Katze, schmecken, laufen, Schüler* und analysieren Sie den Bedeutungswandel von Bedeutung a) zu Bedeutung b) im Stil von Horn unter Bezugnahme auf das Q- bzw. das R-Prinzip.

3. Welche Kriterien sprechen dafür, *verstohsch* und *woisch* im Gespräch unten als Diskursmarker zu behandeln? Versuchen Sie, die Entwicklung dieser Diskursmarker zu rekonstruieren.

Didi: der isch TOP in ordnung *verstohsch,*
mit dem kannsch e FESCHT ham;
bloß d=MUTter die hat e=wenig en SCHUSS in der kapsel;
(so).
[( )] *woisch*
Otto: [ha] desch ja GUT.
(Auer/Günthner 2003: 348)

4. Informieren Sie sich über Kriterien für Diskursmarker und für Modalpartikeln. Diskutieren Sie vor diesem Hintergrund, ob es sich bei *glaub* im Textauszug unten (Gespräch über ein Kleidungsstück) um einen Diskursmarker, eine Modalpartikel oder etwas anderes (was?) handelt.

Adr: das hab ich auch schon richtig lange (0.5)
–> «gähnend > hab > ich auch *glaub* zwei jahre im sommer nur
angehabt h.
Joa: das ist echt total schön
(Auer/Günthner 2003: 344)

 Lektüre zur Vertiefung

Zur lexikalischen Pragmatik gibt es Überblicksartikel von Blutner (2004), Huang (2009) und Allan (2012). Zur Morphopragmatik vgl. Meibauer (2014a). Wortbildungsprozesse im Deutschen beschreiben Fleischer/Barz (2012).
Zur Syntax/Pragmatik-Interaktion gibt Green (2004) einen Überblick. Eine Einführung in die Informationsstruktur ist Musan (2010). Meibauer/Steinbach/Altmann (Hgg.) (2013) versammeln kompakte Überblicksartikel zu den Satztypen des Deutschen.
Zur Semantik/Pragmatik-Schnittstelle gibt es kurzgefasste Originalartikel von Bach (2004) und Carston (2004). Einen guten Überblick über die Forschung gibt Meibauer (2006), ausführlicher Rolf (2013).
Zum Thema Prosodie/Pragmatik-Schnittstelle versammeln Wichmann/Blakemore (Eds.) (2006) einschlägige Aufsätze. Eine Einführung zur Intonation gibt Peters (2014), zur Informationsstruktur Musan (2010). Genaueres zum Begriff der prozeduralen Bedeutung findet man bei Blakemore (2000).
Zu Pragmatik und Sprachwandel bietet Traugott (2012) einen Überblick. Zu Diskursmarkern siehe Blakemore (2004). Eine Einführung in die historische Sprachwissenschaft des Deutschen ist Nübling (2013). Zur Grammatikalisierung im Deutschen vgl. Ferraresi (2014).

5. Anwendungsgebiete der Pragmatik

In diesem Kapitel beschäftigen wir uns mit drei Gebieten der angewandten Pragmatik. In Bezug auf die Gesprächsanalyse und die kontrastive und interkulturelle Pragmatik kann man „angewandt" so verstehen, dass hier interaktionale, soziale und kulturelle Aspekte von Sprache im Gebrauch untersucht werden. In Bezug auf die experimentelle Pragmatik zielt „angewandt" darauf ab, dass man theoretische Annahmen der Pragmatik mit Hilfe experimentell erhobener Daten überprüft.

5.1. Gesprächsanalyse

Die Gesprächsanalyse (engl. *conversation analysis*) bildet heute eine eigenständige, gut entwickelte Teildisziplin der Linguistik, die viele Berührungspunkte mit der Pragmatik aufweist. Nicht alle folgen zwar Levinson (1983) darin, die Gesprächsanalyse zu den Kerngebieten der Pragmatik zu zählen; die pragmatische Relevanz dieses Forschungszweigs ist aber unumstritten, denn Gespräche lassen sich als *der* zentrale Ort ansehen, an dem sich sprachliches Handeln manifestiert. Natürlich findet sprachliche Kommunikation nicht nur in Form von Gesprächen statt, sondern z. B. auch in Form von schriftlichen Texten. Dem Gespräch kommt gegenüber anderen Kommunikationsformen aber eine besondere Bedeutung für die soziale Interaktion zu.

Die Gesprächsanalyse ist in den 1960er Jahren unter dem Einfluss der Ethnomethodologie entstanden. Das ist eine amerikanische soziologische Forschungsrichtung, deren Ziel es ist, durch empirische Untersuchung von Alltagspraktiken die Methoden zu identifizieren, mit denen Handelnde soziale Ordnung und Sinnhaftigkeit hervorbringen. Die ethnomethodologische Gesprächsanalyse richtet den Fokus auf die empirische Untersuchung von Alltagsgesprächen und versucht, verbale Praktiken zu ermitteln, mit deren Hilfe die Beteiligten interaktiv konversationelle Ordnungen herstellen. Eine stärker auf die zugrunde liegenden linguistischen Einheiten abzielende Forschungsrichtung ist die Interaktionale Linguistik, eine europäisch geprägte Weiterentwicklung der Gesprächsanalyse.

Ethnomethodologie

5.1.1. Transkriptionskonventionen

Für die Herausbildung der Gesprächsanalyse als eigener Forschungszweig war die Entwicklung technischer Möglichkeiten der Gesprächsaufzeichnung eine wichtige Voraussetzung. Um aufgezeichnete Audio- oder Videodaten einer wiederholten und detailgenauen systematischen Untersuchung zugänglich zu machen, muss man sie transkribieren (verschriftlichen). Für die Transkription von Gesprächsdaten gibt es verschiedene Transktiptionskonventionen. Im deutschen Forschungskontext ist GAT 2 (Gesprächsanalytisches Transkriptionssystem 2) besonders verbreitet. Der Auszug (1) ist ein Beispiel für ein Basistranskript eines Gesprächs nach GAT 2.

GAT 2

(1)   Widerlicher Kerl

```
20   S1:   und (.) der KE::RL,
21         das war aber ein peneTRANter: !WI!derling.=also °hhh
22         der hat (.) äh sein GARten wie (.) !PIK! AS (–)
           gePFLEGT,=ne,
23         !KEIN! BLÄTTchen,=
24         =und NICHTS,=
25         =englischer RAsen, °hh
26         un:d: bei !JE!der gelegenheit hat er die poliZEI
           gerufen,
27         und sich mit den NACHbarn ange[legt,=ne, ](1.2)
28   S1:                                [phhh hohoho]
29   S2:   un wenn da: einmal: jemand zum abschied geHUPT hat,
30         da war der in NULL komma nix draußen;
31         und hat da RUMgeschrien;=
32         =ich hol die poliZEI: und [so–]
33   S1:                            [das] GIBS doch wohl nich.
34   S2:   ja;=V:OLLkommen WIderlich.=ne, °hh
35         u:n:d (–) dann hatte er do son (.) son KLEInen BA:RT hier,=ne,
36         (–)und ham wir immer gesagt HIT[ler;=ne,]
37   S1:                                  [HITler; ]
38   S1:   h[m, ]
39   S2:    [hm,]
40   S1:   [((lacht verstohlen, ca. 1.2 Sek. lang))]
41   S2:   [((lacht verstohlen, ca. 1.2 Sek. lang))]
```

(Selting et al. 2009: 394–395)

GAT 2-Konventionen   Um (1) lesen und verstehen zu können, muss man folgende Transkriptions-konventionen kennen:

Pausen

(.)	Mikropause
(–)	längere Pause
(1.2)	gemessene Pause in Sek.

Akzent

RAsen	Fokusakzent
!KEIN!	extra starker Akzent

Ein-/Ausatmen

°hh, hh°	hörbares Ein-/Ausatmen (0.5–0.8 Sek. Dauer)
°hhh, hhh°	hörbares Ein-/Ausatmen (0.8–1.2 Sek. Dauer)

Tonhöhenbewegungen

?	hochsteigend
,	steigend
;	fallend
.	tief fallend

Weitere

[ ]	Überlappung, Simultansprechen
((lacht))	nonverbale Handlung
=	unmittelbarer Anschluss von Segmenten
:	Dehnung

In diesem Kapitel arbeiten wir mit Beispielen aus unterschiedlichen Quellen, die z. T. GAT 2, z. T. anderen Transkriptionskonventionen folgen.

5.1.2. Eigenschaften von Gesprächen

Gespräche haben mindestens zwei Teilnehmer, die wechselweise die Sprecher- und Hörerrolle einnehmen. Sie werden typischerweise mündlich realisiert (aber auch Chats lassen sich darunter fassen), haben ein mehr oder weniger klar umgrenztes Thema und weisen eine bestimmte innere Struktur auf. Zum Beispiel können wir erkennen, wann ein Gespräch eingeleitet oder beendet wird.

Eine wichtige Frage ist, was man als die zentrale Analysekategorie eines Gesprächs ansehen soll. Bisher sind wir von Sprechakten als zentralen Einheiten der sprachlichen Kommunikation ausgegangen. Vor diesem Hintergrund könnte man annehmen, dass Gespräche sich einfach aus Abfolgen von Sprechakten zusammensetzen. In der Untersuchung authentischer Gespräche zeigt sich aber, dass der Begriff des Sprechakts zwar eine wichtige Grundkategorie ist, zur vollständigen Beschreibung eines Gesprächs aber nicht genügt. Dialogische Kommunikation ist nicht reduzierbar auf das abwechselnde Produzieren von Sprechakten. Vielmehr werden wir sehen, dass Gespräche dynamische Prozesse sind, deren Bedeutung erst im koordinierten Zusammenspiel von Sprecherinnen und Hörern hervorgebracht wird.

zentrale Analysekategorie

Daraus ergeben sich aus pragmatischer Perspektive zwei zentrale Fragen für die Untersuchung von Gesprächen: Erstens, wie organisieren Gesprächsteilnehmer Gespräche so, dass die Kommunikation mehr oder weniger reibungslos gelingt? Und zweitens, wie bringen Gesprächteilnehmer im Gespräch gemeinsam Verstehen hervor? Wir werden uns in diesem Kapitel mit beiden Fragen beschäftigen.

Zuerst wollen wir uns an einem Auszug aus einem Alltagsgespräch zwischen zwei Schwestern ansehen, durch welche charakteristischen Merkmale sich Gespräche auszeichnen. (Die Gespräche aus der Datenbank gesprochenes Deutsch sind unter http://dgd.ids-mannheim.de auch als Audiodateien zugänglich.)

Merkmale von Gesprächen

```
(2)    Den ganzen Tag daheim [1]
25     HM    warst dann den ganzen tag
26     (0.4)
27     HM    warst du heut den ganzen tag daheim
28     (0.56)
29     EM    nee ja also isch hatte heute morgen nur uni
30     (0.91)
31     HM    ⁰hh ja
32     (0.31)
33     EM    bis um viertel vor elf oder so
34     (0.47)
35     EM    ja viertel vor elf
36     (1.0)
37     EM    da bin ich ((unverständlich)) gefahren
38     HM    aha
39     (0.43)
```

```
40    EM    ja
41    (0.8)
42    EM    morgen genau des gleiche noch mal
43    (2.59)
44    EM    [has]t du eigentlich auch en gutschein gekriegt
45    HM    [⁰h]
46    (0.56)
47    HM    en was
48    EM    (.) gutschein
49    (0.61)
50    HM    nein
51    (0.28)
52    EM    nein
53    HM    nich bekommen nein
54    EM    or hast wohl zu wenig eingekauft hä
55    HM    mja
```
(Datenbank gesprochenes Deutsch, Transkript FOLK_E_00018_SE_01_T_01)

Gesprächsbeitrag vs.
Satz

Das Beispiel zeigt, dass nicht jeder Gesprächsbeitrag einem Satz entsprechen muss. Es gibt Gesprächsbeiträge, die größer sind als ein Satz (z. B. EMs
Beitrag in Z. 29–37), und andere, die kleiner sind als ein Satz (z. B. *gutschein*
in Z. 48). Die Gesprächsbeiträge sind auch oft nicht grammatisch wohlgeformt. So gibt es Abbrüche und Reparaturen, etwa in Z. 25–27, wo HM zuerst mit *warst dann den ganzen tag* ansetzt, diese angefangene Entscheidungsfrage dann aber abbricht und nach kurzer Pause neu mit einer
veränderten Formulierung einsetzt: *warst du heut den ganzen tag*.

Sprecherwechsel

Weiter sehen wir, dass dieses Gespräch sehr geordnet abläuft. Obwohl es
keine expliziten Anweisungen gibt, die vorschreiben würden, wer wann das
Wort ergreifen darf, scheinen die beiden Gesprächspartnerinnen sehr genau
zu wissen, wann sie jeweils „dran sind". Eine Überlappung gibt es nur in Z.
44/45, wo EM nach einer längeren Pause eine Frage stellt und HM zeitgleich
einatmet, wohl um ebenfalls zu einem Gesprächsbeitrag anzusetzen. HM
zieht ihren geplanten Gesprächsbeitrag aber sofort zurück und reagiert stattdessen auf EMs Frage. Wir sehen also, dass die Gesprächsteilnehmerinnen
ihre Beiträge präzise aufeinander abstimmen.

Sequenzialität

Das Organisationsprinzip, nach dem Gesprächsbeiträge in geordneter
Weise zeitlich und interaktional aufeinander folgen, nennt man Sequenzialität. Sequenzielle Abfolgen von Gesprächsbeiträgen sind zu einem gewissen
Grad vorhersagbar. Das sieht man besonders gut bei zweigliedrigen Sequen-
zen von Sprechakten, mit denen ein Sprecherwechsel verbunden ist, den sogenannten Paarsequenzen (engl. *adjacency pairs*). Ein Beispiel ist die Frage-
Antwort-Sequenz in Z. 27 bis 37: Die Frage von HM (Z. 27) macht erwartbar,
dass EM mit einer Antwort reagiert, und das tut sie auch (Z. 29–37). Mit der
Antwort von EM ist diese Sequenz abgeschlossen, es folgt ein Themenwech-
sel. Paarsequenzen können auch komplexer strukturiert sein: Auf die Frage
von EM in Z. 44 folgt zunächst eine Rückfrage von HM in Z. 47, um die Referenz des erfragten Objekts zu sichern (*en was*). EM beantwortet dann diese
Rückfrage in Z. 48, bevor HM in Z. 50 schließlich die Ausgangsfrage von EM
mit *nein* beantwortet. Man erhält somit eine äußere Paarsequenz von Frage
und Antwort, die die Paarsequenz Rückfrage – Antwort umrahmt. Andere

häufig realisierte Paarsequenzen sind z. B. Gruß – Gegengruß oder Vorwurf
– Rechtfertigung.

Schließlich zeigt sich in (2), dass Gespräche interaktive und dynamische
Prozesse sind. Die Gesprächspartnerinnen bemühen sich darum, gemeinsam Verstehen herzustellen. Dazu gehört z. B., dass die Gesprächspartnerin,
die gerade den Zuhörerpart übernommen hat, signalisiert, dass sie das Gesagte verstanden hat, z. B. durch Interjektionen und Gesprächspartikeln wie
ja (Z. 31) oder *aha* (Z. 38). Solche kurzen Rückmeldungen werden nicht als
eigene Gesprächsbeiträge gewertet, sondern als Fortsetzungssignale an die
aktuelle Sprecherin. In Z. 50–53 wird in einer Wiederholungssequenz gemeinsam das Wissen abgesichert, dass HM den Gutschein nicht bekommen
hat. Wir sehen auch, dass Gesprächsbeiträge nicht als fertige Einheiten abge-
rufen werden, sondern schrittweise in der Interaktion produziert werden.
Das zeigt sich etwa in Z. 29: EM bearbeitet die an sie gestellte Aufgabe
Schritt für Schritt, im Formulierungsprozess gelangt sie von *nee* über *ja* und
also schließlich zu einer Aussage darüber, dass sie *heute morgen* […] *nur
Uni* hatte.

Interaktivität und
Dynamik

5.1.3. Gesprächsorganisation

Die relevante kleinste Beschreibungseinheit für Gespräche ist der Redezug
oder Gesprächsbeitrag (engl. *turn*). Ein Gespräch wird durch abwechselnde
Redezüge der beteiligten Sprecher aufgebaut. Oben haben wir bereits gesehen, dass Redezüge nicht mit Sätzen zusammenfallen müssen. Redezüge
müssen auch nicht mit Sprechakten zusammenfallen: sie können aus einem
oder mehreren Sprechakten bestehen. Zu einem Redezug gehört die Gesamtheit aller Äußerungen eines Sprechers, während derer es zu keinem
Wechsel kommt. In (2) haben wir gesehen, dass die Sprecherinnen ihre Redezüge präzise aufeinander abstimmen, auch wenn sie sich dessen nicht bewusst sein müssen.

Redezug

Die Organisation des Sprecherwechsels ist ein zentrales Thema der gesprächsanalytischen Forschung. Eine grundlegende Arbeit dazu stammt von
Sacks/Schegloff/Jefferson (1974). Darin unterscheiden die Autoren zwei
zentrale Komponenten: Die Komponente der Redezugskonstruktion (engl.
turn-construction component) und die Komponente der Rederechtszuteilung
(engl. *turn-taking component*).

In der Komponente der Redezugskonstruktion wird geregelt, wie Redezüge aus kleineren Einheiten aufgebaut werden. Ein Redezug kann nur aus
einem Wort bestehen (*gutschein*), aus einer Phrase oder einem Satzfragment
(*nich bekommen nein*), aus einem Satz (*hast du eigentlich auch en gutschein
gekriegt*) oder auch mehreren aufeinander folgenden Sätzen (*nee ja also isch
hatte heute morgen nur uni […] bis um viertel vor elf oder so (0.47) ja viertel
vor elf (1.0) da bin ich ((unverständlich)) gefahren*). Die Stelle am Ende eines
Redezugs, an der prinzipiell ein Sprecherwechsel erfolgen kann, heißt übergaberelevante Stelle (engl. *transition-relevance place*). Nicht an jeder übergaberelevanten Stelle muss aber ein Sprecherwechsel erfolgen. Zum Beispiel
weist der komplexe Redezug von EM in Z. 27–37 mehrere übergaberelevante Stellen auf: Sprecherwechsel wären möglich am Ende von Z. 29, 33, 35,
37, 40 und 42, vgl. den Ausschnitt in (3).

Komponente der
Redezugs-
konstruktion

(3)   Den ganzen Tag daheim [2]
29   EM   nee ja also isch hatte heute morgen nur uni
30   (0.91)
31   HM ^{0}hh ja
32   (0.31)
33   EM   bis um viertel vor elf oder so
34   (0.47)
35   EM   ja viertel vor elf
36   (1.0)
37   EM   da bin ich ((unverständlich)) gefahren
38   HM   aha
39   (0.43)
40   EM   ja
41   (0.8)
42   EM   morgen genau des gleiche noch mal
43   (2.59)
44   EM   [has]t du eigentlich auch en gutschein gekriegt
45   HM   [^{0}h]
46   (0.56)

Hier sind jeweils syntaktisch relativ abgeschlossene Einheiten aufgebaut worden, ohne dass aber ein Sprecherwechsel stattfindet (die kurzen Äußerungen von HM sind reine Fortsetzungssignale). Erst nach der längeren Pause in Z. 43 setzt jetzt HM zu einem Redezug an (angezeigt durch Einatmen); gleichzeitig spricht hier aber EM weiter, es kommt zu einer Überlappung und der zunächst initiierte Sprecherwechsel findet nicht statt. Für die Beurteilung der Abgeschlossenheit eines Redezugs spielen syntaktische, semantisch-pragmatische, aber auch intonatorische und nonverbale Aspekte, wie Blickverhalten und Gestik, eine wichtige Rolle. Die Sprecherinnen können übergaberelevante Stellen auch durch bestimmte sprachliche Mittel markieren, etwa durch Frage-Tags wie *hä* am Ende des Redezugs von EM in Z. 54, vgl. (2), mit dem sie HM zu einer Reaktion auffordert.

Komponente der Rederechtszuweisung

In der Komponente der Rederechtszuweisung wird geregelt, wie das Rederecht beim Sprecherwechsel zugewiesen wird. Die generellen Regeln, die Schegloff/Sacks/Jefferson (1974: 704) hierzu erfasst haben, betreffen Alltagsgespräche. In institutionellen Kontexten (z. B. Prüfungsgesprächen, Unterrichtsgesprächen) kann es bestimmte Abweichungen von diesem Regelsystem geben. Die Regeln lassen sich folgendermaßen zusammenfassen:

Regeln der Rederechtszuweisung (nach Sacks/Schegloff/Jefferson 1974)

1a) Wählt der Sprecher im Laufe seines Gesprächsbeitrags einen nächsten Sprecher aus, so erhält dieser an der ersten übergaberelevanten Stelle das Rederecht und es findet ein Sprecherwechsel statt (= Fremdwahl).

1b) Wählt der Sprecher im Laufe seines Gesprächsbeitrags keinen nächsten Sprecher aus, dann kann sich jeder andere Gesprächsbeteiligte an der ersten übergaberelevanten Stelle selbst zum nächsten Sprecher machen (= Selbstwahl). Derjenige, der zuerst anfängt, erhält das Rederecht (*first-starter*-Prinzip).

1c) Hat der Sprecher im Laufe seines Gesprächsbeitrags keinen nächsten Sprecher ausgewählt und wählt sich an der übergaberelevanten Stelle niemand selbst als nächsten Sprecher aus, so kann der aktuelle Sprecher fortfahren, bis eine nächste übergaberelevante Stelle erreicht ist.

2) An der nächsten übergaberelevanten Stelle gelten erneut die Regeln (1a–c), und zwar so lange, bis es zum Sprecherwechsel kommt.

Mit Bezug auf (4) und (5) können wir sehen, dass in Z. 27 und Z. 44 die aktuelle Sprecherin durch Fremdwahl festlegt, dass an der ersten übergaberelevanten Stelle ein Sprecherwechsel erfolgen soll. Die Fremdwahl wird durch die Frage an die Adressatin vollzogen, die hier auch direkt angesprochen wird (*du*), die übergaberelevante Stelle ist jeweils am Ende der gestellten Frage erreicht. Es wird also Regel 1a) befolgt.

(4)   Den ganzen Tag daheim [3]
27   HM   warst du heut den ganzen tag daheim
28   (0.56)
29   EM   nee ja also isch hatte heute morgen nur uni

(5)   Den ganzen Tag daheim [4]
42   EM   morgen genau des gleiche noch mal
43   (2.59)
44   EM   [has]t du eigentlich auch en gutschein gekriegt
45   HM   [^{0}h]
46   (0.56)
47   HM   en was

In (5) ist in Z. 43 eine übergaberelevante Stelle erreicht, ohne dass eine Fremdwahl ausgesprochen worden wäre. An dieser Stelle erfolgt aber (zunächst) auch keine Selbstwahl durch HM, 1b) unterbleibt; EM nutzt dann Regel 1c) und fährt selbst fort zu sprechen (Z. 44). HM respektiert dieses Fortfahren, indem sie ihren Redezug-Ansatz (Z. 45) zurückzieht und stattdessen in Z. 47 auf EMs Frage reagiert, dort also die durch die Fremdwahl gestellte Erwartung erfüllt.

Einerseits kann das System von Sacks/Schegloff/Jefferson (1974) also erklären, warum der Sprecherwechsel überwiegend ziemlich reibungslos funktioniert. Andererseits ist klar, dass der Ablauf von Gesprächen aufgrund ihrer inhärenten Spontaneität auch immer wieder gestört werden kann. In (2) sind wir bereits auf Abbrüche, Formulierungsschwierigkeiten und Überlappungen gestoßen. Solche potentiellen Störungsquellen müssen interaktiv bearbeitet werden. Auch hier geht man in der gesprächsanalytischen Forschung davon aus, dass dies nach bestimmten systematischen Prinzipien geschieht. Ein solcher grundlegender Mechanismus ist die Reparatur.

Nach Schegloff/Jefferson/Sacks (1977) kann man unter Reparaturen alle   Reparaturen
konversationellen Vorgänge verstehen, bei denen die Gesprächsteilnehmer Teile ihrer Redezüge so verändern, dass eine Orientierung an einem Problem angenommen werden kann. Sie unterscheiden drei Phasen der Reparaturorganisation:

Phasen der Reparaturorganisation (nach Schegloff/Jefferson/Sacks 1977)
1. Reparandum (R): der reparaturbedürftige Äußerungsteil
2. Initiierung der Reparatur (RI): sprachliche Mittel, mit denen sprecher- oder hörerseitig Reparaturbedürftigkeit angezeigt wird

3. Durchführung der Reparatur (RD): Äußerungsteil, der das Reparandum ersetzt

Diese Phasen lassen sich an dem Gesprächsbeitrag von HM in (6) gut veranschaulichen.

(6) Den ganzen Tag daheim [5]
25 **R** HM warst dann den ganzen tag
26 **RI** (0.4)
27 **RD** HM warst du heut den ganzen tag daheim

Der Äußerungsteil, der reparaturbedürftig ist (R), ist *warst dann den ganzen tag*. Durch ein kurzes Zögern von 0.4 Sek. und den an dieser Stelle erfolgten Konstruktionsabbruch zeigt die Sprecherin Reparaturbedürftigkeit an (RI). Sie setzt nach der Pause neu mit einer Durchführung der Reparatur an (*warst du heut den ganzen tag daheim*) (RD), in der sie den Satz auch zu Ende führt.

Initiierung und Durchführung der Reparatur können entweder vom Produzenten des Reparandums selbst oder von seinem Gesprächspartner ausgehen. Je nachdem, wer die Reparatur ausführt, unterscheidet man zwischen Selbstreparatur und Fremdreparatur. Je nachdem, wer die Reparatur initiiert, entstehen selbst- bzw. fremdinitiierte Reparaturen.

selbstinitiierte Selbstreparatur
In (6) ist es die aktuelle Sprecherin selbst, die die Reparatur initiiert, und sie führt die Reparatur auch durch. Es handelt sich also um eine selbstinitiierte Selbstreparatur.

(7) Joghurt
01 X: [...] des sin sowieso immer die'selben; (.)
02 'hh ((Räuspern)) (ganz) gleich bei 'wem,
03 das is der Christian:
04 und=ab=un=zu mal d- (.) 'h die Alexandra (.)
05 und ab und=zu mal der (1.0)
06 **R** ich ver(w)geß dem sein Namen immer (.)
07 **RI** wie heißt der no mal, Joghurt, (1.0)
08 ah nich Jogh [urt sondern?]
09 **RD** T: [huch! Hehehe] 'Sigurt
(Uhmann 1997: 160–161)

selbstinitiierte Fremdreparatur
In (7) initiiert der aktuelle Sprecher X in Z. 7–8 eine Reparatur, also eine Lösung für das in Z. 6 benannte Problem. Durchgeführt wird die Reparatur dann von T in Z. 9, es handelt sich also um eine selbstinitiierte Fremdreparatur.

(8) Arbeitsbeschaffungsprogramm
01 S: has denn ma náchgefracht eventuell
02 ob die nich so báld ma:l wie:der- . son
03 **R** Arbeitsbescháffungsprogramm hábm hier
04 **RI** ⌈ K: (relativ leise) wó
05 **RD** ⌊ S: . (relativ leise) hier bei der Stádt.
(Selting 1987: 135)

fremdinitiierte Selbstreparatur
In (8) geht die Initiierung der Reparatur vom Gesprächspartner des aktuellen Sprechers aus (Z. 4). Durchgeführt wird die Reparatur dann vom aktuellen Sprecher selbst (Z. 5). Es handelt sich damit um eine fremdinitiierte Selbstreparatur.

(9)   Rutschfläche
01   A: Welche- welche Seite is jetz- welche is die Rutschfläche?
02   SH: Diese hier.
03   A: Wat sacht 'ihr (.) ist die Rutschfläche?
04   **R**   ST: Dat andere is die Rutschfläche, dat untere.
05   **RI**   A: 'Dies ist die, (.) 'Rutschfläche? (.)
06   **RD**   Also für mich die óbere, (.)
07   und hier únten (.) ist die (.) sogenannte (.) 'Keilfläche,
08   nich?
(Redder und Rehbein 1994, zit. aus Uhmann 1997: 161)

Das Reparandum in (9) ist die Äußerung von ST in Z. 4. A initiiert in Z. 5 durch seine Rückfrage die Reparatur. A führt dann die Reparatur in Z. 6 auch selbst durch. Es handelt sich also um eine fremdinitiierte Fremdreparatur.

(margin: fremdinitiierte Fremdreparatur)

Die Beispiele zeigen, dass Reparaturen sprecherseitig z. B. durch Verzögerungen, Abbrüche oder Pausen initiiert werden können. Auch bestimmte Partikeln wie *äh/eh*, *ähm* oder Ausdrücke wie *beziehungsweise*, *nein*, *also* spielen hier eine Rolle. Hörerseitig zeigen z. B. Wiederholungen des Reparandums, Frageausdrücke, aber auch Partikeln wie *hä?* oder *bitte?* einen Reparaturbedarf an.

Nicht alle vier Reparaturtypen sind in Alltagsgesprächen gleich häufig. Es gibt eine starke Präferenz für Selbstreparaturen. Selbstinitiierte Selbstreparaturen sind sprachlich und interaktiv am wenigsten aufwendig. Bei diesem Reparaturtyp liegen Reparaturinitiierung und -durchführung sequenziell am dichtesten am Reparandum, und die Reparatur kann schnell und oft fast unmerklich erfolgen. Bei Fremdreparaturen tritt dagegen oft eine Verzögerung und eine deutliche Störung des Gesprächsflusses ein. Fremdreparaturen, insbesondere fremdinitiierte Fremdreparaturen, sind zugleich immer ein potentieller gesichtsbedrohender Faktor – aus Gründen der sprachlichen Höflichkeit versuchen Sprecher daher, fremdinitiierte Fremdreparaturen zu vermeiden. Wenn diese auftreten, werden sie oft sprachlich abgeschwächt. Das sieht man etwa in (9), wo A die Korrektur durch Abschwächungssignale wie *also für mich* (Z. 6) und Rückversicherungssignale wie *nich?* (Z. 8) weniger gesichtsbedrohend macht.

(margin: Präferenz für Selbstreparaturen)

Neben der Frage der Gesprächsorganisation interessiert sich die Gesprächsanalyse für die grundlegende Frage, wie Gesprächsteilnehmer im Gespräch gemeinsam Verstehen hervorbringen. Oben haben wir ja bereits ausgeführt, dass Gespräche koordinierte, interaktive und dynamische Handlungen sind. Wie man das gemeinsame Herstellen oder Aushandeln von Bedeutung genauer beschreiben kann, wollen wir uns am Beispiel der Wiederholung anschauen.

5.1.4. *Aushandeln von Bedeutung am Beispiel von Wiederholungen*

Mit Grice können wir davon ausgehen, dass Gesprächsteilnehmer in der Interaktion danach streben, ihre Beiträge relevant zu machen und sie kooperativ zu gestalten, d. h. so, dass sie auf die Bedürfnisse und Einstellungen anderer Teilnehmer eingehen. Nach Levinson (1983) kann man beobachten, dass in Paarsequenzen solche Antworttypen bevorzugt sind, die Übereinstimmung mit dem vorangegangenen Turn signalisieren, während solche, die Nichtübereinstimmung signalisieren, dispräferiert sind.

Sprachliche Wiederholung ist nun nach Brown/Levinson (1987: 112–113) besonders gut dazu geeignet, Übereinstimmung zwischen Diskursteilnehmern herzustellen. Schauen wir uns das an einigen Beispielen an.

(10)   Den ganzen Tag daheim [6]
47   HM   en was
48   EM   (.) gutschein
49   (0.61)
50   HM   nein
51   (0.28)
52   EM   nein
53   HM   nich bekommen nein

Verständnis-
sicherung

Die Wiederholung von *nein* (Z. 52) in (10) kann als Registriersignal (‚Ich habe verstanden, was du gesagt hast‘) oder aber als Rückfrage (‚Hast du *nein* gesagt?‘) aufgefasst werden (da in diesem Transkript keine Tonhöhenbewegung angegeben ist, können wir das nicht endgültig entscheiden). Die erneute Wiederholung durch HM im dritten Zug (*nich bekommen nein*) (Z. 53) ist als Rückbestätigung der Antwort zu sehen. HM und EM sichern so ein übereinstimmendes Verständnis des Gesagten.

Referenzherstellung

Wiederholungen können auch dazu dienen, gemeinsam die Referenz eines Ausdrucks festzulegen. In (11) berichtet EM von zwei ihrer Bekannten, Hanni und Peggy, die HM nur flüchtig kennt. Es geht darum, dass EM Peggy ein Geschenk gekauft hat. HM versucht nun zu klären, welche der beiden Hanni und welche Peggy ist.

(11)   Hanni und Peggy
267   EM   also du kennst se ja noch vom sehen ungefähr oder die is ja eher der
              schlichte typ
268   (0.88)
269   EM   es g   [ab (was) +++]
270   HM   [hanni is]_en bissl dickere
271   EM   (.) die hanni is die bissl dickere und die peggy is die
272   (0.22)
273   EM   dünne
274   (0.2)
275   EM   die meckerische
(Datenbank gesprochenes Deutsch, Transkript FOLK_E_00018_SE_01_T_01)

In Z. 270 liefert HM einen Vorschlag zur Identifizierung von Hanni. Durch die fast wörtliche Wiederholung dieses Vorschlags in Z. 271 bestätigt EM, dass in der Tat Hanni die *bissl dickere* der beiden ist.

Erzeugung überein-
stimmender Bewer-
tungen

Wiederholungen lassen sich auch als Bausteine kollaborativ erzeugter Äußerungen wie in (12) einsetzen.

(12)   Quote machen
162   S: [das] ist überHAUPT kein thema.
163   aber WENNS dir darum geht (.) ähm;=
164   W: =QUOte zu   [machen;]
165   S: [QUOte] zu machen,=

```
166   W:   =das ist      [DAS find ich schlecht.]=
167   S:                 =[da wird mir SCHLECHT;]
168         das ist ECHT prostitution.
```
(Günthner 2009: 415–416)

S signalisiert in Z. 163 durch die kurze Pause und die Partikel *ähm* ein Formulierungsproblem. W führt in Z. 164 die von S angefangene Äußerung zu Ende. Daraufhin zeigt S durch die Wiederholung an, dass er diese Fortsetzung akzeptiert. Auch in Z. 166–167 gibt es eine Wiederholung. W und S erzeugen hier gemeinsam eine negative Bewertung des „Quotemachens" durch simultan gesprochenes *DAS find ich schlecht/da wird mir SCHLECHT*.

Durch Wiederholung können Gesprächsteilnehmer auch positive Bewertungen zum Ausdruck bringen. In (13) zeigt KA durch das Wiederaufgreifen des Wortes *Aufzucht* an, dass sie diese Wortwahl (in Bezug auf das Großziehen eines Kindes) für besonders witzig hält (vgl. die Markierung nonverbalen Verhaltens: <<lächelnd>>). *(margin: positive Bewertung)*

(13)   Aufzucht
```
BI:   Silvia isch NICHT berUfstätig,
      Silvia kümmert sich NUR um das neue HAUS,
      und um die AUFzucht von diesem [JÜRgen.
KA:                                  [<<AUFzucht.>>
                                     <<lächelnd>>
```
(Schwitalla 2012: 26)

Durch sprachliche Wiederholung zeigen Sprecherinnen aber nicht immer Übereinstimmung an. Vielmehr können Wiederholungen gerade auch dazu genutzt werden, Probleme, Irritation oder Nichtverstehen zu signalisieren. Deshalb spielen Wiederholungen auch in Reparatursequenzen eine wichtige Rolle.

In (14) verbalisiert K ein (akustisches) Verstehensproblem durch die Echo-W-Frage *wenn ich WAS*, die Teile der vorangegangenen Äußerung von S wiederholt, wobei das nicht verstandene Element durch WAS ersetzt wird. S wiederholt daraufhin die Äußerung aus Z. 8–9, um das Verstehensproblem zu beheben. *(margin: akustisches Verstehensproblem)*

(14)   Problem
```
08   S:                            wenn Sie s
09   ⌈S:   beschréibm könn is das ja kein Problém
10   ⌊K:                          we(nn)
11   ⌈K:   ich WAS                           jáa
12   ⌊S:         (langsamer) wenn Sie s beschréibm könn *
```
(Selting 1987: 134)

Die Funktion von Wiederholungen in Reparatursequenzen illustriert (15). Die Oma stellt hier zunächst die Behauptung in den Raum, dass der Freund von Martina zwei Jahre jünger ist als Martina. Durch die Partikel *a:hm* zeigt Martina Reparaturbedarf an, um dann die Reparatur (*vier joa jinger*) auch durchzuführen. Im Anschluss an diese fremdinitiierte Fremdreparatur wiederholt die Oma *vier joa: jinger* und signalisiert Martina damit, dass sie die Reparatur registriert hat. *(margin: Reparaturen)*

(15) Vier Jahre jünger
01   O: hm. dea is ZWoa joa jinga wey du.
02   (0.5)
03   M: a:hm vier joa jinger.
04   (0.3)
05   O: vier joa: jinger.
(Betz et al. 2014: 135)

Nichtüber-
einstimmung Im fiktionalen Dialog (16) wird durch Wiederholung Nichtübereinstimmung angezeigt.

(16) Kommissär: [...] Marsch in den Kotter!
       Eynhuf: In den Kotter! Nie!
(Fritz von Herzmanovsky-Orlando; aus De Beaugrande/Dressler 1981: 59)

Die Nichtübereinstimmung richtet sich auf einen vorangegangenen Sprechakt: Eynhuf gibt zu verstehen, dass er keinesfalls bereit ist, dem Befehl des Kommissärs Folge zu leisten. Solche Wiederholungsäußerungen können negative Bewertungen vermitteln, sind oft emotional aufgeladen und klar konfliktträchtig.

Erwartungsproblem   In (17) wiederholt A einen Ausdruck aus B's Gesprächsbeitrag, um ein Erwartungsproblem zu signalisieren. Das wird deutlich durch die besondere Betonung von *'frauen party^?*. Offenbar empfindet A die Existenz von Frauenpartys oder aber die Absicht von B, zu einer Frauenparty zu gehen, als problematisch.

(17) Frauenparty
01   B: ja + weil ich geh nämlich erst auf ne frauenparty^
02   A: ?auf ne 'frauen party^?
03   B: mh hm
(Rost-Roth 2003: 361)

Insgesamt zeigt sich am Phänomen der sprachlichen Wiederholung, dass Gesprächsteilnehmerinnen und Gesprächsteilnehmer bemüht sind, ihre sprachlichen Handlungen aufeinander abzustimmen, zu geteilten Bewertungen und einem gemeinsamen Verständnis des Gesagten zu gelangen. An Stellen, an denen Probleme auftreten, werden diese interaktiv bearbeitet. Auch hierfür spielt Wiederholung eine wichtige Rolle.

Gesprächsanalyse vs. Sprechakttheorie/ Implikaturentheorie   Man kann sich fragen, in welchem Verhältnis die (ethnomethodologische) Gesprächsanalyse zu (sprachphilosophisch beeinflussten) linguistischen Theorien wie der Sprechakttheorie oder der Theorie der konversationellen Implikaturen steht. Einerseits interessieren sich beide Traditionen für die Bedeutung gewöhnlicher Alltagsäußerungen. Während Sprechakttheorie und Implikaturentheorie aber weitgehend von den Details des Gesprächs selbst abstrahieren, um die Regeln und Prinzipien zu formalisieren, mit deren Hilfe Sprecher in Gesprächen etwas zu verstehen geben, geht es den Vertretern gesprächsanalytischer Ansätze gerade darum, das Gespräch in all seinen Details zu untersuchen, um herauszufinden, wie die Gesprächsteilnehmer selbst sprachliche Interaktion gestalten. Die beiden Richtungen haben damit recht verschiedene Wege eingeschlagen und werden manchmal als nahezu unvereinbar dargestellt. Zugleich ist aber klar, dass beide ihre Berechtigung haben: Um verstehen zu können, wie Bedeutung im Gespräch entsteht, braucht man sowohl eine Theorie über implizites Wissen und inferentielles Schließen, wie sie z. B. von Searle und Grice entwickelt wurden, als auch empirische Methoden zur lokalen Rekonstruktion interaktionaler Prozesse, wie sie die Gesprächsanalyse zur Verfügung stellt.

5.2. Experimentelle Pragmatik

Die experimentelle Pragmatik ist eine noch junge pragmatische Forschungs- Ziele
richtung, die sich in den letzten Jahren unter Einfluss der Psycholinguistik entwickelt hat und sich zunehmend etabliert. Das Ziel der experimentellen Pragmatik ist es, pragmatische Konzepte und Theorien mit Mitteln der experimentellen Psychologie und der Neurolinguistik zu überprüfen. Traditionell entwickeln viele Pragmatiker ihre Argumentationen an Beispielen, die der eigenen linguistischen Intuition entstammen. Während ein solches Vorgehen durchaus berechtigt ist – nicht zuletzt beruhen Meilensteine der Forschung, z. B. die Entwicklung der Sprechakttheorie, just auf dieser Methode –, wird in den letzten Jahren zunehmend deutlich, dass auch experimentelle Methoden notwendig sind, um die pragmatische Theoriebildung zu präzisieren. Ein experimenteller Zugang zu einer bestimmten theoretischen Fragestellung verlangt oft eine größere Explizitheit der Hypothesen als ein rein konzeptuelles Vorgehen. Mit Hilfe von experimentellen Studien kann man somit präzise Argumente für oder gegen eine spezifische theoretische Position gewinnen.

5.2.1. Argumentieren mit experimentellen Daten

Wie kann man mit Hilfe experimenteller Evidenz für oder gegen eine bestimmte pragmatische Annahme argumentieren? Schauen wir uns dazu Beispiel (1) an.

(1) Könntest du wohl aufhören, Zucker auf den Fußboden zu streuen?

Wenn Frau Settergren (1) gegenüber Pippi äußert, die zum Kaffeekränzchen indirekter Sprechakt
eingeladen ist, vollzieht sie damit nach Searle (1982b) zwei Sprechakte: eine Frage und eine Aufforderung. Der primäre Sprechakt ist die Aufforderung, das Zuckerstreuen einzustellen. Der sekundäre, wörtlich geäußerte Sprechakt ist die Frage, ob Pippi in der Lage dazu ist bzw. die Möglichkeit dazu hat, das Zuckerstreuen einzustellen. Nach Searle lässt sich der primäre Sprechakt durch eine Reihe von inferentiellen Schritten aus dem sekundären (wörtlichen) Sprechakt ableiten. Er spricht daher auch von einem indirekten Sprechakt. Dabei ist die Annahme, dass die Hörerin zuerst versucht, den Sprechakt wörtlich zu interpretieren. Erst wenn dieser Versuch scheitert – z. B. weil es in der gegebenen Äußerungssituation höchst unplausibel ist, dass Frau Settergren mit ihrer Äußerung bezweckt, herauszufinden, ob Pippi in der Lage ist, das Zuckerstreuen einzustellen –, sucht die Hörerin nach einer alternativen Interpretation und gelangt (im Idealfall) zur primären Interpretation der Äußerung als Aufforderung (bei Pippi weiß man allerdings nie, ob sie den Sprechakt nicht doch wörtlich nimmt!).

Annahmen zur
Sprachverarbeitung

Bezogen auf die Sprachverarbeitung kann man daraus die Annahme ableiten, dass das Verstehen indirekter Sprechakte wie (1) mehr Anstrengung und Aufwand der Hörerin erfordert als das Verstehen ihrer direkten Entsprechungen, etwa (2).

(2) Hör auf, Zucker auf den Fußboden zu streuen.

In einer Studie, in der sie die Reaktionszeiten von Probanden in Bezug auf indirekte und direkte Aufforderungen messen, zeigen Clark und Lucy (1975), dass Hörer mehr Zeit für die Verarbeitung von indirekten Aufforderungen („Can you color the circle blue?") benötigen als für direkte Aufforderungen („Color the circle blue!"). Wenn man annimmt, dass die Reaktionszeit umso länger ist, je aufwendiger die kognitive Verarbeitung einer Äußerung ist, dann kann man dieses Ergebnis als Bestätigung der o.g. Annahme sehen.

Man könnte allerdings auch annehmen, dass indirekte Aufforderungen (z. B. der Form *Könntest du wohl/mal ..?, Würden Sie bitte ..?*) als solche konventionalisiert sind, d. h. bereits standardmäßig als Aufforderungen interpretiert werden, ohne dass hier noch zusätzliche Ableitungsschritte notwendig wären. Dann sollte man erwarten, dass solche konventionalisierten indirekten Sprechakte nicht aufwendiger zu verarbeiten sind als die entsprechenden direkten Sprechakte. Gibbs (1994: 87) berichtet von einer Lesezeitstudie, die gezeigt hat, dass Hörer nicht notwendigerweise zuerst die wörtliche Bedeutung von (konventionalisierten) indirekten Sprechakten analysieren und verwerfen müssen, um zur gemeinten Bedeutung zu gelangen. Vielmehr brauchten die Probanden für die Verarbeitung von indirekten Sprechakten, sofern diese in geeigneten Kontexten präsentiert wurden, nicht länger als für die Verarbeitung der entsprechenden direkten Sprechakte.

Interpretationen

Es gibt somit experimentelle Evidenz für, aber auch gegen einen höheren Verarbeitungsaufwand indirekter gegenüber direkten Sprechakten. Um solche – z. T. widerstreitenden – Ergebnisse angemessen interpretieren zu können, ist es wichtig, sich genau anzuschauen, wie ein Experiment aufgebaut ist, mit welchem Material und welchen Methoden gearbeitet wird, welche Hypothesen geprüft werden sollen und wie die Forscher ihre Ergebnisse deuten. Wir werden deshalb in diesem Kapitel zwei experimentell-pragmatische Untersuchungen sehr detailliert vorstellen. Zunächst müssen wir aber klären, was genau Gegenstand und Methoden der experimentellen Pragmatik sind.

5.2.2. Gegenstand und Methoden der experimentellen Pragmatik

In der Psycholinguistik werden traditionell drei Untersuchungsbereiche unterschieden: Sprachverstehen, Sprachproduktion und Sprachentwicklung. Experimentell-pragmatische Untersuchungen haben sich bisher v.a. auf die Bereiche Sprachverstehen und Sprachentwicklung konzentriert. Diese Bereiche werden wir uns in diesem Kapitel genauer anhand von Beispielstudien ansehen. Ein weiterer Bereich ist die Untersuchung von pragmatischen Störungen.

pragmatische
Störungen

Pragmatische Störungen können zum einen den Pragmatikerwerb bei Kindern betreffen und treten etwa bei Krankheitsbildern wie der spezifischen Sprachentwicklungsstörung (sSES), dem *pragmatic language impairment*

(PLI) oder auch im Zusammenhang mit Autismus auf. Zum anderen können auch Erwachsene Störungen der pragmatischen Kompetenz erleiden, z. B. Aphasie-Patienten, deren Sprachfähigkeit durch Gefäßerkrankungen, in Folge eines Schlaganfalls oder eines Schädel-Hirn-Traumas beeinträchtigt ist. Der Gesprächsauszug (3) gibt ein Beispiel dafür, wie sich eine pragmatische Störung in der Kommunikation äußern kann.

(3) because – I actually do – I. I have got faults and – my biggest fault is – I do enjoy sport. It's something that I've always done. I've done it all my life. I've (nothing but) respect for my mother and father and. my sister. and basically sir. I've only come to this conclusion this last two months. And – as far as I'm concerned. my sister doesn't exist. (Perkins 2011: 79)

Die Äußerung stammt von einem 48-jährigen Patienten mit Schädel-Hirn-Trauma in Folge eines Arbeitsunfalls. Dieser Mann zeigt Defizite hinsichtlich der Fähigkeit, die Perspektive und die Bedürfnisse seiner Gesprächspartner bei der Organisation des Gesprächsstoffs zu berücksichtigen. Selbst wenn die Gesprächspartnerin über umfangreiches Wissen verfügen würde, das über die aktuelle Gesprächssituation hinausgeht (was hier nicht der Fall war), wäre es sehr schwierig, einen passenden Link zwischen Sport und den Ansichten des Patienten über seine Familie herzustellen.

Pragmatische Entwicklungsstörungen und erworbene pragmatische Beeinträchtigungen werden in der klinischen Pragmatik erforscht und therapiert. Eine zentrale Frage für die Untersuchung pragmatischer Störungen ist, was eigentlich „normales" pragmatisches Verhalten ist und wie sich Abweichungen davon äußern können. Hierzu werden in der klinischen Pragmatik pragmatische Profile oder Checklisten erstellt (vgl. z. B. Dohmen et al. 2009), was ein nicht ganz unproblematisches Unterfangen darstellt. Wenn man genauer weiß, worin pragmatische Störungen bestehen, kann man umgekehrt auch das Wissen darüber präzisieren, was alles zu unserer pragmatischen Kompetenz gehört. Pragmatische Theorien können einerseits die Beschreibungskategorien für bestimmte pragmatische Defizite liefern. Andererseits gibt es bislang noch eine relativ große Kluft zwischen der theoretischen Erfassung eines Phänomens und Ansätzen zu seiner klinischen Therapierbarkeit.

klinische Pragmatik

Die Methoden der experimentellen Pragmatik stammen aus der Psycholinguistik und der Neurolinguistik. Beispiele für psycholinguistische Methoden, die in der experimentellen Pragmatik verwendet werden, sind Tests, in denen Probanden die Wahrheit oder Falschheit von Äußerungen bewerten sollen (engl. *truth value judgment tasks*), Bildauswahltests (*picture-selection tasks*), Tests, die die Blickbewegung beim Ausführen bestimmter Aufgaben aufzeichnen (*eye tracking tasks*) oder Tests, bei denen die Reaktionszeit auf einen bestimmten Stimulus (z. B. ein unerwartetes Wort in einer Äußerung) gemessen wird.

psycholinguistische Methoden

An neurolinguistischen Methoden werden u.a. die Messung ereigniskorrelierter (Hirn-)Potentiale (engl. ERP, *event related [brain] potentials*) und bildgebende Verfahren wie die funktionale Magnetresonanztomographie (engl. fMRI, *functional magnetic resonance imaging*) verwendet. Sowohl ERP als auch fMRI können neuronale Aktivitäten im Gehirn erfassen, die durch bestimmte kognitive Prozesse, z. B. Sprachverstehensprozesse, ausgelöst wer-

neurolinguistische Methoden

den. Während fMRI-Verfahren aktivierte (stärker durchblutete) Hirnareale mit hoher räumlicher Auflösung darstellen können, stellen ERPs eine neuronale Aktivität als Wellenform im EEG (Elektroenzephalogramm) dar. So entsteht bei der Verarbeitung semantisch abweichender Sätze wie *John bestrich sein Brot mit Socken* typischerweise 400 ms nach der Präsentation des letzten (kritischen) Wortes ein negativer Ausschlag im ERP-Wellenprofil (eine sogenannte N400). Abb. 6 zeigt eine schematische Abbildung eines ERP-Profils mit N400.

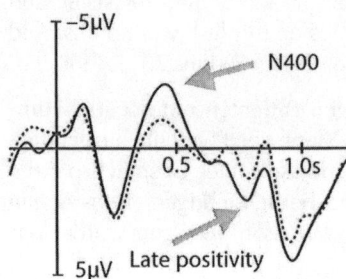

Abb. 6: Schematische Abbildung eines ERP-Wellenprofils mit N400, aus Schumacher (2012: 36)

Im Folgenden schauen wir uns zwei ausgewählte experimentell-pragmatische Untersuchungen im Detail an. Die erste Studie untersucht das Verstehen von skalaren Implikaturen mit Hilfe von Reaktionszeit- und ERP-Messungen, die zweite Studie untersucht den kindlichen Erwerb des Sprechakts des Versprechens mit Hilfe von Bildauswahltests.

5.2.3. *Sprachverstehen: Eine ERP-Studie zu skalaren Implikaturen*

Ein Beispiel für eine ERP-Studie zum Sprachverstehen ist die Untersuchung von Noveck/Posada (2003), die die Verarbeitung skalarer Implikaturen erforscht haben. Ziel dieser Untersuchung war es, gezielt Argumente zu gewinnen, die für bzw. gegen bestimmte Neo-Gricesche Annahmen zur Interpretation von Äußerungen des Typs (4a) sprechen.

(4) a. Einige Kinder schauen auf das brennende Haus.
     b. Nicht alle Kinder schauen auf das brennende Haus.
     c. Einige Kinder schauen auf das brennende Haus, ja sogar alle.

skalare Implikaturen   Wenn ein Sprecher (4a) äußert, entsteht in vielen Fällen die konversationelle Implikatur (4b), die wir über eine Beachtung der Quantitätsmaxime nach Grice bzw. des Q-Prinzips bei Levinson (2000) ableiten können. Dass es sich um eine Implikatur handelt und nicht um einen konventionellen Bedeutungsaspekt von *einige*, kann man daran zeigen, dass die Implikatur durch einen Zusatz wie *ja sogar alle* in (4c) gelöscht werden kann. Es handelt sich bei (4b) um eine skalare Implikatur: In einer Skala <*alle, einige*> lädt die Behauptung des rechtsstehenden Elements („einige …") dazu ein, die Negation des linksstehenden Elements abzuleiten (+> „nicht alle …"). Nach Levinson

(2000), einem Neo-Griceaner, sind skalare Implikaturen Fälle von GCIs, also generalisierten konversationellen Implikaturen, die relativ kontextunabhängig entstehen. GCIs sind in Levinsons Modell präsemantische pragmatische Prozesse, die notwendig sind, um die Proposition einer Äußerung zu bestimmen.

Vertreter der Relevanztheorie, wie Sperber/Wilson (1995) und Carston (2002), teilen mit Neo-Griceschen Ansätzen die Ansicht, dass die Propositionen von Äußerungen semantisch unterspezifiziert sind und in konkreten Äußerungssituationen pragmatisch angereichert werden. Für Relevanztheoretikerinnen wäre die Anreicherung von (4a) zu (4b) ein Fall einer Explikatur, einer Fortschreibung der logischen Form einer Äußerung. Beide Ansätze erkennen also an, dass es hier zu der beschriebenen Anreicherung kommen kann. Nach Noveck/Posada (2003) ist aber ein wesentlicher Unterschied zwischen Levinson (2000) und Sperber/Wilson (1995), dass Levinson der GCI einen quasi-automatischen Status zumisst, dass also die Implikatur (4b) die unmarkierte, normale Interpretation der Äußerung (4a) ist. Dagegen ist nach Auffassung der Relevanztheorie die Explikatur (4b) nicht quasi-automatisch, sondern wird nur abgeleitet, wenn Hörer dies auf der Suche nach der relevantesten Interpretation im aktuellen Kontext für notwendig erachten. Dahinter steht die Annahme, dass Hörer beim Verarbeiten von Äußerungen dem Weg des geringsten Aufwands folgen und so lange interpretative Hypothesen in der Reihenfolge ihrer Zugänglichkeit testen, bis ihre Erwartungen an die optimale Relevanz der Äußerung erfüllt sind.

Die Ableitung der Implikatur (4b) wäre somit für die Vertreter der Relevanztheorie eine relativ aufwendige, nicht notwendige Inferenz, während nach Auffassung von Neo-Griceschen Ansätzen die Implikatur keinen besonderen Aufwand verlangen würde. Dagegen sollten Neo-Gricesche Ansätze vorhersagen, dass eine gelegentlich auftretende Nicht-Ableitung der Implikatur mit erhöhtem Aufwand verbunden wäre, da Hörer hier die zunächst auftretende Implikatur wieder löschen müssten.

In der Studie von Noveck/Posada (2003) ging es darum, experimentelle Evidenz für oder gegen die Annahme zu gewinnen, dass Hörer bei der Verarbeitung von Äußerungen wie (4a) die skalare Implikatur (4b) automatisch ableiten. Dazu führten sie Reaktionszeitmessungen und eine ERP-Studie mit 19 Teilnehmern im Alter zwischen 21 und 32 Jahren durch. Diesen Probanden legten sie (im Original französische) Sätze wie (5) zusammen mit Sätzen wie (6) und (7) vor, die diese hinsichtlich ihrer Wahrheit oder Falschheit beurteilen sollten. Die Sätze wurden den Probanden Wort für Wort an einem Bildschirm präsentiert, die Beurteilung geschah über Knopfdruck.

(5) Einige Elefanten haben Rüssel.
(6) Einige Krähen haben Radios.
(7) Einige Häuser haben Ziegelsteine.

Während (6) ganz klar falsch und (7) ganz klar wahr ist, handelt es sich bei (5) um einen unterinformativen Satz: Es gehört zu unserem Weltwissen, dass Elefanten normalerweise Rüssel haben. Im Vergleich dazu ist (5) unterinformativ, denn man würde auf Basis dieses Weltwissens nicht „einige" erwarten, sondern „alle". Zu beachten ist aber, dass (5) logisch wahr ist, denn wenn es wahr ist, dass alle Elefanten Rüssel haben, dann ist auch wahr, dass

Neo-Gricesche vs. relevanztheoretische Position

unterinformative Sätze

einige Elefanten Rüssel haben. Unterinformative Sätze eignen sich besonders gut für die experimentelle Untersuchung der hier interessierenden Fragestellung, weil man an ihnen zeigen kann, ob die skalare Implikatur tatsächlich automatisch abgeleitet wird oder nur dann, wenn dies relevant erscheint. Wenn skalare Implikaturen automatisch abgeleitet werden, sollten sie auch für Sätze wie (5) abgeleitet werden. Ein „pragmatisches Urteil" über (5) wäre also (5′), wo die Implikatur für die Beurteilung eine Rolle spielt. Ein „logisches Urteil" wäre dagegen (5″), wo die Implikatur nicht abgeleitet wird.

(5′)   Pragmatisches Urteil: (5) ist falsch, da ja alle Elefanten einen Rüssel haben und der Sprecher dies dann auch hätte sagen sollen.

(5″)   Logisches Urteil: (5) ist wahr, denn wenn alle Elefanten einen Rüssel haben, gilt auch, dass einige Elefanten einen Rüssel haben.

Reaktionszeit-messung   Hinsichtlich der Reaktionszeit sollte ein Neo-Gricescher Ansatz vorhersagen, dass die Probanden für ein logisches Urteil mehr Zeit brauchen als für ein pragmatisches Urteil, denn die Implikatur sollte standardmäßig abgeleitet werden und müsste für ein logisches Urteil dann wieder gelöscht werden. Ein relevanztheoretischer Ansatz würde dagegen vorhersagen, dass logische Urteile schneller gefällt werden als pragmatische, denn das logische Urteil wäre die im Verstehensprozess zuerst zugängliche, relevante Interpretation.

ERP-Profile   Hinsichtlich der ERP-Studie war die Idee, die ERP-Wellenprofile, die sich für den Verarbeitungsprozess von Sätzen wie (6) und (7) aufzeichnen ließen, mit den Wellenprofilen zu vergleichen, die bei der Verarbeitung von Sätzen wie (5) entstanden. Wenn die ERP-Profile für (5) denen für die klar falschen Sätze (6) gleichen, deutet dies darauf hin, dass skalare Implikaturen eher früh und automatisch bei der Verarbeitung der Äußerung entstehen. Gleichen sie den Profilen für die klar wahren Sätze (7), deutet dies eher darauf hin, dass die Implikatur für die Wahrheitsbewertung keine Rolle spielt.

Ergebnis   Das Ergebnis der Studie war, dass sieben Teilnehmer die unterinformativen Sätze mit wahr und 12 mit falsch beurteilten, d. h. die Mehrheit urteilte „pragmatisch". Die Reaktionszeiten in Bezug auf die unterinformativen Sätze waren 655 ms bei den logischen Antworten (n = 7) und 1203 ms bei den pragmatischen Antworten (n = 12). Dies werten Noveck/Posada als Evidenz gegen den Neo-Griceschen Ansatz, da sich zeige, dass die Probanden für das pragmatische Urteil größeren Verarbeitungsaufwand betreiben müssen als für das logische Urteil. Die ERP-Messungen ergaben, dass die unterinformativen Sätze, unabhängig von ihrer Beurteilung, generell nur flache N400-Wellen hervorriefen, dass es also keine spezielle neuronale Reaktion auf diese Sätze gab. Dies deutet nach Noveck/Posada darauf hin, dass auch die Probanden, die die Implikatur ziehen, diese nicht während der Online-Verarbeitung der Äußerung ableiten, sondern erst später. Insgesamt sehen die Autoren damit die relevanztheoretische Sicht bestätigt, dass „implicatures are part of a late-arriving, effort-demanding decision process" (Noveck/Posada 2003: 203).

Man kann sich aber die Frage stellen, ob Levinsons Annahme, dass es sich bei skalaren Implikaturen um GCIs handelt, die relativ kontextunabhängig auftreten, wirklich unverträglich ist mit den Ergebnissen von Noveck/Posada (2003). Möglicherweise ist mit der relativen Kontextunabhängigkeit noch nichts darüber behauptet, wie sich die Ableitung der Implikatur in der realen Sprachverarbeitung gestaltet. (Weitere Denkanstöße hierzu liefern die Aufgaben 1 und 2.)

5.2.4. Spracherwerb: Ein Bildauswahltest zum Sprechakt des Versprechens

Während die experimentell-pragmatische Untersuchung des Sprachverstehens auf die (rezeptive) pragmatische Kompetenz von erwachsenen Sprechern gerichtet ist, geht es in experimentell-pragmatischen Studien zum Spracherwerb darum, zu rekonstruieren, wie und in welcher zeitlichen Ordnung sich pragmatische Fähigkeiten – in Abhängigkeit von anderen sprachlichen, motorischen, kognitiven und emotionalen Fähigkeiten – bei Kindern entwickeln.

In Bezug auf den Erwerb von Sprechakten, für die die kommunikative Intention des Sprechers zentral ist, kann man nach Meibauer (2007a) schon sehr früh Intentionen von Kindern nachweisen. So zeigen Kinder im Alter zwischen 9 und 12 Monaten bereits durch Gesten und Vokalisierungen kommunikative Intentionen an. Eine große Rolle spielen dabei Zeigehandlungen. Erste Proto-Sprechakte sind Aufforderungen und Proteste. Das Sprechaktarsenal erweitert sich sukzessive, so dass Kinder bereits ab 18 Monaten Aufforderung, Bitte, Ja/Nein-Frage, Beschreibung, Kommentar, Zustimmung, Ablehnung, Widerspruch und Selbstaufforderung beherrschen. Sprechakte, die Wissen über die Wünsche und Einstellungen anderer erfordern, wie z. B. Versprechen und Lügen, entwickeln sich dagegen erst später. *Sprechakterwerb*

Wir wollen uns hier genauer mit einer Studie von Bernicot/Laval (1996) (vgl. auch Bernicot/Laval 2004) beschäftigen, die überprüft haben, wie sich der Erwerbsverlauf für die von Searle (1971) aufgestellten Glückensbedingungen für Versprechen gestaltet. *Glückensbedingungen für Versprechen*

Glückensbedingungen für den Sprechakt des Versprechens (nach Searle 1971: 88–95)
- Bedingung des propositionalen Gehalts: Das Versprechen nimmt auf eine zukünftige Handlung des Sprechers Bezug.
- Einleitungsbedingungen: 1. Die Handlung ist im Interesse des Hörers; 2. Es ist nicht offensichtlich, dass der Sprecher die Handlung bei normalem Verlauf der Ereignisse sowieso ausführen wird.
- Aufrichtigkeitsbedingung: Der Sprecher hat die Absicht, die Handlung auszuführen.
- Wesentliche Bedingung: Der Sprecher verpflichtet sich zum Ausführen der Handlung.

Mit ihrer Untersuchung knüpfen Bernicot/Laval (1996) an eine Studie von Astington (1988) an, die ergab, dass Versprechen von vielen Kindern im Alter zwischen 5 und 9 Jahren als wahre Feststellungen über zukünftige (oder auch vergangene) Sachverhalte aufgefasst werden. Zentral für Kinder ist dabei, dass die Handlung tatsächlich vollzogen wird. Dies lässt sich als ein Aspekt der Aufrichtigkeitsbedingung verstehen. Dagegen ist für Kinder in diesem Alter irrelevant, ob die Handlung unter Kontrolle des Sprechers steht oder nicht. Hieraus ergibt sich die Überlappung mit Vorhersagen. Erst ab 9 Jahren machen Kinder einen Unterschied zwischen Versprechen und Vor- *kindlicher Erwerb des Versprechens* hersagen, je nachdem, ob die Handlung vom Sprecher bewirkt ist oder nicht. Die vollständige Unterscheidung zwischen Versprechen (kommissiven Sprechakten) und Assertionen entwickelt sich zwischen 11 und 13 Jahren.

Ziele und Hypothesen

Bernicot/Laval (1996) untersuchten, inwieweit Kinder im Alter zwischen 3 und 10 Jahren den Sprechakt des Versprechens verstehen können. Ziel war es, mehr über die Rolle der Aufrichtigkeitsbedingung und der ersten Einleitungsbedingung herauszufinden. Auf Basis von Astingtons Ergebnissen, wonach bereits 5-Jährige ein Verständnis der Aufrichtigkeitsbedingung haben, war die Hypothese der Autorinnen, dass Kinder die Aufrichtigkeitsbedingung früher erwerben als die Einleitungsbedingung. Eine weitere Hypothese war, dass Versprechen, in denen beide Bedingungen erfüllt sind, von jüngeren Kindern leichter verstanden werden als Versprechen, in denen eine der beiden Bedingungen nicht erfüllt ist. Als Methode verwendeten Bernicot/Laval Bildauswahltests. Das erste Experiment richtete sich auf die Einleitungsbedingung, das zweite auf die Aufrichtigkeitsbedingung. In beiden Experimenten wurde als weitere Variable die sprachliche Form des Versprechens – explizit performative Äußerung oder futurischer Deklarativsatz – einbezogen.

Experiment 1

Experiment 1 wurde mit 72 Kindern im Alter von 3, 6 und 10 Jahren durchgeführt. Den Kindern wurden Bildergeschichten vorgelegt, in denen die Einleitungsbedingung einmal erfüllt war und einmal nicht. Die Aufrichtigkeitsbedingung war in diesem Experiment immer erfüllt. Die Aufgabe der Kinder war, eines von zwei vorgegebenen Bildern als Ende der Geschichte auszuwählen. Diese Bilder zeigten den Hörer einmal in zufriedenem und einmal in unzufriedenem Zustand.

Abb. 7 gibt ein Beispiel für eine Bildergeschichte, in der die Einleitungsbedingung nicht erfüllt war (Bild 1). Hier wird das Versprechen in Form eines futurischen Deklarativsatzes abgelegt (Bild 2). Die erfüllte Aufrichtigkeitsbedingung ist durch die tatsächliche Realisierung der Handlung (Bild 3) operationalisiert. Die korrekte Antwort zu der in Abb. 7 dargestellten Bildergeschichte mit nicht erfüllter Einleitungsbedingung ist die Bildauswahl „Bill's father is unhappy". Die korrekte Antwort zu einer alternativen Bildergeschichte mit erfüllter Einleitungsbedingung – in der es der ausdrückliche Wunsch von Bills Vater ist, dass Bill den Hund mit dem Schlauch wäscht – wäre dagegen „Bill's father is happy". Die Idee dabei ist, dass Kinder, die eine korrekte Antwort geben können, bereits etwas über die Rolle der Einleitungsbedingung wissen. Experiment 1 ergab folgende Resultate:

Ergebnisse

1. 3-Jährige gaben weniger korrekte Antworten (61,9%) als 6-Jährige (70,7%) und 10-Jährige (91,6%).

2. Unabhängig vom Alter gaben Kinder mehr korrekte Antworten, wenn die Einleitungsbedingung erfüllt war (91,6%), als wenn sie nicht erfüllt war (57,9%). Der Umgang mit nicht-prototypischen Versprechenskontexten bereitete Kindern somit in allen Altersstufen Probleme.

3. Die sprachliche Form hatte keinen Einfluss, wenn die Einleitungsbedingung erfüllt war. War die Einleitungsbedingung nicht erfüllt, führte die Form mit explizit performativem Verb zu einer höheren Fehlerquote als die Form mit futurischem Deklarativsatz.

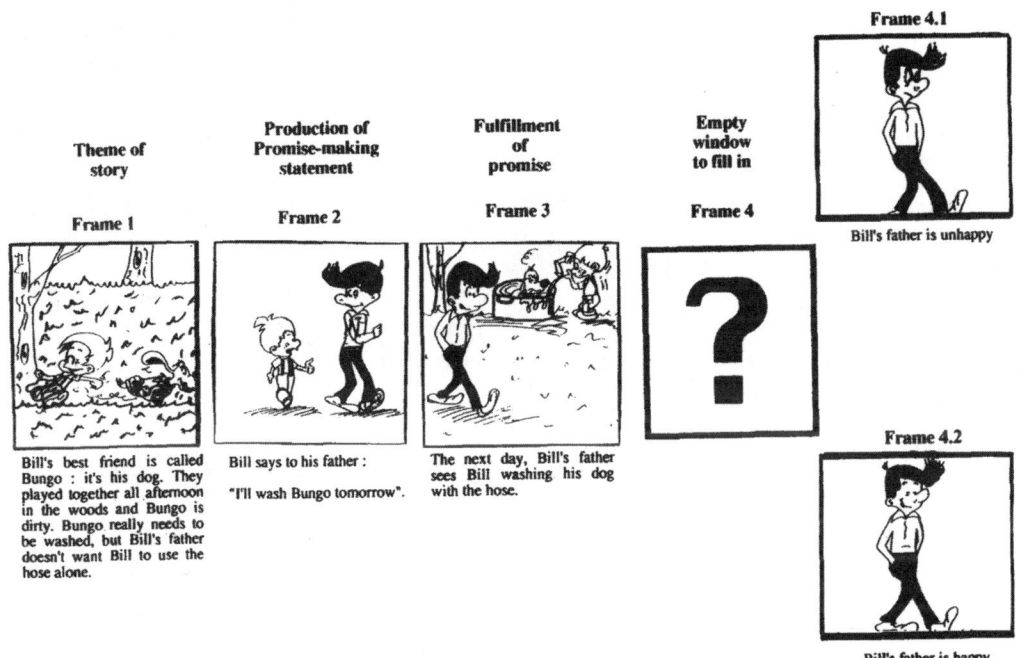

Abb. 7: Bildergeschichte zu Experiment 1 mit nicht erfüllter Einleitungsbedingung (Bernicot/Laval 1996: 109)

Experiment 2 wurde mit 36 Kindern im Alter von 3, 6 und 10 Jahren durchgeführt. Das Verfahren war dasselbe wie in Experiment 1, nur dass in Experiment 2 statt der Einleitungsbedingung die Aufrichtigkeitsbedingung manipuliert wurde. Abb. 8 zeigt eine Bildergeschichte mit erfüllter Aufrichtigkeitsbedingung (Bild 3). Das Versprechen wird hier in Form eines expliziten Performativs ausgeführt (Bild 2). Die korrekte Antwort zu der in Abb. 8 dargestellten Bildergeschichte mit erfüllter Aufrichtigkeitsbedingung ist „Bill's father is happy". Die korrekte Antwort zu einer alternativen Bildergeschichte mit nicht erfüllter Aufrichtigkeitsbedingung – in der Bill das Licht nicht bald ausmacht – wäre „Bill's father is unhappy." Hier deutet eine korrekte Antwort darauf hin, dass das Kind etwas über die Aufrichtigkeitsbedingung weiß. Experiment 2 ergab folgende Resultate:

Experiment 2

Ergebnisse

1. 3-Jährige gaben weniger korrekte Antworten (71,2%) als 6-Jährige (91,6%) und 10-Jährige (99,5%).
2. 3-Jährige gaben mehr korrekte Antworten, wenn die Aufrichtigkeitsbedingung erfüllt war (85,2%), als wenn sie nicht erfüllt war (57,4%). Dagegen gaben die 6- und 10-Jährigen korrekte Antworten unabhängig davon, ob die Aufrichtigkeitsbedingung erfüllt war oder nicht. Der Umgang mit nicht-prototypischen Versprechenskontexten bereitete somit insbesondere 3-Jährigen Probleme, während die 6- und 10-Jährigen bereits unterschiedliche Erfüllungsmodalitäten der Aufrichtigkeitsbedingung beherrschten.
3. Die sprachliche Form des Versprechens hatte keinen Einfluss auf die Anzahl korrekter Antworten.

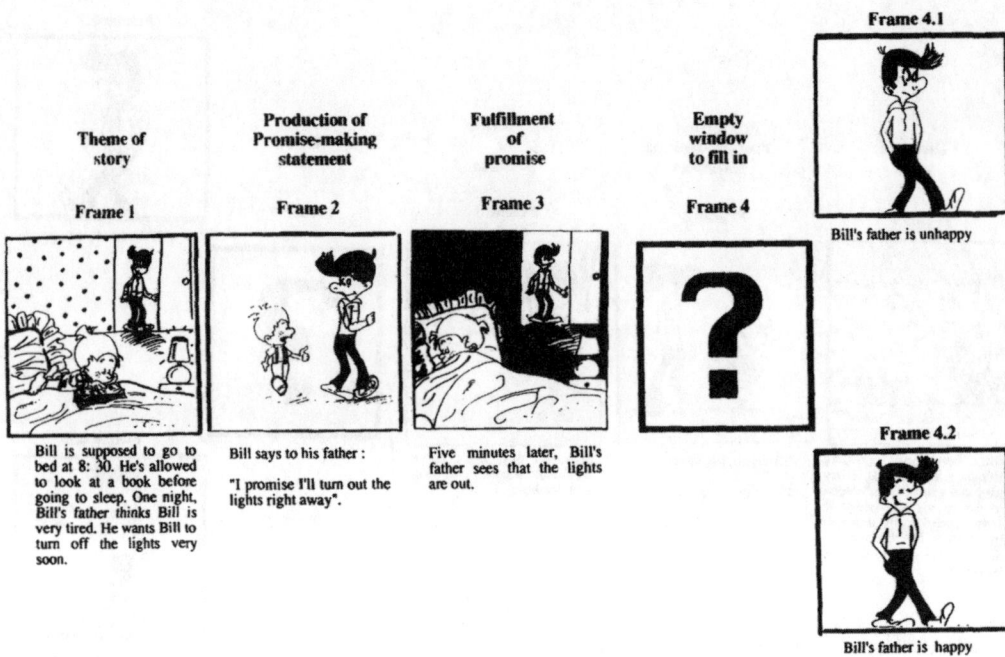

Abb. 8: Bildergeschichte zu Experiment 2 mit erfüllter Aufrichtigkeitsbedingung (Bernicot/Laval 1996: 114)

Schlussfolgerungen

Allgemein schließen Bernicot/Laval (1996: 119) aus ihren Ergebnissen, dass bereits 3- und 6-Jährige sensibel für Verstehenshinweise sind, die etwas über Hörerwünsche und Sprecherabsichten mitteilen. Hinsichtlich des Erwerbs der Glückensbedingungen sehen die Autorinnen die Hypothese für bestätigt an, dass die Aufrichtigkeitsbedingung früher erworben wird als die erste Einleitungsbedingung. Ebenfalls für bestätigt erachten sie die Annahme, dass prototypische Versprechen, in denen beide Bedingungen erfüllt sind, leichter verstanden werden als nicht prototypische Versprechen. Dies gilt hinsichtlich der Erfülltheit der Einleitungsbedingung für alle Altersstufen, hinsichtlich der Erfülltheit der Aufrichtigkeitsbedingung nur für die jüngsten Kinder.

Man muss hier aber die Frage stellen, ob die Konzeption der Aufrichtigkeitsbedingung als Erfüllung der Handlung, wie sie für die Experimente umgesetzt wurde, überhaupt der theoretischen Konzeption der Aufrichtigkeitsbedingung bei Searle entspricht. Mit anderen Worten: Was haben Bernicot/Laval (1996) in Bezug auf das Versprechenskonzept eigentlich genau getestet? (Denken Sie darüber weiter in Aufgabe 3 nach!)

Insgesamt haben wir in diesem Kapitel gesehen, dass die experimentell-pragmatische Forschung einiges dazu beitragen kann, die pragmatische Theoriebildung zu präzisieren. Nach Meibauer (2007a) ist es aber vorschnell, das eine oder andere Ergebnis als Bestätigung der einen oder anderen Theorie zu sehen. Als Vorteil der experimentell-pragmatischen Forschung sieht Meibauer (2007a: 372),

„dass man die Chance hat, manche sehr globale Hypothesen pragmatischer Theorien im Angesicht von vielfältig strukturierten Daten zu überprüfen und langfristig zu verfeinern. Dadurch gewinnt die pragmatische Theorie, die Psycholinguistik bzw. experimentelle Psychologie, und nicht zuletzt [...] die Theorie der pragmatischen Entwicklung".

5.3. Kontrastive und interkulturelle Pragmatik

Die kontrastive Pragmatik (engl. *cross-cultural pragmatics*) und die interkulturelle Pragmatik (engl. *intercultural pragmatics*) sind Anwendungsgebiete der Pragmatik, die sich für den Einfluss kultureller und sozialer Faktoren auf das kommunikative Handeln interessieren. Sie tun dies aus je unterschiedlichen Perspektiven und mit je unterschiedlichen Fragestellungen.

5.3.1. Kontrastive Pragmatik

Die kontrastive Pragmatik ist die ältere der beiden Forschungsrichtungen. Ihr Hauptziel ist es, Gemeinsamkeiten und Unterschiede im sprachlichen Verhalten von Sprechern unterschiedlicher Sprachen aufzudecken, wobei der Fokus auf der Realisierung pragmatischer Kategorien, z. B. bestimmter Sprechakte, liegt. Es handelt sich damit um einen sprachvergleichend-systematischen Ansatz. Nach Wierzbicka (1991: 69) ist für die kontrastive Pragmatik die Idee grundlegend, dass

> sprachvergleichend-systematischer Ansatz

„in different societies, and different communities, people speak differently; these differences in ways of speaking are profound and systematic; [they] reflect different cultural values, or at least different hierarchies of values; different ways of speaking, different communicative styles, can be explained and made sense of, in terms of independently established different cultural values and cultural priorities".

Beispielsweise ist es in Schweden eher unüblich, vor dem gemeinsamen Essen einen guten Appetit zu wünschen. Es gibt dafür zwar eine Entsprechung (*Smaklig måltid!*), diese wird aber kaum verwendet. Dagegen sind die Schweden befremdet, wenn die Familienmitglieder sich nicht nach dem Essen bei demjenigen bedanken, der das Essen gekocht hat (*Tack för maten!*). Man kann also z. B. fragen, ob die schwedischen Kinder höflicher sind als die deutschen, weil sie sich fürs Essen bedanken, oder ob z. B. der Sprechakt des guten Wünschens im Deutschen in anderen Situationen vollzogen wird als im Schwedischen.

Die grundlegende Annahme der kontrastiven Pragmatik ist, dass Sprecher sich in der Interaktion an kulturellen und sozialen Normen und Werten der Sprachgemeinschaft orientieren, der sie angehören, und dass diese Normen sich von Sprachgemeinschaft zu Sprachgemeinschaft unterscheiden. Der Erwerb dieser sprach- und kulturspezifischen Normen ist ein wichtiger Teil der pragmatischen Kompetenz, und ihre Nichtbeherrschung kann zu Missverständnissen führen. In (1) versteht Dmitrij, der Englisch als Zweitsprache spricht, die Äußerung des Amerikaners Bill anders als intendiert: Während

> unterschiedliche sprachlich-kulturelle Normen

die Äußerung für amerikanische Sprecher eine Art Routineformel beim Abschied darstellt, fasst Dmitrij sie wörtlich als Vorschlag auf.

(1) Bill: Well, I have to go now. Why don't we have lunch some time?
    Dmitrij: When? Do you have time tomorrow at noon?
    Bill: I am afraid not. I'll talk to you later.
    (Kecskes 2013: 16)

Durch ihre Analyse unterschiedlichen sprachlich-kulturellen Wissens liefert die kontrastive Pragmatik damit auch Input für den Fremd- und Zweitspracherwerb.

5.3.2. Interkulturelle Pragmatik

Die interkulturelle Pragmatik ist eine neuere Forschungsrichtung, die sich erst in den 2000er Jahren als eigenes Forschungsgebiet etabliert hat. In der interkulturellen Pragmatik geht es nach Kecskes (2013: 14) um

„the way the language system is put to use in social encounters between human beings who have different first languages, communicate in a common language, and, usually, represent different cultures".

„Interkulturen" Ziel der interkulturellen Pragmatik ist es, die sprachlich-kulturellen Verstehensprozesse zu untersuchen, die in „Interkulturen" stattfinden, d.h. in Begegnungen zwischen Sprechern unterschiedlicher Erstsprachen, die in einer gemeinsamen Sprache (z.B. Englisch) kommunizieren. Angesichts der ständig wachsenden Zahl von mehrsprachigen Sprechern in der Welt liegt die Notwendigkeit des Forschungsbereichs interkulturelle Pragmatik auf der Hand.

pragmatische Prinzipien in multilingualen Settings Die interkulturelle Pragmatik ist weniger auf die Herausarbeitung von sprachsystematischen Unterschieden oder potentiellen Fehlerquellen beim Zweitspracherwerb aus als vielmehr darauf, zu untersuchen, wie Kommunikationspartner im aktuellen Sprachgebrauch trotz ihres unterschiedlichen sprachlich-kulturellen Hintergrunds gemeinsam Verstehen hervorbringen. Eine wichtige Grundfrage ist, wie sich pragmatische Theorien – die in der Regel auf monolinguale Sprecher zugeschnitten sind – auf solche interkulturellen Situationen anwenden lassen: Wie funktioniert das Verstehen, wenn Interaktanten eben gerade kein (oder nur partielles) gemeinsames Hintergrundwissen und keine (oder nur temporäre) gemeinsamen Überzeugungen und kulturellen Modelle haben? Nach Kecskes (2013) ist es für solche interkulturellen Begegnungen umso entscheidender, dass die Kommunikationspartner im aktuellen Interaktionskontext einen gemeinsamen Kontext erzeugen, da sie sich nur begrenzt auf einen „mitgebrachten" Kontext verlassen können.

Beispiel (2) ist ein Dialog zwischen einem Pakistani, einem Chinesen und einem Kolumbianer.

(2) Pakistani: You said you live with your son. So your wife is not here.
    Chinese: Yes, I am alone, I am with my son.
    Columbian: Will your wife come to visit?
    Chinese: Yes, she came yesterday.

Pakistani: Did she come from China?
Chinese: Yes, she arrived from Nanjing.
(Kecskes 2013: 10)

Während die Äußerungen in (2) für sich genommen z. T. widersprüchlich wirken (*I am alone, I am with my son*), scheinen die Interaktanten dennoch problemlos zu verstehen, worum es hier geht. Für das Verständnis braucht man aber den Diskursausschnitt als ganzen; ein Blick auf die einzelnen Äußerungen genügt nicht. (Können Sie in (2) noch weitere Widersprüche entdecken?)

Beispiel (3) illustriert, wie Interaktanten in der interkulturellen Kommunikation bestimmte kulturelle Konzepte erst miteinander „erarbeiten" müssen.

(3) Dutch: What do you know about Kemal's mother?
Turkish: His mother was a house woman. Every job used to come from her hand. In making food there was no one on top of her.
Dutch: You mean she was a good cook?
Turkish: Yes, yes ...
(Kecskes 2013: 78)

Die eher „poetisch" anmutende Formulierung des türkischen Sprechers in (3) übersetzt der Niederländer in ein recht profanes Konzept von „good cook".

In diesem Kapitel schauen wir uns exemplarisch zwei Studien an, die typische Fragestellungen der kontrastiven Pragmatik einerseits und der interkulturellen Pragmatik andererseits illustrieren. In der kontrastiven Pragmatik werden wir uns genauer mit einer Studie zur Höflichkeit auseinandersetzen, in der interkulturellen Pragmatik mit einer Studie zu phraseologischem Sprachgebrauch.

5.3.3. Eine kontrastiv-pragmatische Studie zu Höflichkeit

Ein wichtiges und gut untersuchtes Thema in der kontrastiv-pragmatischen Forschung ist Höflichkeit. Die Grundfrage ist, wie Höflichkeit – ein oft als universal angenommenes Konzept – in unterschiedlichen Sprachen ausgedrückt wird. Das pragmatische Konzept der Höflichkeit ist maßgeblich von der Arbeit von Brown und Levinson (1987) geprägt. Nach Brown/Levinson (1987) besteht Höflichkeit in dem Bemühen, das Gesicht (engl. *face*) des Anderen zu schützen. Mit Gesicht ist dabei das öffentliche Bild gemeint, das eine Person für sich beansprucht. Diese Bedeutung findet man auch in Redewendungen wie *das Gesicht wahren/verlieren*.

Es gibt Sprechakte, mit denen man das Gesicht des Anderen bedrohen kann, und solche, die dazu dienen, es zu schützen. Brown/Levinson unterscheiden entsprechend zwischen *face-threatening acts* (gesichtsbedrohende Akte) und *face-saving acts* (gesichtsbeschützende Akte). Im Bereich der indirekten Sprechakte haben wir ja bereits gesehen, dass ein wichtiges Motiv für die Wahl eines indirekten Sprechakts darin besteht, höflich sein zu wollen. Dass eine indirekte Aufforderung wie *Könntest du mir wohl mit etwas Kleingeld aushelfen?* als höflicher wahrgenommen wird als eine direkte Aufforderung wie *Schieb den Zaster rüber, aber dalli!*, hat somit nach Brown/Levinson damit zu tun, dass die indirekte Formulierung im Vergleich zur direkten

gesichtsbedrohende vs. gesichtsbeschützende Akte

Formulierung weniger gesichtsbedrohend für den Adressaten ist. Aus unserem Alltag kennen wir viele Situationen, in denen Höflichkeit eine große Rolle spielt, etwa bei der Wahl einer passenden Anrede oder Grußformel, beim Formulieren von Absagen, Bitten oder Zeugnissen, oder beim Stellen von (kritischen) Fragen. Verstöße gegen Höflichkeitskonventionen einer Sprachgemeinschaft können einschneidende Konsequenzen haben (z. B., dass ich meinen Traumjob nicht bekomme, weil ich beim Vorstellungsgespräch den Chef geduzt habe).

positives vs. negatives Gesicht Nach Brown/Levinson hat jede Person ein positives und ein negatives Gesicht. (Damit ist keine Bewertung impliziert, es geht nur um zwei unterschiedliche Arten von Gesicht). Das positive Gesicht bezieht sich auf den Wunsch von Interaktionsteilnehmern, dass die eigene Person von anderen anerkannt und gutgeheißen wird, und dass eigene Präferenzen von anderen geteilt werden. Das negative Gesicht bezieht sich auf den Anspruch auf Freiheit der eigenen Handlungswahl, auf Ungestörtheit und ein eigenes Territorium. Entsprechend unterscheidet man zwischen positiver und negativer Höflichkeit. Positiv höflich verhält sich eine Sprecherin, wenn sie das positive Gesicht des Adressaten zu wahren versucht, z. B. indem sie dem Adressaten Aufmerksamkeit schenkt (*Was für eine schöne Vase! Wo haben Sie die denn her?*), In-group-Markierungen verwendet (*Hol doch noch das Dessert, Liebling!*), ,sichere' Gesprächsthemen wählt wie Urlaub oder Wetter, oder anzeigt, dass sie die Wünsche des Adressaten kennt (*Ich weiß, du magst keine Flugreisen, aber ich würde so gern mal Kanada sehen*). Negativ höflich verhält sich ein Sprecher, wenn er das negative Gesicht der Adressatin zu wahren versucht, z. B. indem er indirekte statt direkte Aufforderungen vollzieht (*Könntest du mir das Salz reichen?*), explizite Annahmen über Präferenzen der Adressatin vermeidet (*Der neue Film mit Bruce Willis soll ziemlich gut sein* [statt: ... *ist gut*]), sich dafür entschuldigt, dass er ihr etwas abverlangt (*Entschuldigen Sie die Störung, ich suche den Raum mit der Nummer 916*), oder indem er seine Wünsche minimiert (*Hättest du eine Minute Zeit?*).

Höflichkeits- strategien Bei der Höflichkeit geht es also nach Brown/Levinson darum, gesichtsbedrohende Akte zu vermeiden bzw. unvermeidliche gesichtsbedrohende Akte abzuschwächen. Sprecher können verschiedene Strategien wählen, mit notwendigen gesichtsbedrohenden Akten umzugehen. Wenn Annika unten in Pippis hohlem Limonadenbaum festsitzt, weil Tommy aus Versehen die Leiter hochgezogen hat, hat sie unterschiedliche Möglichkeiten, sich aus dieser misslichen Lage zu befreien (vgl. Abb. 9).

Aus Abb. 9 geht hervor, dass Höflichkeit sowohl ein Motiv zur Verwendung indirekter Sprechakte darstellt (wie z. B. bei der negativen Höflichkeit) als auch ein Motiv zur Verwendung von Äußerungen, die zu Implikaturen einladen (die *off record*-Fälle oder Andeutungen). Weiter wird hier klar, dass es durchaus Situationen geben kann, in denen Höflichkeit die weniger präferierte Strategie darstellt, etwa dann, wenn es wichtiger ist, dass rasch Hilfe kommt, als dass Höflichkeitskonventionen beachtet werden (*bald on record*-Fälle, z. B. *Hilfe!*). Das heißt, die gewählte Höflichkeitsstrategie hängt vom Situationstyp ab.

Eine weitere Variable, der in der kontrastiv-pragmatischen Forschung große Aufmerksamkeit geschenkt wird, ist die Sprache, in der etwas ausgedrückt wird: Die Annahme dabei ist, dass Höflichkeit ein universelles Prinzip ist, dass

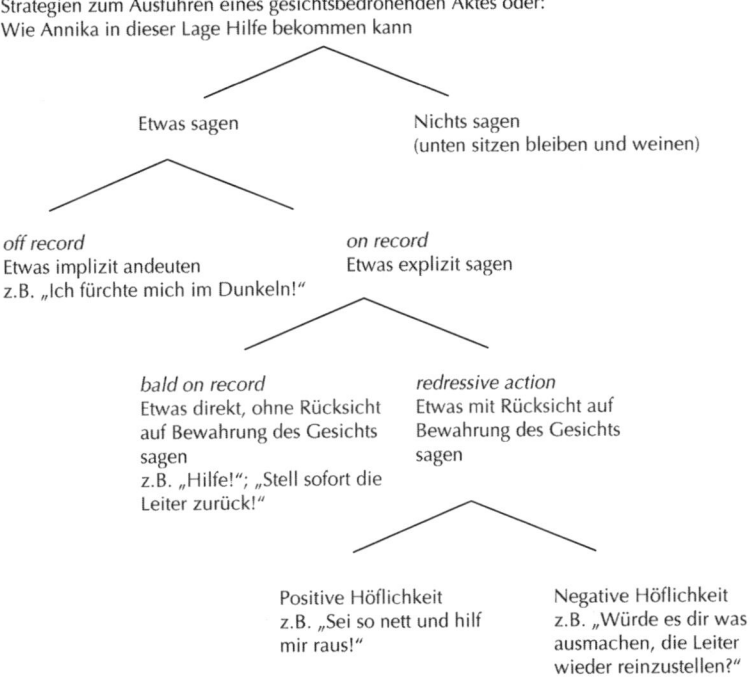

Abb. 9: Strategien zur Ausführung potentiell gesichtsbedrohender Akte, nach Brown/Levinson (1987: 69)

Sprecher verschiedener Sprachgemeinschaften sich aber darin unterscheiden, welche Präferenzen sie bei der Wahl von Höflichkeitsstrategien zeigen.

Eine solche kontrastiv-pragmatische Studie zur Höflichkeit ist die Untersuchung von Blum-Kulka und House (1989a), die fünf Sprechergruppen – *native speakers* von fünf verschiedenen Sprachen – daraufhin verglichen haben, wie diese Bitten (*requests*) realisierten. Bitten sind Sprechakte, die das negative Gesicht des Hörers bedrohen, da sie etwas von ihm verlangen. Die Aufgabe dessen, der eine Bitte vollzieht, ist es daher, zu versuchen, die potentielle Gesichtsbedrohung abzumildern. Ziel der Studie war es, herauszufinden, welche Strategien die Sprecher der verschiedenen Sprachen dabei – in Abhängigkeit vom Situationstyp – jeweils bevorzugten.

Die untersuchten Sprachen waren Iwrit (Neu-Hebräisch), kanadisches Französisch, argentinisches Spanisch, australisches Englisch und Deutsch, bei den Sprechern handelte es sich um Studierende. Aufgabe der Probanden war es, für fünf Situationstypen jeweils passende Bitten in einem Lücken-Dialog zu ergänzen. Die fünf Situationstypen waren:

(a) Dialog zwischen WG-Bewohnern: Bitte, die Küche zu putzen;
(b) Dialog zwischen Studierenden: Bitte, Vorlesungsmitschrift leihen zu dürfen;
(c) Dialog zwischen Nachbarn: Bitte um eine Mitfahrgelegenheit;
(d) Polizist zu Autofahrer: Bitte, das Auto wegzufahren;
(e) Dozent zu Student: Bitte, das Präsentationsdatum zu verschieben.

Bitten – kontrastiv-pragmatisch

Situationstypen

Für Situationstyp (b) sollte beispielsweise der Dialog (4) ergänzt werden:

(4) *At the University*
Ann missed a lecture yesterday and would like to borrow Judith's notes.
Ann: _____
Judith: Sure, but let me have them back before the lecture next week.
(Blum-Kulka/House/Kasper 1989b: 14)

Direktheitsgrade Die Antworten der Probanden wurden nach dem Grad ihrer Direktheit klassifiziert in Impositive (direkte Aufforderungen, z.B. *Mach mal die Küche sauber*), konventionell indirekte Bitten (*Ich wollte mal hören, ob ich mit Ihnen nach Hause fahren kann*) und Hints (Andeutungen, z.B. *Ich war gestern nicht in der Vorlesung*). Impositive entsprechen in etwa den oben genannten *bald on record*-Fällen, konventionell indirekte Bitten Fällen von *redressive action* und Hints den *off record*-Fällen.

Ergebnisse Als Ergebnis zeigte sich, dass die Sprechergruppen weitgehend dahingehend übereinstimmten, für welche Situationstypen sie einen höheren Grad an Direktheit wählten („high levels of cross-cultural agreement for trends of situational variation"). So war der Anteil an Impositiven in den Situationen (b) (Vorlesungsmitschrift) und (c) (Mitfahrgelegenheit) übereinstimmend eher gering, stieg über die Situationen (e) (Präsentation) und (a) (Küche) an und war am höchsten in der Situation (d) (Polizist). In der Polizist-Situation (d) realisierten die Probanden also die Bitte am direktesten. Die Verteilung der konventionell indirekten Bitten zeigte den umgekehrten Trend. Sprechergruppenübergreifend gab es am meisten indirekte Bitten in den Situationen (b) (Mitfahrgelegenheit) und (c) (Vorlesungsmitschrift), weniger in den Situationen (e) (Präsentation) und (a) (Küche) und am wenigsten in der Situation (d) (Polizist). Die dritte Strategie, eine Andeutung zu machen, wurde insgesamt nur selten gewählt.

Zugleich unterschieden sich aber die Sprechergruppen darin, wie hoch jeweils der Anteil der verschiedenen Strategien in einem gegebenen Situationstyp war („cross-cultural variation in choices of directness levels within some situations"). So wählten beispielsweise in der Küche-Situation (a) nur 11,6% der Australier, aber 74,4% der Argentinier Impositive. Während die Australier nur maximal 26,6% ihrer Bitten als Impositive realisierten, waren es bei den übrigen Sprechergruppen je nach Situation bis zu 77,5%.

kulturelle und situationelle Faktoren Eine Grundfrage vieler kontrastiv-pragmatischer Studien ist, inwieweit die Ergebnisse des Vergleichs auch auf kulturelle Unterschiede in der „Art zu sprechen" hinweisen. Die Studie von Blum-Kulka/House (1989a) kann so gedeutet werden, dass der kulturelle Faktor mit dem situationellen Faktor interagiert: Während Sprecher aller Sprachen ihre Aufforderungen je nach Situation unterschiedlich formulieren, wobei sich gemeinsame Trends abzeichnen, gibt es Unterschiede hinsichtlich der spezifischen Wahl der Strategie innerhalb einer gegebenen Situation. Blum-Kulka und House gelangen zu dem Schluss, dass der Grad der Direktheit in einer gegebenen Situation kulturspezifisch variiert. So waren insgesamt nur 10% der australisch-englischen Bitten als direkte Impositive formuliert, gegenüber 40% der argentinisch-spanischen und 33% der hebräischen Bitten. Die deutschen und kanadisch-französischen Sprecher lagen im Mittelfeld mit 20% Impositiven bei den deutschen und 22% bei den kanadisch-französischen Sprechern.

Das kann so interpretiert werden, dass die Australier Bitten höflicher vollziehen als die Argentinier oder Israelis. Dieser Schluss scheint allerdings etwas voreilig. Erstens ist grundsätzlich die Frage zu stellen, inwieweit „Sprache" mit „Kultur" gleichgesetzt werden darf (und wen wir eigentlich genau
meinen, wenn wir von „den Australiern" sprechen). Zweitens ist es keineswegs so, dass Indirektheit und Höflichkeit notwendigerweise (und zudem
sprach- bzw. kulturübergreifend) korrelieren. Beispielsweise kann man sich
indirekt ausdrücken und dabei jemanden beleidigen (*Wäre toll, wenn du
aus dem Weg gehen könntest, du Aas*). Ein anderes Beispiel dafür ist (5):
Hier drückt sich der Australier indirekt aus (er verwendet eine rhetorische
Frage), ist aber dabei extrem unhöflich (was die chinesische Bedienung allerdings nicht richtig deuten zu können scheint).

(5) [Kontext: An einem chinesischen Flughafen. Eine chinesische Bedienung
zu einem australischen Gast]
Chinese: Can I get you some more coffee, sir?
Australian: Who is stopping you?
Chinese: You want to stop me?
Australian: Oh no, just bring me the damned coffee.
(Kecskes 213: 201)

Umgekehrt kann man sich direkt ausdrücken, aber durch bestimmte sprachliche Marker wie *bitte* trotzdem Höflichkeit anzeigen (*Bitte fahren Sie Ihr
Auto weg*). Eine weitere Frage ist, ob Andeutungen eigentlich höflicher oder
doch eher unhöflicher sind als direkte Bitten. Schließlich fordern sie einiges
an Schlussfolgerungsaufwand vom Hörer, ohne dass sich die Sprecherin in
gleicher Weise wie bei direkten Sprechakten auf die Konsequenzen verpflichtet (Annika kann z. B. eine höfliche Bitte in Frageform widerrufen, indem sie sagt: „Ich hab ja nur gefragt!"). Auch dies ist nicht universell zu beantworten, sondern nur unter Berücksichtigung des Kontexts und der
jeweiligen (veränderlichen) sozialen und kulturellen Normen. Ein Verdienst
der Forschungen zur kontrastiven Pragmatik ist, dass bewusst gemacht wird,
dass Sprechakte in verschiedenen Sprechergruppen und in verschiedenen Situationen nicht nur unterschiedlich realisiert, sondern auch mit unterschiedlichen sozialen Bedeutungen aufgeladen werden können. Man sollte sich
aber davor hüten, bestimmte kommunikative Gewohnheiten aus einer als
unabhängig existent angenommenen Kultur „abzuleiten".

Am Konzept von Brown/Levinson kann man kritisieren, dass es Universali-
tät voraussetzt, jedoch lediglich auf Basis der Untersuchung von drei Sprachen (Englisch, Tzeltal und Tamil) entstanden ist. Es scheint auch etwas zu
kurz gegriffen, Höflichkeit als im Grunde „pessimistische" Kategorie zu kon-
zeptualisieren, bei der es nur um das ständige Erkennen und Minimieren potentieller Gesichtsbedrohungen geht. Grundsätzlich stellt sich die Frage, ob
Sprecher tatsächlich die rational Agierenden sind, die sich ganz aus individuellen Interessen heraus höflicher oder unhöflicher Strategien bedienen.
Höflichkeit betrifft ja gerade ganz zentral die Ebene der sozialen Beziehungen zwischen Interaktionspartnern.

Neuere Ansätze, z. B. Bousfield (2008) und Culpeper (2011), stellen heraus, dass man Höflichkeit stärker in Beziehung setzen sollte zu Unhöflichkeit, und dass Unhöflichkeit nicht einfach das „Ausbleiben" von Höflichkeit

ist, sondern ein komplexes interaktionales Phänomen, das einer eigenen Dynamik folgt. Ein bestimmtes Verhalten kann nicht *per se* höflich, nicht-höflich oder unhöflich genannt werden, sondern nur in Bezug auf (dynamisch zu verstehende) soziale Normen.

5.3.4. Eine interkulturell-pragmatische Studie zu phraseologischem Sprachgebrauch

Im Gegensatz zur kontrastiven Pragmatik, die sich für systematische Unterschiede zwischen Sprachen in Bezug auf bestimmte Aspekte des Sprachgebrauchs interessiert, richtet die interkulturelle Pragmatik den Blick auf die aktuelle Kommunikation zwischen Sprechern unterschiedlicher Erstsprachen, die in einer gemeinsamen Sprache kommunizieren. Ein Prüfstein für solche interkulturellen Situationen ist der Gebrauch phraseologischer Ausdrücke. Phraseologische Ausdrücke machen einen wichtigen Teil der pragmatischen Kompetenz von Sprechern einer Sprache aus, da sie kulturelle Werte, soziale Erwartungen und Sprechereinstellungen reflektieren können.

Ausdrucks-
präferenzen

Sprecher unterschiedlicher Sprachen haben unterschiedliche präferierte Arten, Dinge auszudrücken. In interkulturellen Situationen wird dies besonders deutlich, wie in (6) gezeigt.

(6) a. [Schild in einem österreichischen Skihotel] Not to perambulate the corridors in the hours of repose in the boots of descension.
b. Don't walk in the halls in ski boots at night.
(Kecskes 2013: 106)

Die Aufschrift (6a) ist grammatisch korrekt und verstehbar, aber für Englischsprecher vollkommen dispräferiert. Englische *native speakers* bevorzugen (6b), denn (6b) „klingt englischer".

Phraseologische Ausdrücke stellen für *non-native speakers* ein Problem dar, da ihr Erwerb mehr voraussetzt, als nur die Grammatik und die Wörter einer Sprache zu kennen, nämlich, dass genau diese sprachlichen Präferenzen erlernt werden. Hierzu bedarf es aber eines gewissen Grades an Sozialisation in einer bestimmten Sprachgemeinschaft: Die bevorzugte Art und Weise, etwas auszudrücken, ist nur erlernbar, indem wir in dieser Sprachgemeinschaft genügend soziale und kulturelle Erfahrung sammeln. Für die Forschung zur interkulturellen Pragmatik ergibt sich daraus die Frage, in welchem Ausmaß *non-native speakers* sich in der interkulturellen Interaktion an die Präferenzen der Vermittlungssprache – z. B. Englisch – halten (können), und ob formelhafte Sprache für interkulturelle Situationen dieselben Vorteile hat wie für „monolinguale" Situationen.

phraseologischer
Sprachgebrauch

Ein Großteil unserer Äußerungen in der alltäglichen Kommunikation besteht aus „vorgefertigten" Einheiten, die wir als Ganze abrufen und nicht frei generieren. Nach Wray (2002: 9) lässt sich eine formelhafte Äußerung definieren als

„sequence [...] of words or other elements, which is, or appears to be, prefabricated: that is, stored and retrieved whole from memory at the time of use, rather than being subject to generation or analysis by the language grammar".

Betrachten wir dazu den Alltagsdialog (7).

(7) A: Suchen Sie was Bestimmtes?
 B: Nein danke, ich schau mich nur um.
 A: Wenn Sie Hilfe brauchen, sagen Sie Bescheid!
 B: Ja, danke!

Sicher ist Ihnen sofort klar, welches die gedachte Situation ist, in der dieser Dialog stattfindet: Es handelt sich um ein Gespräch zwischen Verkäufer und Kundin in einem Geschäft. Keine der Äußerungen ist „kreativ" (im Sinne von neu gebildet für diesen speziellen Dialog), vielmehr nutzen beide Interaktionspartner ihr Wissen über die normale Abfolge bestimmter Äußerungen in einem solchen Gespräch, unter Beachtung der jeweiligen Rollen. Die einzelnen Äußerungen in (7) kann man auch als situationsgebundene Äußerungen bezeichnen, denn sie tragen einerseits wesentlich zur Konstitution der gegebenen Situation bei, andererseits ist ihr Auftreten in dieser Situation hochgradig vorhersagbar. Auch bei den fragmentarischen Äußerungen in (8) greifen wir auf unser kulturelles und konzeptuelles Wissen darüber zurück, in welchen Situationen diese verwendet werden können.

(8) a. Zwei Bier!
 b. Zwei Erwachsene!

Dieses kulturelle Wissen ist notwendig, um die Fragmente überhaupt richtig interpretieren zu können. (Handelt es sich um eine Bestellung von zwei Bier, oder handelt es sich um die Ansage, dass zwei Erwachsene ins Schwimmbad wollen?)

Der Bereich der formelhaften Ausdrücke oder Phraseologismen ist sehr weit und umfasst nicht nur situationsgebundene Äußerungen wie *Suchen Sie was Bestimmtes*, *Zwei Erwachsene*, *Schönen Tag noch* oder *Willkommen an Bord*. Zu den Phraseologismen gehören alle Mehrworteinheiten, die in einem bestimmten Sinn als festgeprägt aufgefasst werden können. Das sind z.B. grammatische Einheiten wie *weder … noch* oder *geschweige denn*, Funktionsverbgefüge wie *in Abrede stellen*, Kollokationen wie *Zähne putzen* oder *schütteres Haar*, Idiome wie *ins Gras beißen*, Diskursformeln wie *ehrlich gesagt* oder Sprechaktformeln wie *Stell dich nicht so an*. Nur eine Teilklasse der Phraseologismen weist eine nicht-wörtliche Bedeutung auf. Dazu gehören insbesondere die Idiome. Viele andere phraseologische Einheiten haben dagegen eine kompositionelle Bedeutung. Ihre Besonderheit besteht darin, dass es sich um vorgefertigte Einheiten im Sinne von Wray handelt, die funktional oder situativ restringiert sind.

Typen von Phraseologismen

Die angemessene Verwendung phraseologischer Sprache (das „idiomatische Sprechen") trägt zu einem wesentlichen Teil dazu bei, dass wir eine Sprecherin als *native speaker* einer Sprache wahrnehmen. Der Rückgriff auf solche sprachlichen Muster bringt für *native speakers* bestimmte Vorteile mit sich: Dazu gehört, dass die Verwendung reproduzierter Ausdrücke den Verarbeitungsaufwand bei der Sprachproduktion, aber auch beim Sprachverstehen erleichtert. Ein wesentlicher Faktor ist auch, dass der Gebrauch phraseologischer Sprache eine Verstehensbasis in der Interaktion schafft, da die Nutzung eines gemeinsamen Inventars von Ausdrucksweisen den Interaktanten eine gewisse Sicherheit gibt, dass sie so verstanden werden, wie sie es

Vorteile phraseologischen Sprechens

beabsichtigen. Vor diesem Hintergrund stellt sich die Frage, inwieweit auch „interkulturelle" Sprecherinnen auf vorgeprägte sprachlicher Muster der Lingua franca (d. h. der Vermittlungssprache) zugreifen, und inwiefern auch für die interkulturelle Kommunikation eine phraseologische Ausdrucksweise von Vorteil ist.

phraseologischer
Sprachgebrauch in
der Lingua franca

In einer Studie hierzu hat Kecskes (2007) untersucht, inwieweit Sprecher des Englischen als Lingua franca phraseologische Sprache verwenden, wenn keine *native speakers* an der Interaktion teilnehmen. In der Studie wurde die spontane Sprachproduktion von 13 Erwachsenen aufgezeichnet und analysiert, die sich auf Englisch unterhielten. Die Erstsprachen der Probanden waren Spanisch, Chinesisch, Polnisch, Portugiesisch, Tschechisch, Telugu, Koreanisch und Russisch. Alle Teilnehmer lebten seit mindestens sechs Monaten in den USA und hatten bei ihrer Ankunft in den USA mindestens mittlere Fertigkeiten im Englischen. In zwei Gruppen aufgeteilt, führten die Teilnehmer jeweils eine 30-minütige Diskussion über die Themen Wohnen, Arbeit sowie lokale Sitten und Gebräuche. Insgesamt ergab sich ein Korpus von 13.726 Wörtern.

Ziel der Studie war es, herauszufinden, zu welchem Anteil die Probanden festgeprägte Ausdrücke verwendeten, welche Typen von festgeprägten Ausdrücken sie bevorzugten, und welche formelhaften Ausdrücke die Teilnehmer selbst neu kreierten.

Als Ergebnis zeigte sich, dass der Anteil formelhafter Ausdrücke insgesamt nur 7,6% (1.040 Phraseologismen) betrug. Nach Kecskes kann man dieses Ergebnis so interpretieren, dass *non-native speakers* in sehr viel geringerem Ausmaß auf sprachliche Muster in der Lingua franca zurückgreifen als *native speakers* dieser Sprache. (Eine Kontrollgruppe mit *native speakers* gab es in der Studie allerdings nicht).

Die verwendeten Phraseologismen teilt Kescskes in folgende Typen ein: Grammatische Einheiten (z. B. *going to; have to*), feste semantische Einheiten (z. B. *after a while; for the time being*), phrasale Verben (z. B. *worried about; take care of*), Diskursformeln (z. B. *you know; that's why*), situationsgebundene Ausdrücke (z. B. *How are you?; Have a nice day!*) und Idiome (z. B. *give me a ride; that makes sense*). Die am häufigsten verwendeten Typen waren feste semantische Einheiten, phrasale Verben und Diskursformeln. Die Diskursformeln hatten allerdings ihren hohen Anteil v.a. drei einzelnen Formeln zu verdanken, die extrem häufig vorkamen (*you know; I/you mean; you're right*). Vernachlässigt man die Diskursformeln, sind also feste semantische Einheiten und phrasale Verben am häufigsten, wobei der Anteil an phraseologischen Ausdrücken im Korpus insgesamt sehr gering ist. Feste semantische Einheiten und phrasale Verben sind diejenigen Phraseologismustypen, die die höchste semantische Transparenz aufweisen.

semantische
Transparenz

Kecskes erklärt den hohen Anteil der semantisch transparenten Phraseologismen damit, dass Lingua franca-Sprecher es vermeiden, opake („undurchsichtige", d. h. nicht-kompositionelle) Ausdrücke wie z. B. Idiome zu verwenden, da sie davon ausgehen, dass ihre Interaktionspartner (die ja ebenfalls Englisch nicht als Muttersprache sprechen) sie dann weniger gut verstehen könnten. Da das gegenseitig voraussetzbare Wissen normalerweise auf die Kenntnis des sprachlichen Codes der Lingua franca beschränkt ist, spielt semantische Analysierbarkeit eine entscheidende Rolle für das Verständnis. Den geringen Anteil an situationsgebundenen Äußerungen erklärt Kecskes damit, dass *non-native speakers* diese zwar relativ leicht „aufschnappen", dass sie aber Schwierigkeiten haben, die sozio-kulturelle Aufladung dieser Ausdrücke vollständig zu verstehen. Das haben wir z. B. oben in (1) am Beispiel der Äußerung *Why don't we have lunch some time* gesehen.

Ein anderer Grund dafür, dass *non-native speakers* phraseologische Sprache eher vermeiden, könnte darin liegen, dass sie Schwierigkeiten haben, für die einzelnen Ausdrücke einzuschätzen, wie flexibel diese syntaktisch und semantisch sind. Sie können zwar bestimmte Ausdrücke als Ganze lernen und abrufen, sind aber im Vergleich zu *native speakers* weniger erfahren darin, die Ausdrücke je nach Kontext korrekt anzupassen. Das heißt, für *non-native speakers* stellen reproduzierte Ausdrücke möglicherweise nicht in gleicher Weise eine Erleichterung für die Sprachverarbeitung dar wie für *native speakers*.

Ein weiteres interessantes Ergebnis der Studie von Kecskes ist, dass Lingua franca-Sprecher in interkultureller Interaktion auch eigene Phraseologismen erschaffen. Diese werden *ad hoc* gebildet und von anderen Teilnehmern in der aktuellen Sprechsituation aufgegriffen und weitergetragen. (Ähnliches kann man übrigens auch in anderen Gruppensprachen beobachten, z. B. in Familiensprachen.) Sie werden damit temporär Teil der „Interkultur". Ein Beispiel ist der Ausdruck *native American* in der Bedeutung ,native speaker of American English'. Dieser Ausdruck ist in gewisser Weise „falsch" verwendet, denn er ist im Englischen eigentlich auf die Bedeutung ,Ureinwohner Amerikas' festgelegt. In der interkulturellen Interaktion wurde der Ausdruck aber erfolgreich in der genannten Bedeutung benutzt, von anderen wiederholt und zu einem Teil der gemeinsamen „Interkultur", in der er auch eine symbolische Bedeutung erhielt.

neue Phraseologismen

Insgesamt zieht Kecskes (2013: 119) aus der Studie den Schluss, dass „with no native speakers participating in the language game, the lingua franca interlocutors can't always keep the original rules of the game". Während *native speakers* auf ein umfangreiches geteiltes sozio-kulturelles Hintergrundwissen zurückgreifen können, das ihnen hochgradig routinisierte Alltagskommunikation ermöglicht, ist für die Lingua franca-Sprecher, für die das nicht gilt, semantische Transparenz des Gesagten entscheidend.

Um weitreichende Schlüsse aus der Studie zu ziehen, müsste man allerdings ein größeres Korpus untersuchen. Zudem scheint es problematisch, Vergleiche zwischen dem Sprachgebrauch von *non-native speakers* und *native speakers* zu ziehen, solange keine *native speaker*-Kontrollgruppe unter denselben Bedingungen untersucht wurde. Ein weiteres Problem ist die Zuordnung der verwendeten Ausdrücke zu bestimmten Typen von Phraseologismen. Da die Abgrenzungskriterien für die einzelnen Typen eher vage sind, ist die Klassifikation stark abhängig von der Intuition desjenigen, der die Klassifikation vornimmt.

Probleme

In der Studie wurde der Sprachgebrauch von fortgeschrittenen L2-Sprechern untersucht. Weiterführend wäre es interessant, die Ergebnisse mit dem Sprachgebrauch von L2-Anfängern zu vergleichen. Für Anfänger scheint eher charakteristisch, dass sie (bestimmte) reproduzierte Muster der Zielsprache übermäßig nutzen, da diese es ermöglichen, relativ rasch „flüssig" sprechen zu können (ohne dass dabei ein angemessenes Verstehen und Verwenden immer garantiert wäre).

✎ Aufgaben

5.1 Gesprächsanalyse

1. Überlegen Sie, wodurch sich Prüfungsgespräche von Alltagsgesprächen in Bezug auf das System des Sprecherwechsels unterscheiden.
2. Identifizieren Sie im Beispiel unten Reparandum, Mittel der Initiierung und Durchführung der Reparatur. Was fällt syntaktisch auf?

Lore: warum? (.)
        warum ist britney spears dazu <verPFLICH-
        tet> irgendwie? (.)
        die FAHne der- (.) der- (.) äh
        Wie sacht man? (.)
        JUNGfräulich in die ehe zu GEhen, (.)
        HOCHzuhalten.

(Günthner 2008: 50)

3. Welche Funktionen haben die Wiederholungen im Dialog unten? (Es geht um eine Kiste Kartoffeln, die Heiko bekommen sollte.)

363	CM	un de heiko
364		(0.42)
365	SM	der heiko (ja) escht
366		(0.29)
367	CM	der holt da wenn dann nur einer
368	XW	hm hm
369		(0.9)
370	EM	für wen
371	HM	(.) ((kichert))
372	CM	ha für wen für sisch denk isch mol
373	SM	ha des isst der alles

(Datenbank gesprochenes Deutsch, Transkript FOLK_E_00020_SE_01_T_01)

4. Welche typischen Merkmale der gesprochenen Sprache fallen Ihnen in folgendem Gesprächsauszug auf?

611	EM	hm gott heut morgen haben wir hab ich (.) hab ich einführung in die linguistik gehabt
612		(0.28)
613	HM	sehr schön
614		(0.21)
615	EM	^{0}hh un (.) auf jeden fall (.) ähm ging_s da um die syntax
616	HM	(.) hm_hm
617	EM	(.) un des hab ich nich gelesen also zumindest nur zur hälfte gelesen des [kapitel]
618	HM	[hm_hm]
619		(0.85)
620	EM	((schmatzt)) un dann ähm hieß es ja wir ham so einzelne lernaufgaben (.) un ich hab grad festgestellt wir sind so wenige da kann jeder eine machen

(Datenbank gesprochenes Deutsch, Transkript FOLK_E_00018_SE_01_T_01)

5.2 Experimentelle Pragmatik

1. a) Welche Probleme sehen Sie im Untersuchungsaufbau der Studie von Noveck/Posada (2003)? b) Sind die Schlüsse, die Noveck/Posada (2003) aus den unterschiedlichen Reaktionszeiten für logische und pragmatische Urteile ziehen, die einzig möglichen?

2. Eine Studie von Noveck (2001) zum kindlichen Erwerb von skalaren Implikaturen ergab, dass die befragten 8- und 10-Jährigen mit signifikant höherer Wahrscheinlichkeit als die erwachsene Kontrollgruppe dazu neigten, Äußerungen wie *Einige Giraffen haben lange Hälse* als wahr zu beurteilen. Dies ist so gedeutet worden, dass Kinder „logischer" urteilen als Erwachsene, die eher „pragmatisch" urteilen. Überlegen Sie, welche Deutungsmöglichkeiten es sonst noch für dieses Ergebnis geben könnte.

3. Bernicot/Laval (1996) nehmen an, dass die Erfüllung der Handlung ein Aspekt der Aufrichtigkeitsbedingung ist. a) Ist diese Annahme theoretisch – im Blick auf Searles Versprechenskonzept – überzeugend? b) Wie könnte man nicht erfüllte Versprechen alternativ in einer Sprechakttheorie erfassen? c) Wie könnte man die Aufrichtigkeitsbedingung alternativ in einer experimentellen Studie implementieren?

4. Diskutieren Sie, inwieweit Searles Versprechenskonzept (nicht) mit unserem Alltagskonzept von Versprechen übereinstimmt! (Schauen Sie sich dazu auch Astingtons (1988) Ergebnisse zu den erwachsenen Sprechern an.)

5.3 Kontrastive und interkulturelle Pragmatik

1. Sind deutsche Kinder unhöflicher als schwedische, weil sie sich üblicherweise nicht nach dem Essen bei der Mutter bzw. dem Vater explizit fürs Essen bedanken?

2. Recherchieren Sie, welche Entsprechungen das deutsche „Sonst noch ein Wunsch?" in allen Ihnen bekannten Sprachen hat.

3. Bei Kecskes (2013: 110) findet sich folgender Gesprächsausschnitt zwischen einem koreanischen Studenten einer amerikanischen Universität und einem Sachbearbeiter. Was geht hier schief? Analysieren Sie!
   Lee: Could you sign this document for me, please?
   Clerk: Come again?
   Lee: Why should I come again? I am here now.

4. Heringer (2010: 176 f.) zeigt anhand von Idiomen, die Bezeichnungen für Körperteile enthalten, dass die verschiedenen Körperteile in unterschiedlichen Kulturen unterschiedliche symbolische Bedeutung haben können. Beispielsweise gibt es im Türkischen sehr viele Idiome, die das türkische Wort für ‚Leber' enthalten. Aus diesen Idiomen wird ersichtlich, dass die Leber im Türkischen als Sitz von schwerem Leid, Schmerz und Mitleid gilt. Recherchieren Sie (z. B. in Duden 11), welche Idiome es im Deutschen mit dem Wort *Kopf* gibt, und versuchen Sie, eine kultursymbolische Deutung für den Kopf im Deutschen zu geben. Vergleichen Sie auch mit anderen Sprachen, die Sie kennen.

5. Führen Sie in Anlehnung an die Studie von Blum-Kulka/House (1989a) eine kontrastive Studie zu einem Sprechakt Ihrer Wahl durch (z. B. Kompliment oder Entschuldigung). Überlegen Sie sich zuerst Eigenschaften (Glückensbedingungen) dieses Sprechakts. Legen Sie dann bestimmte Si-

tuationstypen bzw. Redeanlässe fest, in denen dieser Sprechakt vollzogen werden könnte. Führen Sie das Experiment mit ausländischen Studierenden mit unterschiedlichen Erstsprachen sowie einer deutschen Kontrollgruppe durch.

 Lektüre zur Vertiefung

Zur Gesprächsanalyse sollten Sie den grundlegenden Aufsatz von Sacks/Schegloff/Jefferson (1974) lesen. Eine Einführung in die Forschung zur gesprochenen Sprache gibt Schwitalla (2012). Ein Klassiker zu Funktionen von Wiederholung im Gespräch ist Tannen (2007 [1989]).

Zum Thema experimentelle Pragmatik ist der Sammelband von Noveck/Sperber (Eds.) (2004) einschlägig. Cummings (2014) behandelt pragmatische Störungen. Meibauer (2013) gibt einen Überblick zur pragmatischen Entwicklung. Eine Einführung in psycho- und neurolinguistische Theorien und Methoden ist Müller (2013).

Zur kontrastiven Pragmatik sind neuere Aufsätze in Trosborg (Ed.) (2010) versammelt. Heringer (2010) gibt Anstöße zu Didaktisierungen im Bereich der interkulturellen Kommunikation. Burger (2010) ist eine Einführung in die Phraseologie. Die pragmatische Gebundenheit von idiomatischen Sätzen im Deutschen untersucht Finkbeiner (2008).

Lösungshinweise zu den Aufgaben

Kap. 2

2.1 Sprechakte

1. Indirekter Sprechakt: Die sekundäre Illokution ist die einer Mitteilung, die primäre die einer öffentlichen Rücktrittserklärung. Die Rücktrittserklärung ist im Kontext der Pressekonferenz der eigentliche Zweck der Äußerung.

2. (a) Alle Verben außer *sterben* bezeichnen eine Handlung. *Sterben* bezeichnet einen Vorgang, der vom Agens nicht beeinflussbar ist. Für *sterben* treffen deshalb auch (b) und (c) nicht zu.

   (b) *Trösten* kann eine Illokution bezeichnen, muss es aber nicht (man kann jemanden auch anders als durch Worte trösten). Dasselbe gilt für *beleidigen*. *Chatten* bezeichnet keine Illokution, sondern eine Kommunikationsmodalität. Die übrigen Verben bezeichnen Illokutionen. Das zeigt ein Redewiedergabetest: ‚Indem S gesagt hat: „..“, hat S (H) ge-X-t‘, z. B. *Indem S gesagt hat: „Ich bin der tollste Hecht“, hat S geprahlt.* Aber nicht: **Indem S gesagt hat: „Am Sonntag Grillen bei Heinz?“, hat S gechattet.*

   (c) *Lügen, vermuten, prahlen, trösten* und *beleidigen* sind nicht performativ verwendbar. Sie sind nicht in die Formel **Hiermit lüge/vermute/prahle/tröste/beleidige ich (dich)* einsetzbar.

   (d) *Lügen, vermuten* und *prahlen* sind Assertiva. (Beim Lügen glaubt S selbst nicht, dass p, aber er stellt p als wahr hin.) *Ersuchen*: Direktiva; *schwören*: Kommissiva; *nominieren*: Deklarationen. Beleidigungen könnte man zu den Expressiva zählen, denn S bringt ein Gefühl (über H) zum Ausdruck. Ein wichtiger Aspekt einer Beleidigung ist aber, dass H beleidigt ist; dies ist ein perlokutionärer Effekt und nicht Bestandteil der Kriterien für Searles Sprechaktklasseneinteilung. Ähnlich beim Trösten: Hier will S, dass H etwas (Positives) fühlt; dieser perlokutionäre Effekt ist in der Sprechaktklassifikation aber nicht vorgesehen.

3. Lesen Sie zum Versprechen das Kap. 3 in Searle (1971)! Dort finden Sie auch Hinweise zu missglückten Versprechen.

4. Wulffs Äußerung enthält das performativ verwendete Sprechaktverb *zurücktreten*, Köhlers Äußerung das performativ verwendete Sprechaktverb-Gefüge *Rücktritt erklären*. Guttenbergs Äußerung ist ein indirekter Sprechakt (s. Aufgabe 1). Der wörtliche Sprechakt der Mitteilung ist nicht-performativ vollzogen.

2.2 Implikatur und Präsupposition

1. Hier liegt eine Metapher vor. Nach Grice verstößt Graumann gegen die 1. Qualitätsmaxime (die Behauptung *Sie spielen auf dieser Klaviatur* ist wörtlich genommen falsch). Im Kontext kann die Implikatur abgeleitet werden, dass mit *Klaviatur* das Repertoire antijüdischer Klischees gemeint ist, das Augstein nutzt.

2. Implikatur: ‚Nein, ich glaube nicht an einen Gott.‘ Die Implikatur entsteht durch eine scheinbare Verletzung der Maxime der Relevanz, denn im Kontext der Frage wird eine Antwort mit Ja oder Nein erwartet. Stattdessen erfolgt die allgemeine Aussage vom Respektieren unterschiedlicher Formen von Glauben. Man kann auch eine skalare Implikatur annehmen, die aus der Befolgung der 1. Quantitätsmaxime resultiert (*respektieren* ist schwächer als *glauben*).

3. a) Implikation: *Einige Fußballer haben den Pokal mit den Lippen berührt.* Implikatur: ‚Nicht alle Fußballer haben den Pokal geküsst.‘
   b) Diese Interpretation ist eine konversationelle Implikatur. Der Satz wäre auch wahr, wenn Anna mehr als drei Kinder hat.

4. Es entsteht die Implikatur, dass das Verschmachten eine Folge des Schnupftabak-mangels ist. Man geht als Leser davon aus, dass die Information über den Schnupf-tabak relevant ist, sonst würde sie in diesem Hilfe-Schreiben nicht erwähnt werden. Pippi räsoniert dagegen nur mit der Wahrheit der Information, nicht mit ihrer Rele-vanz. Für Tommy implikatiert Pippi mit der Äußerung etwas Falsches. Absichtliches Täuschen durch falsches Implikatieren kann man durchaus als Lüge auffassen (vgl. dazu Meibauer 2014b).

5. (a) ,Es gibt einen König von Taka-Tuka-Land', Auslöser: definite NP
(b) ,Tommy hat seine Schwester vorher geschlagen', Auslöser: Aspektverb
(c) ,Tommy ist an Spunk erkrankt', Auslöser: Temporalsatz; ,Es gibt eine Krankheit namens Spunk', Auslöser: Eigenname
(d) ,Pippi hat die ganzen Goldtaler verbraucht', Auslöser: faktives Prädikat
(e) ,Irgend jemand hat Annika verraten, dass in Pippis hohlem Baum Limonade wächst', Auslöser: W-Frage; ,In Pippis hohlem Baum wächst Limonade', Auslöser: faktives Verb; ,Pippi hat einen hohlen Baum', Auslöser: Possessiv

2.3 Deixis und Anapher

1. Generische Ausdrücke bezeichnen Klassen von Gegenständen. *Du* bedeutet in (8) so viel wie ,man', bezeichnet also eine unbestimmte Menge von Personen, eine All-gemeinheit.
2. Entweder der 60-Tonner steht mit seiner Rückseite (Ladeklappe) dem Brandenbur-ger Tor zugewandt. Dann übernimmt der Sprecher die inhärente Wahrnehmungs-richtung des LKWs, und die Sprecherposition ist beliebig. Oder der 60-Tonner steht zwischen Sprecher und Brandenburger Tor, und der Sprecher blickt in Richtung Brandenburger Tor. Dann verwendet der Sprecher seine eigene Wahrnehmungs-richtung.
3. Das Präteritum hat hier Präsensbezug. Durch die Tempuswahl ruft der Kellner die (in der Vergangenheit liegende) Bestellsituation wieder auf (,Wer hat das Schnitzel bestellt?').
4. In (a) schlagen wir mit Hilfe unseres Wissens über Mord-Situationen eine Brücke vom Auslöser *Mordverdächtiger* hin zum Messer als möglicher Tatwaffe. In (b) ist es schwierig, von einem Todesfall auf ein Messer zu schließen. Es gibt ja keine Hin-weise auf einen Mord.

Kap. 4

4.1 Pragmatik und Lexikon

1. *Putzen* kann ganz unterschiedliche Sachverhalte bezeichnen, z. B. *Bad putzen*: ,mit Wasser, Putzmittel, Putzgerät'; *Fenster putzen*: ,mit Fensterleder, Glasreiniger, ohne Wasser'; *Silber putzen*: ,ohne Wasser, mit Poliertuch'; *Zähne putzen*: ,mit Zahnbürste, Zahnpasta, Wasser'.
2. (a) ,Mein Lover holt mich ab'. (b) ,Trink nicht soviel Alkohol!' (c) ,Wenn du dir in London ein Haus kaufen willst, brauchst du viel Geld.'
3. Eigenname > Verbbildung durch Suffix -*isier*- > (Präfigierung durch *ver*- >) Nomen-bildung durch Suffix -*ung*. Die Bildungen verhalten sich wie Typ (a): X-*isierung*: ,et-was wird wie/zu X'. Typ (b) hat dagegen lokalisierende Bedeutung. Im Gegensatz zu (a) und (b) sind die Grundwörter Eigennamen. Wir brauchen spezifisches Wissen über McDonalds/Boris Becker sowie den konkreten sprachlichen Kontext, um die Bildungen zu verstehen. Ob Lexikalisierung eintritt, hängt u. a. davon ab, ob es einen Bedarf für die durch die Bildungen bezeichneten Konzepte gibt.
4. Siehe Meibauer (2007).

4.2 Pragmatik und Syntax

1. Die Sätze *Anna kauft ein Buch von Karl* und *Karl verkauft Anna ein Buch* sind se-mantisch äquivalent, der Unterschied besteht nur in der Perspektive. Ähnlich z. B. *erben/vererben*. Bei Adjektiven: z. B. *kleiner als/größer als.*

2. (a) Temporaler *wenn*-Satz: ‚Zu dem Zeitpunkt, zu dem Anna anruft, bin ich im Café Einstein.'
   (b) Sprechaktbegründender (konditionaler) *wenn*-Satz: ‚Falls Anna anruft, <u>dann sag ihr</u>, dass ich im Café Einstein bin.'
3. (a) Keine Ellipse, denn alle syntaktisch notwendigen Bestandteile (insb. ein Subjekt) sind vorhanden (Subjekt = *ein Amerikaner und ein Russe* bzw. *der Amerikaner*).
   (b) Ellipse, denn das Subjekt ist ausgelassen (*[ich] treffe mich noch ..; [ich] komme erst später*).
4. Orientieren Sie sich bei Ihrer Analyse an den Erläuterungen in Abschnitt 4.2.2.
5. (a) Satztyp: V2-Deklarativsatz (nach Altmann: assertive Frage), Sprechakt: E-Frage
   (b) Satztyp: E-V1-Interrogativsatz, Sprechakt: W-Frage (c) Satztyp: E-V1-Interrogativsatz, Sprechakt: Bitte (d) Satztyp: W-V2-Interrogativsatz, Sprechakt: rhetorische Frage (= indirekte Behauptung) (e) Satztyp: ob-VL-Interrogativsatz, Sprechakt: deliberative (an sich selbst gerichtete) Frage (f) Satztyp: W-Interrogativsatz, Sprechakt: (ritualisierte) Begrüßung.

4.3 Pragmatik und Semantik

1. Es gibt einerseits Konventionalisierung im Bereich „pragmatischer" Bedeutung, z. B. bei indirekten Sprechakten, z. B. *Kannst du mir mal eben helfen?*, *Wer will das schon?*. Andererseits gibt es auch Inferenzen im Bereich wörtlicher Bedeutung, z. B. bei systematisch polysemen Verben wie *öffnen*.
2. (a) ‚ein Hühnerei' (b) ‚Das Fruchtfleisch ist rot' (c) ‚besser als Super 95/Diesel/…'; (d) ‚Anna überraschte den Mann und trug dabei einen Schlafanzug' oder ‚Anna überraschte den Mann, der einen Schlafanzug trug' (e) ‚Der Sprecher/die Sprecherin (Karl/Anna/Angela Merkel/…) liebt McDonald's/… (f) ‚Frau Settergren hat genau zwei Kinder'.
3. (a) Grice: Implikatur aus Verstoß gegen die 1. Qualitätsmaxime, z. B. ‚Anna ist hinterhältig.'. Relevanztheorie: Explikatur, Ad-hoc-Konzeptkonstruktion: Anna ist eine SCHLANGE* = ‚Echsenart; hinterhältige Person'. Levinson: PCI: z. B. ‚Anna ist hinterhältig.'
   (b) Grice: Implikatur aus Befolgung der 4. Untermaxime der Modalität: ‚Anna ging auf eine Party und trank dort ein Bier'. Relevanztheorie: Explikatur: ‚Anna ging auf eine Party und trank dort ein Bier'. Levinson: GCI (I-Implikatur): ‚Anna ging auf eine Party und trank dort ein Bier.'
   Man sieht: Grice behandelt beide Fälle als Implikaturen, d. h. als „postsemantische" pragmatische Bedeutungsaspekte. Die RT behandelt beide Fälle als Explikaturen, d. h. als „präsemantische" pragmatische Bedeutungsaspekte. Levinson behandelt (a) als postsemantischen und (b) als präsemantischen pragmatischen Bedeutungsaspekt.
4. Wenn die Semantik überhaupt nicht in der Lage wäre, vollständige Propositionen zu liefern, dann sollten wir über die Äußerungen (a)-(c) keine unterschiedlichen Intuitionen haben, sondern alle Äußerungen gleichermaßen als semantisch unvollständig empfinden. Wir haben aber die deutliche Intuition, dass (a) und (b) *grammatisch* nicht wohlgeformt sind, während (c) nur *semantisch* unvollständig erscheint. Es ist aber unklar, warum eine allen Sätzen zugrunde liegende unvollständige Semantik im einen Fall in einem grammatischen Inakzeptabilitätsurteil und im anderen Fall in einem Urteil hinsichtlich Unvollständigkeit des semantischen Gehalts resultieren sollte.

4.4 Pragmatik und Prosodie

1. (i) {Anna} {das Kind spuckt} {und die Mutter trinkt Wasser} ‚Anna! Das Kind spuckt, und die Mutter trinkt Wasser.' (ii) {Anna} {das Kind} {spuckt} {und die Mutter trinkt Wasser} ‚Anna, das Kind, spuckt, und die Mutter trinkt Wasser.' (iii) {Anna} {das Kind spuckt und die Mutter trinkt Wasser} ‚Anna! Das Kind spúckt und die Mutter

trínkt Wasser.' (iv) {Anna} {das Kind} {spuckt und die Mutter trinkt Wasser} ‚Anna, das Kind, spúckt und die Mutter trínkt Wasser.' (Die Phrasierung interagiert eng mit der Betonung. Individuelle Variation bei der Phrasierung ist möglich.)

2. Fokusakzent auf *VeRANda*. Tommys Alternativenmenge: {*Koppel, Weide, Stall, ..*} (= typische, erwartbare Aufenthaltsorte von Pferden). Pippis Alternativenmenge: {*Küche, Salon, ..*} (= für Pferde untypische Orte). Pippis Antwort ist überraschend, da sie auf Orte verweist, die wir normalerweise nicht als Elemente der in diesem Kontext relevanten Alternativenmenge ansehen würden. Durch den Bruch entsteht der Witz.

3. Z.B. *Kursivierung*, GROSSSCHREIBUNG, Unterstreichung, aber auch doppelter *Asterisk*, doppelte !Ausrufezeichen!, „Anführungszeichen".

4. Was hat Pippi Tante Prusseliese verpasst? – Pippi hat Tante Prusseliese [einen Eimer FARbe] verpasst. / Was hat Pippi hinsichtlich Tante Prusseliese getan? – Pippi hat Tante Prusseliese [einen Eimer FARbe verpasst]. / Was hat Pippi getan? – Pippi hat [Tante Prusseliese einen Eimer FARbe verpasst]. / Was ist geschehen? – [Pippi hat Tante Prusseliese einen Eimer FARbe verpasst].

4.5 Pragmatik und Sprachwandel

1. *Tempo, Tesa, Edding, Aspirin, Jeep, …*

2. *Katze*: a) Gattung der Katzen; b) weibliche Katze; *schmecken*: a) etwas hat einen bestimmten Geschmack; b) etwas hat einen guten Geschmack; *laufen*: a) sich zu Fuß fortbewegen; b) rennen. *Schüler*: a) Klasse der schulpflichtigen Personen, b) männlicher Schüler.
Synchron betrachtet ist nicht immer entscheidbar, ob die Bedeutungsverengung Q- oder R-basiert ist. *schmecken* und *laufen* lassen sich über das R-Prinzip erklären. Bei *Katze* scheint eine Q-Implikatur vorzuliegen, denn es gibt zwar *Kater*, aber daneben keinen speziellen Unterbegriff für die weibliche Katze. Dagegen ist der Fall *Schüler* eher R-basiert. Hier scheint *Schüler* zuerst auf das (in einer männerdomi-nierten Welt) als stereotypisch betrachtete Exemplar ‚männlicher Schüler' einge-engt worden zu sein (R-Prinzip), bevor dann dazu der Kontrastbegriff *Schülerin* ge-bildet wurde (morphologische Evidenz: *Schülerin* ist von *Schüler* abgeleitet).

3. Syntaktische Umkategorisierung (Verlust syntaktischer Eigenschaften wie Einbet-tungsfähigkeit, vgl. **Dass der TOP in Ordnung ist, verstohsch?*), semantische Aus-bleichung (*verstohsch* und *woisch* dienen nur der Verstärkung des Gesagten), pho-nologischer Substanzverlust (*verstehst du* > *verstohsch*). Rekonstruktion ähnlich wie bei *ich mein*.

4. Gegen Modalpartikel spricht, dass keine Vergleichsfälle bekannt sind, in denen sich ein Inflektiv zur Modalpartikel entwickelt hat. Gegen Diskursmarker spricht, dass *glaub* im Mittelfeld auftritt. Eine mögliche Einordnung wäre die als Adverb: *glaub* ist nicht flektierbar und hat klar adverbiale Funktionen (ersetzbar durch Ad-verbialkonstruktionen wie *soviel ich weiß* oder *meines Wissens*). Gegen Adverb spricht, dass *glaub* nicht allein im Vorfeld stehen kann (**Glaub hab ich [das] zwei Jahre im Sommer nur angehabt*).

Kap. 5

5.1 Gesprächsanalyse

1. Im Prüfungsgespräch hat die Prüferin/der Prüfer mehr Rederechte als der Prüfling. Sie/er eröffnet und beendet das Gespräch, stellt die Fragen, kann jederzeit unterbre-chen, die Antwortzeit begrenzen, Fremdkorrekturen initiieren und durchführen. Die Möglichkeiten zur Selbstwahl sind für den Prüfling sehr begrenzt.

2. R: *die Fahne der-*. RI: Wiederholung von *der*, Pausen, Verzögerungsmarker *äh*; Ex-plizierung *Wie sacht man*. RD: *Jungfräulich in die Ehe zu gehen*. Syntaktisch fällt auf, dass durch die Reparatur ein Konstruktionsbruch entsteht. Statt des gesuchten Relativsatzes nach *die Fahne der-* wird eine Infinitivkonstruktion geliefert; der Ab-

schluss mit *hochzuhalten* schließt dann wieder korrekt an die begonnene Konstruktion *die Fahne der-* an.

3. Z. 364: *der heiko* Bekräftigung; bes. Nachdruck durch *(ja) escht*; Z. 368: *hm hm* Verstärkung des Hörersignals durch Verdopplung; Z. 370: *für wen*: Nachfrage, Reparaturinitiierung; Z. 372: *ha für wen*: Ausdruck von Entrüstung über die ‚dumme Frage'.

4. Z. 611 *gott* Interjektion; *haben wir hab ich* Konstruktionsbruch; *hab ich (.) hab ich* Wiederholung; Z. 615 *auf jeden Fall* Diskursmarker; *ähm* Verzögerungssignal; *ging's* Verschleifung; Z. 617 *un des hab ich nich gelesen .. des kapitel* Rechtsversetzung (d. h., ein Ausdruck aus dem Mittelfeld des Satzes wird an den rechten Satzrand versetzt (*des kapitel*), wobei ein kongruierendes Pronomen im Mittelfeld zurückbleibt (*des*)); *nich* Reduktionsform; *also* Diskursmarker; Z. 620 *un dann ähm hieß es ja wir ham so einzelne lernaufgaben …*: Quotativmarker, inszenierte fremde Rede.

5.2 Experimentelle Pragmatik

1. a) Ein Problem ist die zu geringe Anzahl von Probanden. Ein weiteres Problem ist die (aus theoretischer Sicht unbefriedigende) kontextlose Präsentation der Items – Implikaturen sind ja kontextabhängig! Für die experimentelle Untersuchung ist ein kontextfreies Setting aber leichter zu kontrollieren.

   b) Nein. Die unterschiedlichen Reaktionszeiten könnten auch durch Unsicherheit entstehen oder dadurch, dass die Probanden Extra-Zeit aufwenden, um sich für die Antwort zu entscheiden, von der sie glauben, dass die Forscher sie hören wollen. Grundsätzlich spricht eine längere Reaktionszeit für die pragmatische Antwort nicht gegen eine von Grice inspirierte Analyse. Grice behauptet nicht, dass Implikaturen per Automatik gezogen werden, auch nicht generalisierte konversationelle Implikaturen (vgl. Grice 1989: 37).

2. Vielleicht verstehen Kinder unter *einige* einfach so viel wie ‚einige, sogar alle', d. h. die Ergebnisse wären Resultat unvollkommenen lexikalischen Lernens. Kinder könnten auch (ebenso wie Erwachsene) Probleme haben, den Versuchsaufbau zu verstehen (die Sätze wurden von einer Puppe gesagt; die Kinder wollten vielleicht nicht annehmen, dass die Puppe lügt). „Logische" Leistungen könnten auch ein Resultat begrenzter Verarbeitungsfähigkeit sein.

3. a) Die Annahme ist theoretisch nicht überzeugend, denn der Ausdruck einer Absicht, etwas zu tun (= Aufrichtigkeitsbedingung bei Searle) ist nicht dasselbe wie der tatsächliche Vollzug der Handlung. Gerade die Diskrepanz zwischen Absicht und tatsächlichem Vollzug macht ja die Definition eines nicht eingehaltenen Versprechens aus.

   b) Ein Sprecher, der ein Versprechen abgibt und es später nicht hält, hat dennoch den Sprechakt des Versprechens vollzogen. Der Handlungsvollzug ist nach Searle nicht konstitutiv für das Versprechen als Sprechakt. Für den Fall *unaufrichtiger* Versprechen sagt Searle (1971: 96), dass diese auch als Versprechen erfasst werden können, sofern man für das Versprechen nur fordert, dass S die Absicht zum Handlungsvollzug *anerkennt*, unabhängig davon, ob S diese Absicht wirklich *hat*. Alternativ könnte man aber sagen, ein Versprechen liegt nur vor, wenn S die Absicht zum Handlungsvollzug tatsächlich hat; anderenfalls wäre es kein Versprechen, sondern ein eigenständiger anderer Sprechakt (so wie eine Lüge als unaufrichtige Behauptung ein eigener Sprechakt ist).

   c) Als ausgedrückte Absicht, z. B. so, dass Billy im letzten Bild zu sich selbst sagt: „Ich werde das Licht jetzt wirklich gleich ausmachen" (erfüllte Aufrichtigkeitsbedingung) bzw. „Ich habe eigentlich gar keine Lust, das Licht jetzt gleich auszumachen" (nicht erfüllte Aufrichtigkeitsbedingung).

4. Unser Alltagskonzept von Versprechen ist weiter als das von Searle. In Astingtons Experiment zeigte sich, dass ein Viertel der Erwachsenen davon überzeugt waren, dass man auch Dinge versprechen kann, die man gar nicht selbst kontrollieren

kann (ähnlich Vorhersagen, z. B. *Ich versprech's dir, Borussia Dortmund wird dieses Jahr wieder Meister*). Ebenfalls etwa ein Viertel verstand unter Versprechen auch Aussagen über vergangene Handlungen (Beteuerungen, z. B. *Ich versprech's dir, ich war's wirklich nicht*).

5.3 Kontrastive und interkulturelle Pragmatik

1. Höflichkeit lässt sich nur relativ zu bestimmten Höflichkeitserwartungen beurteilen. In Schweden wird *Tack för maten* standardmäßig erwartet und gilt als höflich. In Deutschland wird es nicht erwartet, dementsprechend ist es auch nicht unhöflich, wenn man das nicht sagt. Wenn das deutsche Kind dagegen das Essen lobt oder nachher beim Abräumen hilft, sind das andere Mittel, Höflichkeit gegenüber dem „Gastgeber" zu zeigen.

2. Auf Englisch sagt man *(Would you like) anything else?* (‚Wünschen Sie noch etwas anderes?'), auf Hebräisch *Rotse/Rotsa od mashu?* (‚Möchten Sie noch etwas?'), auf Französisch heißt es *Ce sera tout?* (‚Ist das alles?') oder *Il vous fallait autre chose?* (‚Brauchen Sie sonst noch was?') und auf Schwedisch *Var det bra sa?* (‚War's gut so?'). In den verschiedenen Sprachen haben sich also unterschiedliche Formulierungen zur Bewältigung derselben wiederkehrenden Alltagssituation verfestigt. Eine wörtliche Übersetzung würde in den meisten Fällen zwar verstanden werden, aber als „unidiomatisch" auffallen.

3. Come again bedeutet wörtlich ‚Komm wieder', fungiert im amerikanischen Englisch aber als Routineformel mit der Bedeutung ‚Wie bitte?'. Der koreanische Student scheint nicht über die notwendige pragmatische Erfahrung zu verfügen (mit Situationen, in denen die Formel so gebraucht wurde), die ihm die idiomatische Bedeutung liefern könnte.

4. Duden 11 listet über 75 Phraseologismen mit dem Wort *Kopf*. Der Kopf steht im Deutschen nicht nur für kognitive Prozesse (z. B. *sich den Kopf zerbrechen; nicht auf den Kopf gefallen sein; was man nicht im Kopf hat, hat man in den Füßen*), sondern z. B. auch für Emotionen (z. B. *den Kopf hängen lassen; den Kopf hoch tragen; vor den Kopf geschlagen sein*) und konfliktträchtiges (sprachliches) Handeln (z. B. *jmd. den Kopf waschen; jmd. etw. an den Kopf werfen*). Vergleichen Sie selbst mit anderen Sprachen!

5. Führen Sie eine solche Untersuchung selbst durch, z. B. im Rahmen einer Bachelorarbeit. Kompliment und Entschuldigung lassen sich in einer Höflichkeitstheorie verorten (z. B. Brown/Levinson 1987). Anregungen finden sich in Grein (Ed.) (2008).

Literaturverzeichnis

Allan, Keith (2012): Pragmatics in the (English) lexicon. In: Allan, Keith/Jaszczolt, Kasia M. (Eds.): The Cambridge Handbook of Pragmatics. Cambridge: Cambridge University Press, 227–250.

Allan, Keith/Jaszczolt, Kasia M. (Eds.) (2012): The Cambridge Handbook of Pragmatics. Cambridge: Cambridge University Press.

Altmann, Hans (1987): Zur Problematik der Konstitution von Satzmodi als Formtypen. In: Meibauer, Jörg (Hg.): Satzmodus zwischen Grammatik und Pragmatik. Tübingen: Niemeyer, 22–56.

Altmann, Hans (1993): Satzmodus. In: Jacobs, Joachim/Stechow, Arnim von/Sternefeld, Wolfgang/Vennemann, Theo (Hgg.): Syntax. Ein internationales Handbuch zeitgenössischer Forschung. Berlin, New York: de Gruyter (= HSK 9.1), 1006–1029.

Ariel, Mira (2002): The demise of a unique concept of literal meaning. Journal of Pragmatics 34, 361–402.

Ariel, Mira (2010). Defining Pragmatics. Cambridge: Cambridge University Press.

Astington, Janet W. (1988): Children's understanding of the speech act of promising. Journal of Child Language 15, 157–173.

Auer, Peter/Günthner, Susanne (2003): Die Entstehung von Diskursmarkern im Deutschen – ein Fall von Grammatikalisierung? In: Leuschner, Torsten/Mortelmans, Tanja (Hgg.): Grammatikalisierung im Deutschen. Berlin, New York: de Gruyter, 335–362.

Austin, John L. (1962): How to Do Things With Words. The William James Lectures Delivered at Harvard University in 1955. Oxford: Oxford University Press (in dt. Übers.: Zur Theorie der Sprechakte. Stuttgart: Reclam 2002).

Averintseva-Klisch, Maria (2013): Textkohärenz. Heidelberg: Winter.

Bach, Kent (1994): Semantic slack: What is said and more. In: Tsohatzidis, Savas L. (Ed.): Foundations of Speech Act Theory. Philosophical and linguistic perspectives. London: Routledge, 267–291.

Bach, Kent (1999): The Myth of Conventional Implicature. Linguistics and Philosophy 22, 327–366.

Bach, Kent (2001): Speaking Loosely: Sentence Nonliterality. In: Midwest Studies in Philosophy XXV, 249–263.

Bach, Kent (2004): Pragmatics and the Philosophy of Language. In: Horn, Laurence R./Ward, Gregory (Eds.): The Handbook of Pragmatics. Oxford: Blackwell, 463–487.

Bar-Hillel, Yehoshua (1971): Out of the pragmatic wastebasket. Linguistic Inquiry 2, 401–407.

Bauer, Laurie (1979): On the need for pragmatics in the study of nominal compounding. Journal of Pragmatics 3, 45–50.

Beaugrande, Robert A. de/Dressler, Wolfgang (1981): Einführung in die Textlinguistik. Tübingen: Niemeyer.

Bernicot, Josie/Laval, Virginie (1996): Promises in French children: Comprehension and metapragmatic knowledge. Journal of Pragmatics 25, 101–122.

Bernicot, Josie/Laval, Virginie (2004): Speech acts in children: the example of promises. In: Noveck, Ira/Sperber, Dan (Eds.): Experimental Pragmatics. Basingstoke: Palgrave, 207–227.

Betz, Emma/Taleghani-Nikazm, Carmen/Drake, Veronika/Golato, Andrea (2013): Third-Position Repeats in German: The Case of Repair- and Request-for-Information Sequences. Gesprächsforschung – Online-Zeitschrift zur verbalen Interaktion 14, 133–166.

Blakemore, Diane (2000): Procedures and indicators: nevertheless and but. Journal of Linguistics 36, 463–486.

Blakemore, Diane (2004): Discourse Markers. In: Horn, Laurence R./Ward, Gregory (Eds.): The Handbook of Pragmatics. Oxford: Blackwell, 221–240.

Blum-Kulka, Shoshana/House, Juliane (1989a): Cross-Cultural and Situational Variation in Requesting Behaviour. In: Blum-Kulka, Shoshana/House, Juliane/Kasper, Gabriele (Eds.): Cross-Cultural Pragmatics: Requests and Apologies. Norwood, New Jersey: Ablex Publishing, 123–154.

Blum-Kulka, Shoshana/House, Juliane/Kasper, Gabriele (1989b): Investigating Cross-Cultural Pragmatics: An Introductory Overview. In: Blum-Kulka, Shoshana/House, Juliane/Kasper, Gabriele (Eds.): Cross-Cultural Pragmatics: Requests and Apologies. Norwood, New Jersey: Ablex Publishing, 1–34.

Blutner, Reinhard (2004): Pragmatics and the Lexicon. In: Horn, Laurence R./Ward, Gregory (Eds.): The Handbook of Pragmatics. Oxford: Blackwell, 488–514.

Borg, Emma (2004): Minimal Semantics. Oxford: Oxford University Press.

Borg, Emma (2009): Semantic minimalism. In: Cummings, Louise (Ed.): The Pragmatics Encyclopedia. London: Routledge, 423–425.

Borg, Emma (2012): Semantics without pragmatics? In: Allan, Keith/Jaszczolt, Kasia M. (Eds.): The Cambridge Handbook of Pragmatics. Cambridge: Cambridge University Press, 513–528.

Bousfield, Derek (2008): Impoliteness in Interaction. Amsterdam/Philadelphia: John Benjamins.

Brandt, Margareta/Reis, Marga/Rosengren, Inger/Zimmermann, Ilse (1992): Satztyp, Satzmodus und Illokution. In: Rosengren, Inger (Hg.): Satz und Illokution. Bd. 1. Tübingen: Niemeyer, 1–90.

Brown, Penelope/Levinson, Stephen C. (1987): Politeness. Some universals in language usage. Cambridge: Cambridge University Press.

Bublitz, Wolfram/Jucker, Andreas H./Schneider, Klaus P. (Eds.) (2010–2013): Handbooks of Pragmatics. Bd. 1–9. Berlin, Boston: de Gruyter Mouton.

Bühler, Karl (1934): Sprachtheorie. Die Darstellungsfunktion der Sprache. Jena: G. Fischer (unveränderter Nachdruck 1999, 3. Aufl., Stuttgart: Lucius & Lucius.)

Burger, Harald (2010): Phraseologie. Eine Einführung am Beispiel des Deutschen. 4., neu bearbeitete Aufl. Berlin: Erich Schmidt.

Cappelen, Herman/Lepore, Ernie (2005): Insensitive semantics. Oxford: Blackwell.

Carston, Robyn (1988): Implicature, explicature, and truth-theoretic semantics. In: Kempson, Ruth (Ed.): Mental representations: the interface between language and reality. Cambridge: Cambridge University Press, 155–181.

Carston, Robyn (2002): Thoughts and utterances: the pragmatics of explicit communication. Oxford: Blackwell.

Carston, Robyn (2004): Relevance theory and the saying-implicating distinction. In: Horn, Laurence R./Ward, Gregory (Eds.): The Handbook of Pragmatics. Oxford: Blackwell, 633–656.

Carston, Robyn (2012): Metaphor and the literal/non-literal distinction. In: Allan, Keith/Jaszczolt, Kasia M. (Eds.): The Cambridge Handbook of Pragmatics. Cambridge: Cambridge University Press, 469–491.

Clark, Herbert (1977): Bridging. In: Johnson-Laird, Philip/Wason, Peter (Eds.): Thinking. Reading in cognitive science. Cambridge: Cambridge University Press, 411–420.

Clark, Herbert/Lucy, Peter (1975): Inferring what was meant from what was said. Journal of Verbal Learning and Verbal Behavior 14, 56–72.

Consten, Manfred/Schwarz-Friesel, Monika (2007): Anapher. In: Hoffmann, Ludger (Hg.): Handbuch der deutschen Wortarten. Berlin, New York: de Gruyter, 265–292.

Culpeper, Jonathan (2011): Impoliteness: Using language to cause offence. Cambridge: Cambridge University Press.

Cummings, Louise (2014): Pragmatic Disorders. Dordrecht: Springer.

Cummings, Louise (Ed.) (2010): The Pragmatics Encyclopedia. London: Routledge.

Dohmen, Andrea/Dewart, Hazel/Summers, Susie (2009): Das Pragmatische Profil. Analyse kommunikativer Fähigkeiten von Kindern. Unter Mitarbeit von A. Skordi. München: Urban & Fischer.

Dölling, Johannes (2005): Semantische Form und pragmatische Anreicherung: Situationsausdrücke in der Äußerungsinterpretation. Zeitschrift für Sprachwissenschaft 24, 159–225.

Downing, Pamela (1977): On the creation and use of English compound nouns. Language 53, 810–842.

Dressler, Wolfgang U./Merlini Barbaresi, Lavinia (1997): Morphopragmatics. In: Verschueren, Jef/Östman, Jan-Ola/Blommaert, Jan/Bulcaen, Chris (Eds.): Handbook of Pragmatics. Amsterdam: John Benjamins, 1–14.

Duden 11. Redewendungen. Wörterbuch der deutschen Idiomatik. 2., neu bearbeitete und aktualisierte Aufl. Mannheim: Dudenverlag 2002.

DUW: Duden. Deutsches Universalwörterbuch. 6., überarb. und erw. Aufl. Mannheim: Dudenverlag 2007.

Enfield, Nick J. (2003): Linguistic Epidemiology: Semantics and Grammar of Language Contact in Mainland Southeast Asia. London: Routledge Curzon.

Falkenberg, Gabriel (1996): Drohen. In: Falkenberg, Gabriel/Fries, Norbert/Puzynina, Jadwiga (Hgg.): Sprachliche Bewertung, polnisch und deutsch. Warschau: Wydawnictwa Uniwersytetu Warszawskiego, 177–191.

Ferraresi, Gisella (2014): Grammatikalisierung. Heidelberg: Winter.

Finkbeiner, Rita (2008): Idiomatische Sätze im Deutschen. Syntaktische, semantische und pragmatische Studien und Untersuchung ihrer Produktivität. Stockholm: Acta Universitatis Stockholmiensis (= Stockholmer Germanistische Forschungen 72).

Finkbeiner, Rita (2012): Emergent contexts. Observations on the context-creative power of idioms. In: Finkbeiner, Rita/Meibauer, Jörg/Schumacher, Petra B. (Eds.): What is a Context? Linguistic approaches and challenges. Amsterdam: John Benjamins, 153–174.

Finkbeiner, Rita (2014): Identical constituent compounds in German. Word Structure 7.2, 182–213.

Fleischer, Wolfgang/Barz, Irmhild (2012): Wortbildung der deutschen Gegenwartssprache. 4., völlig neu bearbeitete Aufl. Berlin, New York: de Gruyter.

Gazdar, Gerald (1979): Pragmatics: Implicature, Presupposition, and Logical Form. New York: Academic Press.

Gibbs, Raymond W. (1994): The Poetics of Mind. Figurative Thought, Language, and Understanding. Cambridge: Cambridge University Press.

Green, Georgia M. (2004): Some Interactions of Pragmatics and Grammar. In: Horn, Laurence R./Ward, Gregory (Eds.): The Handbook of Pragmatics. Oxford: Blackwell, 407–426.

Grein, Marion (Ed.) (2008): Dialogue in and between Different Cultures. Iada.online.series, Vol. 1/2008 [http://iada-web.org/download/iada.online.series_volume01.pdf].

Grice, H. Paul (1975): Logic and conversation. In: Cole, Peter/Morgan, Jerry L. (Eds.): Syntax and Semantics 3: Speech Acts. New York: Academic Press, 41–58.

Grice, H. Paul (1989): Logic and conversation. In: Grice, H. Paul: Studies in the way of words. Cambridge, Mass.: Harvard University Press, 22–40.

Günthner, Susanne (2008): „die Sache ist ...": Eine Projektor-Konstruktion im gesprochenen Deutsch. Zeitschrift für Sprachwissenschaft 27, 39–71.

Günthner, Susanne (2009): Konstruktionen in der kommunikativen Praxis. Zur Notwendigkeit einer interaktionalen Anreicherung konstruktionsgrammatischer Ansätze. Zeitschrift für Germanistische Linguistik 37, 402–426.

Günthner, Susanne/Imo, Wolfgang (2003): Die Reanalyse von Matrixsätzen als Diskursmarker. Ich mein-Konstruktionen im gesprochenen Deutsch. InLiSt 37.

[http://www.inlist.uni-bayreuth.de/issues/37/index.htm].

Halliday, Michael A. K. (1967): Notes on transitivity and theme in English. Part II. Journal of Linguistics 3, 199–244.

Hansen, Maj-Britt Mosegaard/Waltereit, Richard (2006): GCI theory and language change. Acta lingvistica hafniensia 38, 235–268.

Heine, Bernd (2002): On the role of context in grammaticalization. In: Wischer, Inge/Diewald, Gabriele (Eds.): New Reflections on Grammaticalization. Amsterdam: John Benjamins, 83–101.

Heringer, Hans Jürgen (1984): Wortbildung: Sinn aus dem Chaos. Deutsche Sprache 12, 1–13.

Heringer, Hans Jürgen (2010): Interkulturelle Kommunikation. 3. Auflage. Tübingen, Basel: Francke.

Heusinger, Klaus von (2012): Referentialität, Spezifizität und Diskursprominenz im Sprachvergleich am Beispiel von indefiniten Demonstrativpronomen. In: Gunkel, Lutz/Zifonun, Gisela (Hgg.): Deutsch im Sprachvergleich – Grammatische Kontraste und Konvergenzen. Berlin, New York: de Gruyter, 417–455.

Hirschberg, Julia (2004): Pragmatics and Intonation. In: Horn, Laurence R./Ward, Gregory (Eds.): The Handbook of pragmatics. Oxford: Blackwell, 515–537.

Hoffmann, Ludger (2000): Anapher im Text. In: Brinker, Klaus/Antos, Gerd/Heinemann, Wolfgang/Sager, Svend F. (Hgg.): Text- und Gesprächslinguistik. Berlin, New York: de Gruyter (= HSK 16.1), 295–304.

Hohenhaus, Peter (2004): Identical Constituent Compounding – a Corpus-based Study. Folia Linguistica 38, 297–331.

Höhle, Tilman (1992): Über Verum-Fokus im Deutschen. In: Jacobs, Joachim (Hg.): Informationsstruktur und Grammatik. Opladen: Westdeutscher Verlag, 112–141.

Horn, Laurence R. (1984): Toward a New Taxonomy for Pragmatic Inference: Q-based and R-based Implicature. In: Schiffrin, Deborah (Ed.): Meaning, Force, and Use in Context: Linguistic Applications. Washington, D.C.: Georgetown University Press, 11–42.

Horn, Laurence R. (2004): Implicature. In: Horn, Laurence R./Ward, Gregory (Eds.): The Handbook of Pragmatics. Oxford: Blackwell, 3–28.

Horn, Laurence R./Ward, Gregory (Eds.) (2004): The Handbook of Pragmatics. Oxford: Blackwell.

Huang, Yan (2007): Pragmatics. Oxford: Oxford University Press.

Huang, Yan (2009): Neo-Gricean Pragmatics and the Lexicon. International Review of Pragmatics 1, 118–153.

Huang, Yan (Ed.) (2012): The Oxford Dictionary of Pragmatics. Oxford: Oxford University Press.

Huang, Yan (Ed.) (2015): The Oxford Handbook of Pragmatics. Oxford: Oxford University Press.

Imo, Wolfgang (2007): Zur Anwendung der Construction Grammar auf die gesprochene Sprache – der Fall „ich mein(e)". In: Ágel, Vilmos/Hennig, Mathilde (Hgg.): Zugänge zur Grammatik der gesprochenen Sprache. Tübingen: Niemeyer, 3–34.

Imo, Wolfgang (2010): ‚Versteckte Grammatik': Weshalb qualitative Analysen gesprochener Sprache für die Grammatik(be)schreibung notwendig sind. In: Suntrup, Rudolf et al. (Hgg.): Usbekisch-deutsche Studien III: Sprache – Literatur – Kultur – Didaktik. Münster: LIT, 261–284.

Jucker, Andreas H./Taavitsainen, Irma (Eds.) (2010): Handbook of Historical Pragmatics. Berlin, Boston: de Gruyter Mouton (= Handbooks of Pragmatics 8).

Kecskes, Istvan (2007): Formulaic language in English lingua franca. In: Kecskes, Istvan/Horn, Laurence R. (Eds.): Explorations in Pragmatics: Linguistic, cognitive and intercultural aspects. Berlin/New York: Mouton de Gruyter, 191–219.

Kecskes, Istvan (2013): Intercultural Pragmatics. Oxford: Oxford University Press.

Kempson, Ruth (2012): The syntax/pragmatics interface. In: Allan, Keith/Jaszczolt, Kasia M. (Eds.): The Cambridge Handbook of Pragmatics. Cambridge: Cambridge University Press, 529–548.

Levinson, Stephen C. (1983): Pragmatics. Cambridge: Cambridge University Press.

Levinson, Stephen C. (1987): Minimization and conversational inference. In: Verschueren, Jef/Bertucelli-Papi, Marcella (Eds.): The pragmatic perspective. Amsterdam: John Benjamins, 61–129.

Levinson, Stephen C. (1995): Three levels of meaning. In: Palmer, Frank R. (Ed.): Grammar and meaning. Cambridge: Cambridge University Press, 90–115.

Levinson, Stephen C. (2000): Presumptive meanings: the theory of generalized conversational implicature. Cambridge, Mass.: MIT Press.

Levinson, Stephen C. (2004): Deixis. In: Horn, Laurence R./Ward, Gregory (Eds.): The Handbook of Pragmatics. Oxford: Blackwell, 97–121.

Löbner, Sebastian (2003): Semantik. Eine Einführung. Berlin, New York: de Gruyter.

McCawley, James D. (1978): Conversational implicature and the lexicon. In: Cole, Peter (Ed.): Syntax and Semantics 9: Pragmatics. New York: Academic Press, 245–259.

Meibauer, Jörg (1991): Existenzimplikaturen bei rhetorischen w-Fragen. In: Reis, Marga/Rosengren, Inger (Hgg.): Fragesätze und Fragen. Tübingen: Niemeyer, 223–242.

Meibauer, Jörg (1995): Komplexe Präpositionen – Grammatikalisierung, Metapher, Implikatur und „division of pragmatic labour". In: Liedtke, Frank (Hg.): Implikaturen. Grammatische und pragmatische Analysen. Tübingen: Niemeyer, 47–74.

Meibauer, Jörg (2001): Pragmatik. Eine Einführung. 2., verbesserte Aufl. Tübingen: Stauffenburg.

Meibauer, Jörg (2006): Implicature. In: Brown, Keith (Ed.): Encyclopedia of Language and Linguistics. Second Edition. Vol. 5. Oxford: Elsevier, 568–580.

Meibauer, Jörg (2007a): Linguistik und Psychologie: Experimentelle Pragmatik. In: Reimann, Sandra/Kessel, Katja (Hgg.): Wissenschaften im Kontakt. Kooperationsfelder der Deutschen Sprachwissenschaft. Tübingen: Narr, 361–374.

Meibauer, Jörg (2007b): Lexikon und Morphologie. In: Meibauer, Jörg et al. (2007): Einführung in die germanistische Linguistik. Stuttgart: Metzler, 15–69.

Meibauer, Jörg (2007c): How Marginal are Phrasal Compounds. Generalized Insertion, Expressivity, and I/Q-Interaction. Morphology 17, 233–259.

Meibauer, Jörg (2013): Pragmatik: Grundlagen, Entwicklung, Störung. In: Glück, Christian W. (Hg.): Fokus Pragmatik. Grundlagen, Diagnostik, Intervention. Köln: ProLog, 20–44.

Meibauer, Jörg (2014a): Word-formation and contextualism. International Review of Pragmatics 6, 103–126.

Meibauer, Jörg (2014b): Lying at the Semantics-Pragmatics Interface. Berlin, Boston: de Gruyter Mouton.

Meibauer, Jörg/Steinbach, Markus (2007): Einleitung. In: Steinbach, Markus et al.: Schnittstellen der germanistischen Linguistik. Stuttgart: Metzler, 1–13.

Meibauer, Jörg/Steinbach, Markus/Altmann, Hans (Hgg.) (2013): Satztypen des Deutschen. Berlin, Boston: de Gruyter.

Morris, Charles (1938): Foundations of the theory of signs. Chicago: University of Chicago Press.

Müller, Horst M. (2013): Psycholinguistik – Neurolinguistik. Stuttgart: Fink.

Musan, Renate (2010): Informationsstruktur. Heidelberg: Winter.

Noveck, Ira A. (2001): When children are more logical than adults: experimental investigations of scalar implicature. Cognition 78, 165–188.

Noveck, Ira A./Posada, Andres (2003): Characterizing the time course of an implicature: An evoked potentials study. Brain and Language 85, 203–210.

Noveck, Ira A./Sperber, Dan (Eds.) (2004): Experimental Pragmatics. Basingstoke: Palgrave Macmillan.

Nübling, Damaris (2013): Historische Sprachwissenschaft des Deutschen. Eine Einführung in die Prinzipien des Sprachwandels. In Zusammenarbeit mit Antje Dammel, Janet Duke und Renata Szczepaniak. 4. Aufl. Tübingen: Narr.

Perkins, Michael R. (2011): Clinical pragmatics. In: Östman, Jan-Ola/Verschueren, Jef (Eds.): Pragmatics in practice. Amsterdam: Benjamins, 66–92.

Peters, Jörg (2014): Intonation. Heidelberg: Winter.

Potts, Christopher (2005): The logic of conventional implicatures. Oxford: Oxford University Press.

Recanati, François (2004): Literal Meaning. Cambridge: Cambridge University Press.

Reinhart, Tanya (1981): Pragmatics and linguistics: an analysis of sentence topics. Philosophica 27, 53–94.

Reis, Marga (1999): On Sentence Types in German. An Enquiry into the Relationship between Grammar and Pragmatics. Interdisciplinary Journal for Germanic Linguistics and Semiotic Analysis 4, 195–236.

Rolf, Eckard (2013): Inferentielle Pragmatik. Zur Theorie der Sprecher-Bedeutung. Berlin: Erich Schmidt.

Rost-Roth, Martina (2003): Fragen – Nachfragen – Echofragen. Formen und Funktionen von Interrogationen im gesprochenen Deutsch. In: Hentschel, Elke (Hg.): particulae collectae. Festschrift für Harald Weydt zum 65. Geburtstag. Bern, 325–278 (= Linguistik Online 13, 1/03).

Sacks, Harvey/Schegloff, Emanuel A./Jefferson, Gail (1974): A simplest systematics for the organization of turn-taking for conversation. Language 50, 696–735.

Saul, Jennifer (2002): What is said and psychological reality: Grice's project and relevance theorists' criticisms. Linguistics and Philosophy 25, 347–372.

Schegloff, Emanuel A./Jefferson, Gail/Sacks, Harvey (1977): The preference for self-correction in the organization of repair in conversation. Language 53, 361–382.

Scheutz, Hannes (1997): Satzinitiale Voranstellungen im gesprochenen Deutsch als Mittel der Themensteuerung und Referenzkonstitution. In: Schlobinski, Peter (Hg.): Syntax des gesprochenen Deutsch. Opladen: Westdeutscher Verlag, 27–54.

Schröder, Peter (1985): studienberatung: die luxemburgerin. In: Schröder, Peter (Hg.): Beratungsgespräche. Ein kommentierter Textband. Tübingen: Narr, 34–62.

Schumacher, Petra B. (2012): Context in Neurolinguistics: Time-Course Data from Electrophysiology. In: Finkbeiner, Rita/Meibauer, Jörg/Schumacher, Petra B. (Eds): What is a Context? Linguistic Approaches and Challenges. Amsterdam, Philadelphia: John Benjamins, 33–53.

Schwarz-Friesel, Monika/Consten, Manfred/Marx, Konstanze (2004): Semantische und konzeptuelle Prozesse bei der Verarbeitung von Komplex-Anaphern. In: Pohl, Inge/Konerding, Klaus-Peter (Hgg.): Stabilität und Flexibilität in der Semantik. Frankfurt: Peter Lang, 67–86.

Schwitalla, Johannes (2012): Gesprochenes Deutsch. Eine Einführung. 4., neu bearbeitete und erweiterte Aufl. Berlin: Erich Schmidt.

Searle, John R. (1971): Sprechakte. Ein sprachphilosophischer Essay. Frankfurt: Suhrkamp (Original 1969: Speech Acts. An Essay in the Philosophy of Language, Cambridge).

Searle, John R. (1982a): Eine Taxonomie illokutionärer Akte. In: Searle, John R.: Ausdruck und Bedeutung. Untersuchungen zur Sprechakttheorie. Frankfurt: Suhrkamp (Original 1979: Expression and Meaning. Studies in the Theory of Speech Acts, Cambridge), 17–50.

Searle, John R. (1982b): Indirekte Sprechakte. In: Searle, John R.: Ausdruck und Bedeutung. Untersuchungen zur Sprechakttheorie. Frankfurt: Suhrkamp (Original 1979: Expression and Meaning. Studies in the Theory of Speech Acts, Cambridge), 51–79.

Searle, John R. (1992): The Rediscovery of the Mind. Cambridge, Mass.: MIT Press.

Selting, Margret (1987): Reparaturen und lokale Verstehensprobleme oder: zur Binnenstruktur von Reparatursequenzen. Linguistische Berichte 108, 128–149.

Selting, Margret/Auer, Peter/Barth-Weingarten, Dagmar et al. (2009): Gesprächsanalytisches Transkriptionssystem 2 (GAT 2). Gesprächsforschung – Online-Zeitschrift zur verbalen Interaktion 10, 353–402.

Sperber, Dan/Wilson, Deirdre (1995): Relevance. Communication and Cognition. Second Edition. Oxford: Blackwell (zuerst erschienen 1986).

Szczepaniak, Renata (2009): Grammatikalisierung im Deutschen. Eine Einführung. Tübingen: Narr.

Tannen, Deborah (2007): Talking voices. Repetition, dialogue, and imagery in conversational discourse. Second Edition. Cambridge: Cambridge University Press (zuerst erschienen 1989).

Traugott, Elizabeth C. (2004): Historical Pragmatics. In: Horn, Laurence R./Ward, Gregory (Eds.): The Handbook of Pragmatics. Oxford: Blackwell, 538–561.

Traugott, Elizabeth C. (2012): Pragmatics and language change. In: Allan, Keith/Jaszczolt, Kasia M. (Eds.): The Cambridge Handbook of Pragmatics. Cambridge: Cambridge University Press, 549–565.

Traugott, Elizabeth C./Dasher, Richard B. (2002): Regularity in Semantic Change. Cambridge: Cambridge University Press.

Trosborg, Anna (Ed.) (2010): Pragmatics across Languages and Cultures. Berlin, Boston: de Gruyter Mouton (= Handbooks of Pragmatics 7).

Truckenbrodt, Hubert (2013): Satztyp, Prosodie und Intonation. In: Meibauer, Jörg/Steinbach, Markus/Altmann, Hans (Hgg.): Satztypen des Deutschen. Berlin, Boston: de Gruyter, 570–601.

Uhmann, Susanne (1997): Selbstreparaturen in Alltagsdialogen: Ein Fall für eine integrative Konversationstheorie. In: Schlobinski, Peter (Hg.): Syntax des gesprochenen Deutsch. Opladen: Westdeutscher Verlag, 157–180.

Verschueren, Jef (1999): Understanding Pragmatics. London: Arnold.

Wichmann, Anne/Blakemore, Diane (Eds.) (2006): Prosody and Pragmatics. Journal of Pragmatics 38: 10 (Special Issue), 1537–1792.

Wierzbicka, Anna (1991): Cross-Cultural Pragmatics. The Semantics of Human Interaction. Berlin: Mouton de Gruyter.

Wilson, Deirdre/Sperber, Dan (2004): Relevance Theory. In: Horn, Laurence R./Ward, Gregory (Eds.): The Handbook of Pragmatics. Oxford: Blackwell, 607–632.

Wilson, Deirdre/Wharton, Tim (2006): Relevance and prosody. Journal of Pragmatics 38, 1559–1579.

Wischer, Ilse (2000): Grammaticalization vs. Lexicalization: „Methinks' There Is Some Confusion." In: Fischer, Olga/Rosenbach, Anette/Stein, Dieter (Hgg.): Pathways of Change. Grammaticalization in English. Amsterdam, Philadelphia: John Benjamins, 355–370.

Wray, Alison (2002): Formulaic Language and the Lexicon. Cambridge: Cambridge University Press.

Sachregister

Ableitungsansatz 73, 74
Ad-hoc-Konzeptkonstruktion 79, 80
Ad-hoc-Wortbildung 62
adjacency pair, s. Paarsequenz
Akkomodation 33, 34
Aktiv 63, 65, 67
Akzent 87–89
Alternativenmenge 87–91
Anapher 41–44
– indirekte 43
– Komplex- 44
– NP- 42
– pronominale 42
Änderungskontext 101
anglo-amerikanische Schule 9, 10
Annäherung 56, 57
Anpassungsrichtung 18, 19
Anredepronomen 40, 41
Antezedent 41, 42
approximation, s. Annäherung
Aspektverb 33
Assertiva 18
Aufrichtigkeitsbedingung 16–19, 129–132
Aufrichtigkeitsregel 17, 18
Ausdruckspräferenz 140
Äußerung 8, 12–14, 22, 31, 53, 65, 72, 75, 83, 92, 115
Äußerungsakt 14

Bedeutungserweiterung 57, 80, 100
Bedeutungsminimalismus 77, 78, 85
Bedeutungsverengung 56, 100
Bedingung des propositionalen Gehalts 16, 17
Bekanntheit 66, 89
Bekräftigbarkeit 29
Bewertung 44, 55, 56, 58, 59, 62, 120–122
Blockierung 59, 60
broadening, s. Bedeutungserweiterung
Brückeninferenz 43
Brückenkontext 101

Code, sprachlicher 10, 86, 96, 142

definite Kennzeichnung 33, 35
definite NP 32, 42, 43
Definitheit 42, 43

deiktischer Ausdruck 36, 37
deiktisches Zentrum 35, 36
Deixis 34
Deklarationen 19
Deklarativsatz 70–74, 92, 95
Demonstrativpronomen 39, 43
Denotation 55, 58
Direktiva 18, 19
Disambiguierung 77, 79, 82, 83, 87
Diskursdeixis 41, 43, 44
Diskursmarker 104–108
Diskurstopik 66, 69
division of pragmatic labor, s. pragmatische Arbeitsteilung

Eigenname 32, 34, 38, 58
Einleitungsbedingung 16, 17, 20, 129–132
Einleitungsregel 17
Einstellungstyp 72–73
E-Interrogativsatz 15, 71–74, 93
Ellipse 64, 83
entailment, s. Implikation
epistemische Einstellung 64, 105, 106
Ereigniszeit 39, 40
ERP 125, 126, 128
Ethnomethodologie 111
europäisch-kontinentale Schule 9, 10
Exklamativsatz 71, 73
exklusiv 37, 38
experimentelle Methoden 123–126
Explikatur 78–80
Expressiva 18
extrinsisch 38
eye tracking task 125

face-saving act, s. gesichtsbeschützender Akt
face-threatening act, s. gesichtsbedrohender Akt
faktives Prädikat 33
faktives Verb 33
fMRI 125, 126
Fokus 66, 88–91
– enger 89, 90
– weiter 89, 90
Fokusakzent 87–89
Fokusexponent 88
Fokuspartikel 91

– quantifizierende 91
– skalierende 91
Fokuspotential 90
Fokusprojektion 89
Fragetest 89
free enrichment, s. freie Anreicherung
freie Anreicherung 79–81
freies Thema 69
fremdinitiiert, s. Reparatur
Fremdreparatur, s. Reparatur
Fremdwahl 116, 117
funktionale Perspektive 9

GAT 2 111, 112
GCI, s. Implikatur
Gesagtes 22, 30, 75–78, 80, 84
Gesicht 135, 136
– negatives 136
– positives 136
gesichtsbedrohender Akt 119, 135–137
gesichtsbeschützender Akt 135
Gespräch 113–115
Gesprächsbeitrag, s. Redezug
Gesprächsmaximen 22–27
Gesprächsorganisation 115–119
Glückensbedingungen 16, 17, 129
Grammatikalisierung 98, 99, 107, 108

Handlung, sprachliche 12
Hintergrund 66, 89
Höflichkeit 135–140
– negative 136
– positive 136
Höflichkeitsstrategien 136
Hyperbel 25

Idiom 21, 58, 141
I-Implikatur 49, 83, 102
Illokution 14, 15
– primäre 20
– sekundäre 20
illokutionärer Akt 14, 15
illokutionärer Indikator 15, 17
illokutionärer Witz 18
illokutionäres Verb 13
Illokutionspotential 70
Imperativsatz 20, 71–74
Implikatiertes 22, 30, 75, 76, 81

Implikation, semantische 28, 29, 32
implikative Verben 33
Implikatur 21–31
– generalisierte (GCI) 29–31, 47–49, 82–84
– konventionelle 29, 30
– konversationelle 21, 22, 27–29
– partikularisierte (PCI) 29–31
– skalare 24, 48, 50, 126–128
Implizitur 80–82
indefinite NP 43
Indefinitheit 42, 43
indirekte Anapher, s. Anapher
indirekter Sprechakt 19–21, 27, 84, 123, 124, 136
Indirektheit 75, 84, 139
Indirektheitsmarker 21
Inexplizitheit 84
Inferenz 10, 43, 44, 56, 65, 66, 78, 79, 82, 96, 97, 101
Informationsstruktur 63, 88
Inhaltsbasiertheit 29
inklusiv 37, 38
Interkultur 134, 143
Intonation 72, 86, 88, 91–95
intrinsisch 38
I-Prinzip 48, 49, 57
Ironie 25, 31, 48, 84

Katapher 41
klinische Pragmatik 125
kodierte Information 10, 56, 57, 61, 65, 80, 82, 97
kognitive Effekte 51, 52, 96
Kohärenz 25, 43
kollaborative Äußerung 120
Kommentar 66, 68
Kommissiva 18, 19
Komplettierung 81
Komposition mit identischen Gliedern 59, 61, 62
kompositionell 58, 76, 141
Konnotation 55
konstative Äußerung 12, 13
Kontext 7–10, 34, 101
– situativer 8, 39
– sprachlicher 8
– Wissens- 8, 32
Kontextabhängigkeit 28, 31, 35, 76
Kontextualismus 77, 78, 85
kontrafaktisches Konditional 33
Kontrastakzent 96, 97
konventionalisierter indirekter Sprechakt 20, 21, 124
Konventionalisierung 20, 21, 101
Konversationsmaximen, s. Gesprächsmaximen
Kooperationsprinzip 22, 23
Koreferenz 41–43
Ko-Text 8

Lautwandel, s. phonologischer Wandel
Lexikon 54
Lexikoneintrag 55
Lingua franca 142
Linksversetzung 68
Lokaldeixis 37, 38
– dimensionale 38
– positionale 38
loosening, s. Bedeutungserweiterung
Löschbarkeit 32, 33

Maxime der Relevanz 23, 25–27, 50, 53, 65, 83
Maximen der Modalität 23, 26, 31, 48–50, 62
Maximen der Qualität 23–26, 31, 48, 50, 62, 103
Maximen der Quantität 23, 24, 26, 47, 50, 126
Meiosis 25
Merkmal 15, 55, 66, 71, 72, 74, 75, 86, 87, 92, 113
– intonatorisches 72
– kategoriales 71
– morphologisches 71
– syntaktisches 71
– w-Merkmal 74, 75
Metapher 25, 57, 62, 80, 84, 98
M-Implikatur 49, 102
Minimalismus, s. Bedeutungsminimalismus
Mittelfeld 67, 68
Modalitätsmaxime, s. Maximen der Modalität
Modalpartikel 15, 40, 71, 72, 107
morphologischer Wandel 98
M-Prinzip 48, 60, 83

N+N-Komposition 54, 60–62
N400 126, 128
Nachfeld 67
narrowing, s. Bedeutungsverengung
Negationsanhebung 50
Negationskonstanz 31
Neo-Gricescher Ansatz 47, 78, 126–128
nicht-kompositionell 58, 73, 76, 142
Nicht-Wörtlichkeit 84, 141, 75, 76

Optativsatz 71, 73
Origo 36, 37

Paarsequenz 114, 115
Passiv 63, 65, 67
PCI, s. Implikatur
Pejoration 62
performative Äußerung 12, 13, 130

performatives Verb 13, 15–17
perlokutionärer Akt 15
Personaldeixis 37, 41
Perspektive 64, 65
phonologischer Wandel 98
Phraseologismus 140–143
Phrasierung 87
picture-selection task 125
Polysemie 59, 100, 101, 105
postsemantische Pragmatik 83, 84
Prädikation 14
Pragmatik, Definitionsproblem 10
Pragmatikalisierung 99, 104, 107, 108
pragmatische Arbeitsteilung 50
pragmatische Stärkung 99, 104, 106
pragmatische Störung 124, 125
Präposition, komplexe 102, 103
präsemantische Pragmatik 83, 84
Präsupposition 21, 31–34, 95
– Existenz- 33
– faktive 33
Präsuppositionstrigger 32, 33
– lexikalischer 33
– konstruktioneller 33
primäre Illokution, s. Illokution
Proposition 34, 44, 48, 64, 72, 74–86, 93–95
propositionale Einstellung 72
propositionaler Akt 14
Prosodie 86, 87, 95
prosodischer Input 95, 96
prozedurales Signal 86, 97

Q-Implikatur 48, 49, 83
Q-Prinzip (nach Horn) 50, 51, 99, 100
Q-Prinzip (nach Levinson) 48, 126
Qualitätsmaxime, s. Maximen der Qualität
Quantitätsmaxime, s. Maximen der Quantität

Rederechtszuweisung 116
Redezug 115–117
Redezugskonstruktion 115
Referenz 14, 34, 35
Referenzbestimmung 77, 79, 82, 83
Referenzherstellung 69, 120
Referenztyp 72, 74, 75
Referenzzeit 39, 40
Regel des propositionalen Gehalts 18
Rekonstruierbarkeit 27
Relevanzmaxime, s. Maxime der Relevanz
Relevanzprinzip 51–53
relevanztheoretischer Verstehensprozess 52, 96

Relevanztheorie 51–53, 79–82, 85, 127, 128
Reparatur 117–119, 121
– fremdinitiierte 118
– Fremd- 118, 119
– selbstinitiierte 118
– Selbst- 118, 119
rhetorische Figur 25, 84
rhetorische Frage 21, 73
R-Implikatur 50, 51
R-Prinzip 50, 51, 99, 100

salient 83, 93, 100
saliente Proposition 93–95
Sättigung 79, 81
saturation, s. Sättigung
Satz 8, 14, 15, 28, 66, 67, 71
Satzakzent 88
Satzmodus 70–75
Satztopik 66, 67, 69
Satztyp 15, 70, 71, 73
Schlussprozess 20, 27, 103
Schnittstelle 54, 98
sekundäre Illokution, s. Illokution
selbstinitiiert, s. Reparatur
Selbstreparatur, s. Reparatur
Selbstwahl 116, 117
Selektionsbeschränkungen 57
Semantik 8, 9, 22, 34, 57, 60, 61, 75, 82, 83, 85, 101
semantischer Wandel 98
Sequenzialität 114
Signal, s. prozedurales Signal

Skopus 80
Sozialdeixis 40, 41
Spezifizierung skopushaltiger Ausdrücke 80
Spracherwerb 129
Sprachproduktion 124, 141, 142
Sprachverstehen 124, 126, 141
Sprechakt 13, 14, 16–21, 27, 64, 70, 91, 92, 95, 97, 113, 129, 130
Sprechaktklassifikation 18, 19
Sprechereinstellung 18, 19, 64, 73, 94
Sprecherwechsel 114–117
Sprechzeit 39, 40
Streichbarkeit 27, 28, 82
Subjunktion *weil* 64, 98, 102, 105, 106
Suffigierung 62
syntaktischer Wandel 98

Tautologie 22
Temporaldeixis 39, 41
Tempusgebrauch 39, 40
Textdeixis 41, 44
Tonhöhenverlauf 88, 91, 92
Topik 66–69
topologische Felder 67, 68
transition-relevance place, s. übergaberelevante Stelle
Transkription 111–113
Transparenz, semantische 142, 143
truth value judgment task 125

turn, s. Redezug

übergaberelevante Stelle 115–117
Unhöflichkeit 139, 140
Unterspezifikation, semantische 59–61, 80, 81, 127

Verarbeitungsaufwand 51, 52, 96, 124, 128, 141
Verbstellung 64, 71, 72, 67
Versprechen 14, 16–18, 129–131
Verständnissicherung 65, 104, 120
Verumfokus 91
Vokativ 37
Vorfeld 67–69, 71

Wahrheitsbedingungen 8, 9, 22, 26, 63, 82–84
Weltwissen 8, 32, 42, 49, 55, 56, 58, 77, 96, 127
wesentliche Bedingung 16, 129
W-Frage 32, 92, 94, 95, 121
w-Merkmal, s. Merkmal
what is implicated, s. Implikatiertes
what is said, s. Gesagtes
Wiederholung 64, 115, 119–122
W-Interrogativsatz 33, 71–75
Wortakzent 54, 88, 96, 97
wörtliche Bedeutung 7, 28, 61, 62, 75–77, 124
Wortstellung 66–68, 88

Zuordnungsansatz 73, 74